集人文社科之思　刊专业学术之声

集 刊 名：传播创新研究

主办单位：武汉大学媒体发展研究中心（教育部人文社会科学重点研究基地）

主　　编：单　波

执行主编：肖　珺　吴世文

COMMUNICATION INNOVATION RESEARCH

2021年第1辑

集刊序列号：PIJ-2021-428

中国集刊网：www.jikan.com.cn

集刊投约稿平台：www.iedol.cn

单 波 主编

肖 珺
吴世文 执行主编

传播创新研究

（2021年第1辑）

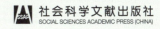

社会科学文献出版社
SOCIAL SCIENCES ACADEMIC PRESS (CHINA)

篇首语

单 波　吴世文[*]

在历史叙事中，将 2020 年作为一个"时间点"，注定是因为新型冠状病毒（以下简称新冠病毒）带来的全球性变化与挑战，而在历史书写与日常话语中会被更多地言说、记录与阐释，乃至被"放大"。当新冠病毒这种生物病毒被嵌入表征空间的语言结构中，生物学意义上的病毒就变成了一个"主参照物"，呈现在社会话语和学术研究的抗病毒的修辞之中。人类社会为了应对危机而采取的"社交隔离""停工停产""断航"等防控措施，重构了日常的生活秩序与生产模式，亦逼迫人们寻找"连接"的路径与方法。变异的病毒给政治、经济、社会和文化带来的多重影响正在发生，也将延续。重建连接和维系日常生活成为 2020 年传播创新的问题意识、现实动因与独特之处。在新型冠状病毒肺炎（以下简称新冠肺炎）疫情"加速"的不确定性之中，传播创新本身作为一种生活方式，亦成为人们应对危机和走出交流困境的方式方法。传播创新的智慧，是我们应对危机的智慧，也是我们创造转机的智慧。

2020 年，处于危机之中的人们更加注重开展积极的沟通，通过传播创新和创新传播来重建连接和维系日常生活。例如，社区团购实现了"人、物与场"的新连接，解决了社区物资供应的燃眉之急；健康码作为应急创新，实现了个人健康信息的流通、汇集与运用，使得公众"安全的流动"成为可能；在线教育作为沟通师生的新平台，展示了它的吸纳力、便利性与有效性；等等。总的来说，本年度的传播创新由危机与技术相结合而推动，

---

* 单波，武汉大学媒体发展研究中心主任，武汉大学新闻与传播学院教授；吴世文，武汉大学媒体发展研究中心研究员，武汉大学新闻与传播学院副教授。

以维持社交隔离与推动疫后重建为诉求，展现了人类回归日常的集体坚韧与传播效能。

处于变动与危机之中的人们，有着强烈的连接与沟通意愿，尤其是在"社交隔离"的日子里，连接和沟通比平常更加不易，也更加珍贵。病毒的"不可见"刺激人们寻求"可见"，探知病毒传播痕迹、分享治疗与防御信息的渴望构成人与人关系的"超级连接"。同时，人们对病毒的普遍恐慌也刺激着社会支持公共讨论、政府回应、信息发布、社会救援接连开启。人们开展了积极的沟通，也渴望积极的沟通。在那些日子里，无论是收到家人、朋友与网络社交圈的信息（哪怕只是只言片语或者平日里的唠叨），还是接到快递的工作电话或陌生人的"骚扰电话"，都是关于生存与生命的消息，可以缓解"身体/物体隔离"的"不沟通/无沟通"状态，把置身于有限空间之中（如房间、阳台、楼栋、小区）以及恐慌之中的人们带回沟通的链条与生机之中。更重要的是，这些积极的沟通是打破寂静的力量，是展现人类的坚韧与人性的光辉的"窗户"，是困顿的身体与群体超越"此刻"与"此在"的桥梁。

从当下回望"社交隔离"的日子，抑或追忆彼时的细节与情感，其中的积极沟通（包括求助、捐赠、社区团购、直播带货、进入"红区"等）表现为一种总体的传播创新。积极的沟通是一种积极的心理需求，是传播创新的社会心理与内在动力。无论是处于危机之中，还是回归常态之中，这种总体社会的积极沟通都值得鼓励与激活。积极的沟通不仅是群体的手段与工具，更是人性光辉的持续闪现。

在危机时刻，我们需要更多的抚慰。因而，通过积极的沟通不断寻找情感共鸣。人们寻求"在一起"，寻求情感的连接，在传播中寻找共情，制造共情。例如，家庭内部出现的高频率的情感沟通，构成了家庭传播和群体传播的重要内容；捐赠物品上温情脉脉的祝福激起了广泛的社会共情，"珍惜当下"成为问候和祝福；等等。这种特定空间内的情感连接，转换了过去和日常的连接方式，人们得以转向人与病毒的适应过程，去理解人类与病毒的空间关系对政治地理环境、城市工业网络、社会政治生态的重塑。这意味着，新冠肺炎疫情的暴发影响到网络空间和社会关系，阻隔了身体在场的社交，却制造了情感丰富的连接与沟通。在此意义上，疫情中积极的沟通是一种"奇妙的"传播创新，是人类命运共同体的传播实践。

公众实践是传播创新的重要路径。公众寻求在变动与危机之中开展积极的沟通，催生传播创新。结合公众的沟通意愿，为了推动总体社会的传播创新，有必要提升公众的传播创新能力。当前，越来越多的公众进入在线数字沟通场域，是潜在的传播/沟通主体。他们在危机中的传播行为，建立了更多的联系，创造了新的社会"可见性"。不过，在危机中建立联系和创造沟通面临着特定技术的障碍（比如某些数字应用不适合老年人群使用）、在线信息的真伪难以甄别（伪信息与科学的信息鱼目混杂）、传播渠道的挤压（信息流让最新的信息呈现在最前面而遮蔽了既有的信息）等挑战，从而变得并不流畅。因此，提升公众创新传播的能力就成为一项必要的系统工程。技术制造传播力量下沉（比如抖音占领农村新媒体市场）、技术适老（支付宝等主张适应老年人群的需求）、创造交流空间（比如微博救助信息发布、特定群体的线上论坛）、媒介素养教育等都是必要的手段。公众提升创新传播的能力，也是习得应对危机和消除恐慌的能力的必要过程。

新冠肺炎疫情影响到人类的交往关系，是传播学的发酵。通过积极的沟通创造连接和可见性，是人类与危机相处和度过危机、创造转机的方式。这意味着，积极的沟通是媒介化时代的生存方式。回顾历史，流感病毒、HIV病毒、埃博拉病毒等在生物界出现，它们表征人与自然、人与技术之间控制与失控的不确定性关系。作为微寄生的病毒以"媒介"的方式在人与人之间实现连接、触发与转变，这使得它在健康传播、科学传播、风险传播、危机传播、群体传播等领域持续发酵。"病毒的隐喻"在嵌入社会话语的同时也嵌入了学术话语，启发人们在传播权力关系之中反思自身的危机。病毒的传染性构成了多种生物组合形式，反映了人与人、人与万物关系的不确定性，从而将传播研究推入不确定性传播关系视角。[①] 积极的沟通是在不确定中的确定性交流。通过积极的沟通，我们改变了交流的困境。

疫情中的"社交隔离"还使得我们看到，人与人的连接、人与物的连接、人与信息的连接、信息与物的连接等多元化的、网络形态的连接方式，是社会运行的基础，也是网络社会中人类的存在方式。在人与人的连接、人与信息的连接、信息与物的连接的同时，需要关注物的重要性及其可兑现性，即在信息流动的背后，物的流动和社会支撑必不可少。试想我们发出了

---

① 单波：《病毒与传播研究领域的"发酵"》，《新闻与传播评论》2021年第1期，卷首语。

很多在线购物的订单，但是在一个"无仓储"的时代，仓库中没有货物，或者有货物但没有物流，其结果必然是人与人、人与物的连接无效，社会也会进入无序的状态。新冠肺炎疫情期间，由于生产与流通受限，不少网络订单无法顺利完成，最后不得不延迟或取消。这揭示了物流的重要性。特别是，在危机之中由于人不能流动，信息与物体的流动就是总体社会的流动。这对信息流通背后的实体和可兑换性提出了更高的要求。在出现"事故"的时刻，我们看到了信息与物质的紧密关联，感受到了"上手"和"在手"的区别。

抗击新冠病毒需要社会的组织，也需要技术。网络技术提供了社会连接的可能性，新媒体创造的广泛沟通使得"社交隔离"成为可能。处于隔离状态的人们喜谈"隔毒不隔心"，试图在网络空间里恢复自己的社会角色。按照"新华睿思"的"宅群体"大数据分析，退休族在疫情信息传递中保持着高度的"敏感性"，被晚辈戏称为"传谣先锋队""辟谣主力军"，但整体相对焦虑；上班族一边进入"远程办公""电话会议"，一边被老妈喊吃饭，被子女喊陪玩；上学族"网游"到天亮，"睡觉"到天黑，短视频、vlog 玩得飞起，也没有逃过"云课程""在线课程""名师课堂"。[1] 另外，在网络社交空间里"游荡"的人被流量驱动的病毒式传播围困，为传染性媒体所携带的谣言所迷惑，而寻求解决之道的人则参与公共空间建构，在悲伤与抚慰、求助与救助、怀疑与共情、争论与动员相交织的情境下展开讨论。[2] 还需要指出的是，新冠病毒刺激了技术创新，但如何使得技术更为人性化，需要持续的探索。

新冠病毒以及人类抗击病毒的过程告诉我们，积极沟通和传播创新必不可少，而实现物质和信息的有效连接、有效兑换，是社会运行成为连续统一体的必然过程。在此意义上，传播创新是一个总体的创新，具有总体社会创新的性质。这是总体社会传播转向的产物。在社交隔离、社交割裂和社交冷漠的时代，我们所主张的积极沟通和传播创新是应对危机与恐慌的手段，也致力于让不可见的可见，让不能连接的连接。这是媒介化社会发展的逻辑与

---

① 《抗击疫情·睿思特刊：宅群体大数据画像，你是哪一款？》，新华网，2020 年 2 月 9 日，http://www.xinhuanet.com/2020 - 02/08/c_ 1210465919.htm，最后访问日期：2021 年 3 月 18 日。

② 单波：《病毒如何介入社会交往关系》，《新闻界》2020 年第 4 期，第 43 ~ 47 页。

趋势，也是传播创新的要义和使命。

本集刊由教育部人文社会科学重点研究基地武汉大学媒体发展研究中心组织编撰，以"传播创新"为主题，运用定性研究和定量研究相结合的方法，基于在地观察与一手资料发掘传播创新的经验与智慧，致力于为促成持续、有效、公正的传播创新提供交流平台。《传播创新研究》（2021 年第 1 辑）与诸君见面了，传播创新永无止境，我们在观察、思考与反思的路上。

目录 CONTENTS

热点研究

2020 年中国媒介与居民生活形态变迁 ……………… 刘海宇　褚晓坤 / 1

2020 年政府官员直播带货现象研究 ………… 邓元兵　刘雨娟　张欣慧 / 25

2020 年数据保护制度研究 ………………………………… 王　敏　刘　鑫 / 41

2020 年中国跨文化传播创新实践研究 ………………… 肖　珺　张　帆 / 65

专题研究

作为健康传播平台的短视频：基于快手自闭症内容的探索性分析

………………………………………………………… 章沫嘉　黄月琴 / 89

卫星新闻新探索

　　——基于新华社相关新闻报道的分析 ………………… 李梦婷 / 110

乡村传播研究

老年群体数字素养提升意愿及影响因素研究

　　——以吉林省安图县为例 ………………… 王润珏　张　帆 / 125

数字化互融：参与传播视角下乡村传播与治理关系的嬗变

　　——以清远市"乡村新闻官"制度为中心的考察 ………… 公丕钰 / 149

媒介使用与多民族乡村生活研究

　　——以哈日莫墩村为例 ………………………… 任洪涛　任雅仙 / 162

智能传播研究

2020：品牌传播智能生产与智能服务的新趋势 …………… 姚　曦 等 / 179

中国智能传播研究进展的知识图谱研究

　　——基于 CSSCI 数据库（2016～2020 年）的可视化分析

　　………………………………………………… 廖秉宜　李智佳 / 203

附　录

中国传播创新大事记（2020） ………………………… 赵珞琳 / 228

Table of Contents & Abstracts ……………………………… / 236

《传播创新研究》稿约 …………………………………… / 246

《传播创新研究》（2021 年第 1 辑）
第 1～24 页
© SSAP，2021

2020年中国媒介与居民生活形态变迁

刘海宇　褚晓坤[*]

摘　要： 本文以央视市场研究股份有限公司（CTR）的 TGI（Target Group Index，目标群体指数）数据库为主要数据来源，对 2020 年中国媒体发展态势进行了梳理，并对电视媒体、网络、广播、户外媒体、电影院等各类媒体的新趋势进行了分析和解读，同时通过数据对比，对 2020 年中国居民生活形态变迁进行了深入分析。[①] 本文发现，在 2020 年新冠肺炎疫情的影响下，媒介发展趋势呈现更为多元融合的局面，人们的生活方式也随之发生了改变。电视媒体回暖，家庭大屏互联网化进程不断加快；新冠肺炎疫情给互联网带来增量红利，"宅经济"快速崛起；广播媒体稳中有升，持续向年轻群体扩张；户外媒体数字化进程在技术加持下持续加快；新冠肺炎疫情下电影院媒体大幅下滑，但仍具有较高的关注度和认可度。疫情的暴发让更多人回归家庭，线上活动迎来爆发式增长，全民健康意识提升，知识充电需求迫切，触媒之外的空余时间也催生了更多内容红利，推动优质内容价值延伸。

关键词： TGI　数字化　宅经济　生活形态　5G

---

* 刘海宇，央视市场研究（CTR）移动用户指数研究经理，植物保护学硕士；褚晓坤，央视市场研究（CTR）移动用户指数研究员，金融学硕士。

① 本文主要数据来自 CTR-TGI 目标群体指数数据库。"TGI 目标群体指数"项目由央视市场研究股份有限公司于 1999 年自主建立，是中国规模最大的媒介与消费行为连续性同源研究，自 2020 年起覆盖中国主要城市由原来的 60 个扩展到 100 个，年样本量约 10 万。项目使用 PPS 概率与规模成比例的抽样方法，采用入户面访及留置问卷与可续答链接相结合的调查方法，每个城市均采用 4 个版本问卷进行轮换访问（基于随机原则避免受访者回答媒体相关问题时受位置效应影响）；调查范围共涵盖全国 1～4 线 100 个城市，主要基于全国 300 多个地级以上城市，根据地理特点、居民人均生活水平、城市 GDP、人口规模、市场影响力等综合因素筛选出最具代表性的城市。

一　2020年中国媒体受众市场发展趋势

（一）电视媒体回暖，家庭大屏使用场景更加多元化

1. 电视媒体回暖，年轻观众回归

2020年新冠肺炎疫情暴发，让更多的人回归家庭，"全民宅家抗疫"带动电视媒体继续回暖。CTR-TGI数据显示，2020年电视月到达率为84.9%，较2019年上升了0.3个百分点；电视日均接触时长为147分钟，达近五年来最高（见图1）。

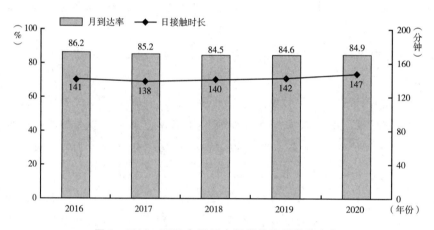

图1　2016～2020年居民电视媒体接触情况变化

资料来源：CTR-TGI目标群体指数数据库。

从电视受众各年龄段来看，电视新增用户来自年轻群体，2020年15～24岁人群电视月到达率为82.8%，较2019年提升了3.0个百分点，25～34岁人群电视月到达率为84.2%，较2019年提升了1.1个百分点（见图2）。

2. 电视媒体的权威地位依旧稳固，中央级媒体优势更为突出

一直以来，电视媒体的公信力和权威性得到城市居民较高的认可，新冠肺炎疫情期间，电视媒体发挥了主流媒体应有的作用，其权威地位更是其他媒体无法比拟的。2020年CTR-TGI数据显示，城市居民对电视媒体的信任度与信息关注度、对电视广告的印象程度、对在电视媒体做广告的品牌的印象与购买意愿，均明显高于其他媒体（见图3）。

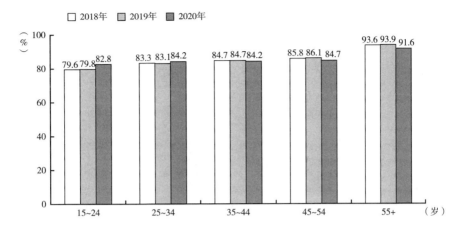

图 2 2018～2020 年不同年龄段居民电视媒体月到达率变化

资料来源：CTR-TGI 目标群体指数数据库。

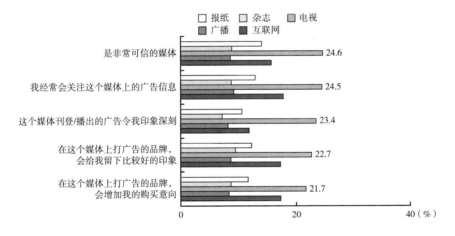

图 3 2020 年媒体受众对各媒体类型的评价

资料来源：CTR-TGI 目标群体指数数据库。

　　中央级媒体在权威性、信赖度以及专业性等方面获得观众更高的认可，优势明显。从 CTR-TGI 数据来看，有超六成的电视用户认为中央电视台是权威的、可信赖的、专业的（见图4）。

　　3. 家庭大屏互联网化进程不断加快，使用场景更加多元化

　　在智能电视终端的持续渗透下，家庭大屏互联网化进程不断加快。CTR-TGI 数据显示，2020 年 OTT（智能电视/网络机顶盒）和 IPTV（交互式网络

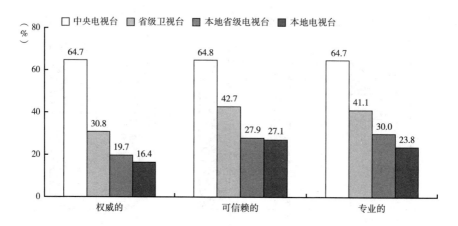

图 4　2020 年电视用户对各电视台的看法

资料来源：CTR-TGI 目标群体指数数据库。

电视）电视信号接收方式增速大幅提升，有 35.2% 的电视受众家中电视信号
的接收方式为 OTT，较 2019 年增长了 3.0 个百分点，有 23.7% 的电视受众家
中电视信号的接收方式为 IPTV，较 2019 年增长了 2.3 个百分点（见图 5）。

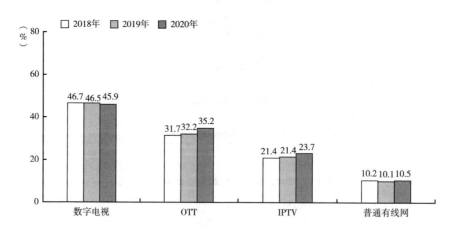

图 5　2018～2020 年电视受众家中电视信号接收方式变化

资料来源：CTR-TGI 目标群体指数数据库。

　　5G、人工智能、物联网、智慧屏推动电视大屏业态蓬勃发展，尤其在
疫情影响下，人们回归家庭，围绕家庭场景的应用和服务得到进一步发展，
OTT 通过客厅大屏电视呈现视频、游戏、购物等资源，丰富了客厅生活，带

动以家庭为单位的消费群体重回客厅。

2020 年 CTR-TGI 数据显示,有 77.5% 的 OTT 用户在 OTT 上观看过网络视频,仅次于观看点播节目的比例,同时他们还会使用 OTT 的观看直播节目、网上购物、玩游戏、播放音乐以及教育学习等功能(见图 6)。

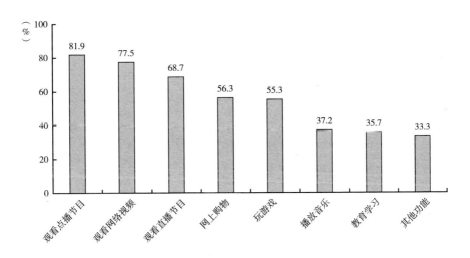

图 6 2020 年 OTT 用户使用过的 OTT 功能

资料来源:CTR-TGI 目标群体指数数据库。

(二)新冠肺炎疫情给互联网带来增量红利,"宅经济"快速崛起

1. 互联网媒体小幅增长,卷入度增强

虽然互联网进入存量竞争时代,但受新冠肺炎疫情影响,互联网再次迎来用户增量红利。CTR-TGI 数据显示,2020 年,互联网整体日到达率为 83.6%,较 2019 年提升了 2.5 个百分点;移动互联网日到达率为 76.5%,较 2019 年提升了 2.2 个百分点;PC 端上网日到达率为 47.2%,与 2019 年基本持平;移动互联网日均使用时长为 121 分钟,较 2019 年增加了 8 分钟,卷入度增强(见图 7)。

2. 互联网市场进一步向中高龄人群渗透

中高龄人群仍然是移动互联网增长的主要群体。CTR-TGI 数据显示,2020 年 45~54 岁人群的互联网日到达率为 77.7%,较 2019 年上升了 9.7 个百分点;55 岁及以上的老年群体为 44.8%,同比上升了 7.3 个百分点(见图 8)。

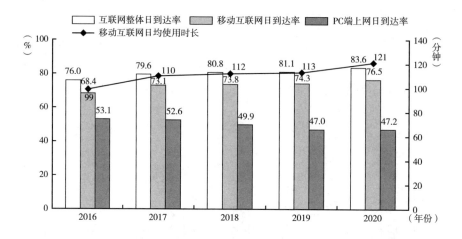

图 7　2016～2020 年居民互联网媒体日到达率和日均使用时长变化

资料来源：CTR-TGI 目标群体指数数据库。

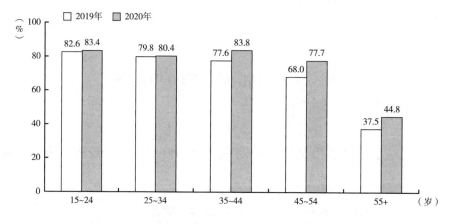

图 8　2018～2020 年不同年龄段居民移动互联网日到达率变化

资料来源：CTR-TGI 目标群体指数数据库。

3. "宅经济"在疫情催化下快速崛起

新冠肺炎疫情对人们的生活产生了深刻的影响，"宅家防疫"成为人们的生活常态，各种线上活动迎来爆发式增长，"宅经济"快速崛起。CTR-TGI 数据显示，2020 年互联网用户在线观看网络视频、在线观看直播/短视频、在线游戏、在线医疗和在线教育或培训等均较 2019 年有较大幅度的增长（见图 9）。

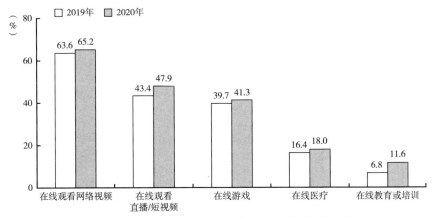

图 9　2019～2020 年互联网用户使用互联网做的事情

资料来源：CTR-TGI 目标群体指数数据库。

（三）广播媒体稳中有升，收听场景和收听方式更加多元化

1. 广播媒体稳中有升

广播媒体在疫情期间凭借其权威性、即时性等特点，充分体现了主流媒体的责任担当。CTR-TGI 数据显示，2020 年居民广播日到达率为 15.2%，较 2019 年提升了 0.8 个百分点，广播日接触时长与 2019 年持平（见图 10）。

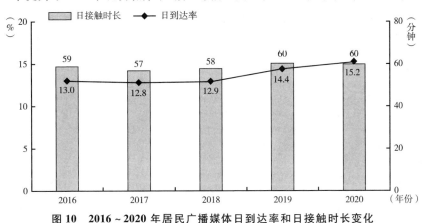

图 10　2016～2020 年居民广播媒体日到达率和日接触时长变化

资料来源：CTR-TGI 目标群体指数数据库。

2. 广播受众以中青年用户为主，并持续向年轻群体扩张

广播媒体凭借其伴随性、时效性和移动性等特点，满足了用户碎片化收

听的核心诉求，25～54 岁人群仍为广播的主要受众，近两年该群体广播媒体日到达率基本稳定；15～24 岁年轻受众的广播媒体日到达率一直呈增长态势，2020 年为 10.9%，较 2019 年增长了 1.9 个百分点（见图 11）。

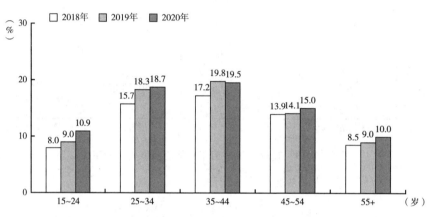

图 11　2018～2020 年不同年龄段居民广播媒体日到达率变化

资料来源：CTR-TGI 目标群体指数数据库。

3. 广播的收听场景和收听方式更加多元化

受疫情影响，2020 年人们外出明显较少，居家成为人们娱乐休闲的主要场景。CTR-TGI 数据显示，2020 年家中收听广播的比例为 39.5%，较 2019 年上升了 3.9 个百分点（见图 12），而出行场景收听广播的比例有所下降，但私家车依然是收听广播最主要的场景，后疫情时代，车载收听将继续助推广播强劲发展。

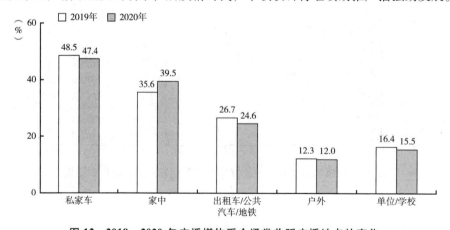

图 12　2019～2020 年广播媒体受众通常收听广播地点的变化

资料来源：CTR-TGI 目标群体指数数据库。

5G 时代，更多应用承载包含广播在内的有声内容，广播媒体拥有更广阔的传播渠道。CTR-TGI 数据显示，2020 年有近五成的广播媒体受众使用智能手机收听广播，高于传统收听渠道，同时有 14.2% 和 7.7% 的广播媒体受众分别使用蓝牙音箱/智能音箱和智能手表/智能手环收听广播（见图 13），广播收听方式正在由传统的收音机向智能化平台转移，收听方式变得更加多元化。

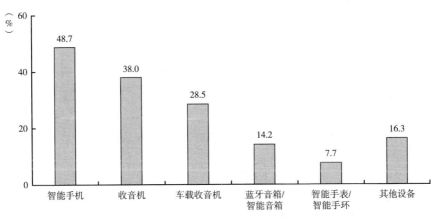

图 13　2020 年广播媒体受众通常收听广播使用的设备

资料来源：CTR-TGI 目标群体指数数据库。

（四）户外媒体有所下滑，数字化互动体验更能吸引用户

1. 户外媒体出现下滑，下沉市场降幅较小

面对新冠肺炎疫情的冲击，户外媒体到达率维稳的趋势被打破，出现下滑，2020 年，户外媒体总体日到达率为 80.1%，较 2019 年下降了 5.6 个百分点（见图 14），分城市来看，低线城市降幅较小，受疫情影响相对较小。

2. 技术赋能，加快户外媒体数字化发展进程

近年来，户外媒体的数字化蓬勃发展，2020 年受新冠肺炎疫情的影响，数字户外媒体面临严峻挑战，但相较于传统户外媒体，数字户外媒体表现更好。CTR-TGI 数据显示，2020 年液晶电视类户外广告与电子大屏类户外广告在城市居民总体中的日到达率略有下降（见图 15），而电梯作为城市居民生活办公出入楼宇的必经之地，其（含电梯电视和电梯海报）广告日到达率与 2019 年基本持平（见图 16）。经过疫情的催化，5G、8K、裸眼 3D、VR 等技术的赋能，户外媒体的数字化转型将会继续提速。

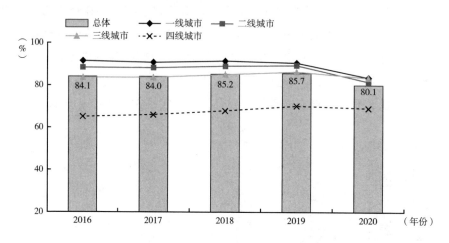

图14　2016～2020年户外媒体分城市日到达率变化

注：图中数值为户外媒体总体日到达率。
资料来源：CTR-TGI目标群体指数数据库。

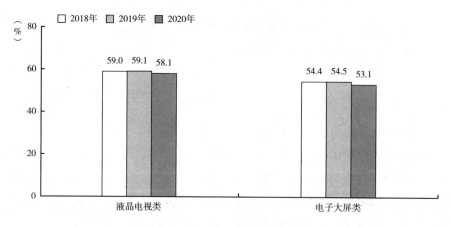

图15　2018～2020年户外广告在城市居民总体中的日到达率变化

资料来源：CTR-TGI目标群体指数数据库。

3. 数字户外媒体的互动体验更能吸引用户

智能手机的互动性为户外广告带来了无限可能，在技术的支持下，户外媒体的互动性能够从创意、内容等方面给受众带来更新奇的体验，让品牌与受众之间产生更深层次的交流。2020年CTR-TGI数据显示，户外受众中有超四成的受众使用手机与户外媒体互动过（见图17）。

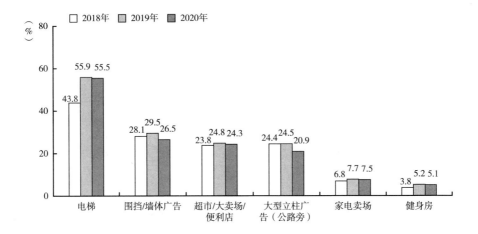

图 16　2018～2020 年不同类型的户外媒体日到达率对比

资料来源：CTR-TGI 目标群体指数数据库。

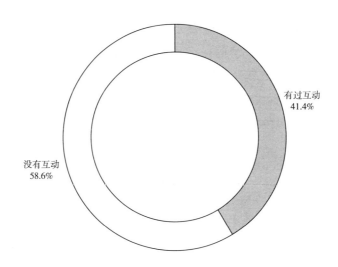

图 17　2020 年户外广告的受众使用手机与户外媒体互动过的比例

资料来源：CTR-TGI 目标群体指数数据库。

　　户外媒体的互动功能得到了受众较高的认可。2020 年有 46.8% 的户外受众认为"互动功能能使我对媒体中播出广告的印象更加深刻"，45.8% 的户外受众认为"互动功能使我更喜欢看媒体的内容"，44.4% 的户外受众认为"互动功能使媒体中的内容更加有趣"（见图 18）。

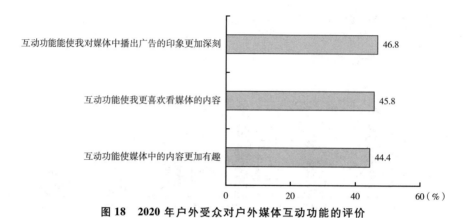

图18　2020年户外受众对户外媒体互动功能的评价

资料来源：CTR-TGI目标群体指数数据库。

（五）疫情促使影院媒体大幅下滑，但映前广告优势突出

1. 2020年电影院媒体月到达率大幅下降

2020年受新冠肺炎疫情的巨大冲击，各大电影院停业，重新开业的时间不尽相同，中国电影产业多年来稳步发展的势头在2020年被按下了暂停键。CTR-TGI数据显示，2020年，电影院媒体月到达率为22.4%，较2019年下降了21.1个百分点（见图19）。

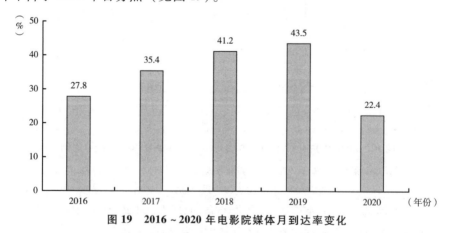

图19　2016~2020年电影院媒体月到达率变化

资料来源：CTR-TGI目标群体指数数据库。

2. 电影院媒体具有较高的关注度和认可度

在观影厅这样相对封闭、黑暗的环境中，干扰信息较少，观众的注意力

主要集中在银幕上，所以电影院映前广告获得了较高的关注度。2020 年
CTR-TGI 数据显示，电影受众在电影院看到电影映前广告时，74.9% 的受众
通常会专注地观看广告，显著高于其他行为（见图 20）。

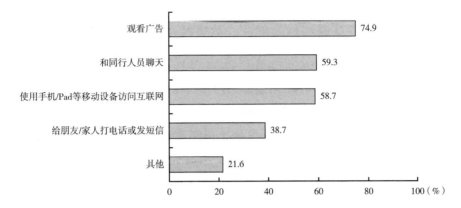

图 20 2020 年电影受众在电影院看到电影映前广告时通常会做的事情

资料来源：CTR-TGI 目标群体指数数据库。

　　相较于电影中植入广告，电影受众对电影映前广告的品牌印象与购买意
愿，以及信任度均相对较高。2020 年有 39.9% 的电影受众认为在电影放映
前打广告的品牌，"会给我留下比较好的印象"；37.1% 的电影受众认为在
电影放映前打广告的品牌，"会增加我的购买意向"；31.9% 的电影受众认
为电影映前广告是非常可信的（见图 21）。

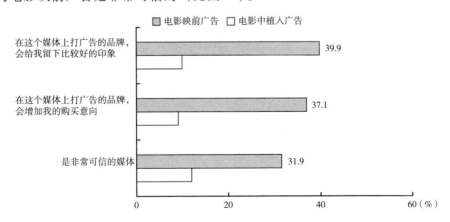

图 21 2020 年电影受众对各电影院媒体类型的评价

资料来源：CTR-TGI 目标群体指数数据库。

二 2020年中国居民生活形态变迁

（一）居民对互联网依赖加深，数字经济消费基础牢固

面对来势汹汹的新冠肺炎疫情，"宅生活""无接触"等方式加快了我国居民数字化生活进程，移动互联网用户经历了连续、快速增长，用户对互联网的依赖也在不断加深。根据 CTR-TGI 数据，2020 年有 67.0% 的城市居民在需要信息的时候，首先想到的是上网获取，该比例比 2019 年增长了 6.5 个百分点；66.7% 的城市居民会花更多时间上网，网络在他们的生活中越来越不可或缺；66.5% 的城市居民对"网上购物使我生活变得更加轻松"表示认同（见图 22）。

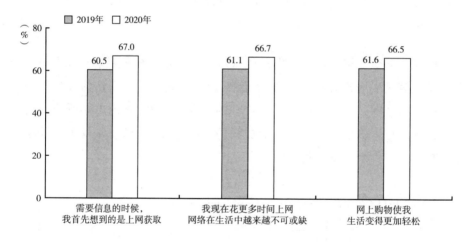

图 22 2019～2020 年城市居民互联网数字生活观对比

资料来源：CTR-TGI 目标群体指数数据库。

我国数字经济消费基础牢固，移动支付经历了 2009～2019 年黄金十年的发展，于 2020 年继续蓬勃发展。根据 CTR-TGI 数据，2020 年支付宝支付是使用最多的线上支付方式，使用过该方式的网民比例达到 70.7%，其次是使用微信支付的网民，占比为 67.9%（见图 23）。

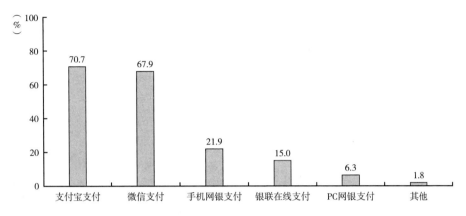

图 23　2020 年城市网民在线支付方式的渗透率

资料来源：CTR-TGI 目标群体指数数据库。

（二）居民生活品质升级，向服务型和享受型消费发展

在数字经济时代，中国居民的消费结构从物质型消费转变为服务型消费。根据 CTR-TGI 数据，从 2016 年和 2020 年城市居民家庭支出结构来看，以食品为代表的物质型消费品类支出占比明显降低，以私人旅游、商业保险、日常休闲娱乐为代表的服务型消费品类支出占比大幅提高（见表1）。

表 1　2016 年与 2020 年城市居民家庭支出结构对比

支出内容	2016 年支出占比（%）	2020 年支出占比（%）	变化（百分点）
食品	24.6	14.5	− 10.1
私人旅游	10.0	13.0	3.0
商业保险	8.1	11.6	3.5
住房（含物业管理）	9.7	10.3	0.6
日常休闲娱乐（除旅游外）	6.5	10.2	3.7
文化教育	7.5	9.0	1.5
日用品	6.7	7.7	1.0
交通	7.9	6.6	− 1.3
药品	3.6	5.1	1.5
通信（固话/宽带上网）	4.2	3.2	− 1.0
其他	11.2	9.0	− 2.2

资料来源：CTR-TGI 目标群体指数数据库。

在满足了基本生活需求之后，中国居民消费结构进一步升级，他们开始追求更高层次的品质生活，向享受型消费发展，不断追求质量好的品牌商品，更加重视购物行为带来的精神愉悦。根据CTR-TGI数据，2016～2020年城市居民对商品品质的追求意愿不断上升。2020年，59.6%的城市居民表示即使价格贵一点，他们也愿意购买高品质的商品（见图24）。

在中国居民生活品质不断升级的浪潮下，消费者逐渐从追求买得起的商品转变为更愿意为高品质的产品和服务买单。根据CTR-TGI数据，2020年55.1%的城市居民认同"高端品牌能够提升个人形象"（见图24）。

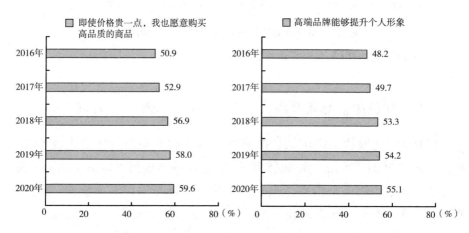

图24　2016～2020年城市居民在消费观念上的认同度变化

资料来源：CTR-TGI目标群体指数数据库。

（三）工作生活焦虑蔓延，知识充电需求旺盛

2020年，人们的焦虑不仅来自疫情期间的确诊人数不断增加，还来自生活节奏被打乱以及正常生活不知何时才能完全恢复。部分企业裁员，还有部分企业招聘延期，2020年高校毕业生也被调侃为"三无"毕业生，即无毕业照、无毕业典礼、无散伙饭。也是这一年，各行各业的工作者被各种各样的焦虑所裹挟，无论是内卷下的竞争，还是"打工人"的自嘲，在某种程度上都反映了职场工作者的情绪变化。根据CTR-TGI数据，2020年49.8%的城市居民因为内外环境变化而产生失业危机感，而全职人员和学生对此感受更深，其对此的认同比例分别为50.3%、50.9%（见图25）。

在日常工作生活中，更多人选择提升自己去对抗焦虑，他们希望拓展职业道路，学习更多技能。根据 2020 年 CTR-TGI 数据，68.3% 的城市居民认为"不断学习新东西非常重要"。知识经济时代，为自己"充电"成为更多人的消费新主张。

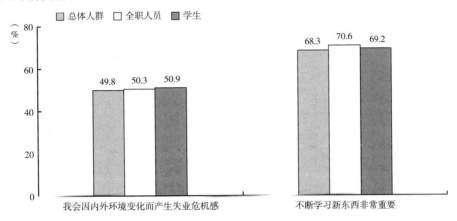

图 25　2020 年城市居民工作学习态度对比

资料来源：CTR-TGI 目标群体指数数据库。

从未来一年计划参加教育培训的类型来看，职业技能培训、外语培训以及资格认证培训是主要类型。30.5% 的居民计划参加职业技能培训，28.1% 的居民计划参加外语培训，25.5% 的居民计划参加资格认证培训（见图 26）。

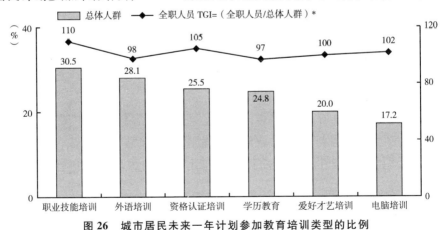

图 26　城市居民未来一年计划参加教育培训类型的比例

　* TGI 用于表示目标用户人群与总体人群之比，TGI 值高于 110 则表明目标用户的显著性较总体人群高。

　资料来源：CTR-TGI 目标群体指数数据库。

根据 CTR-TGI 数据，70.6% 的全职人员认为"不断学习新东西非常重要"，应进行"职场充电"。学习充电成为职场焦虑的缓解剂，全职人员在选择参加教育培训类型时，更倾向于选择职业技能培训、资格认证培训以及电脑培训，以期能够更专业、更熟练地做好本职工作或专业研究，提升自己的职场竞争力。

（四）音乐、视频领域付费意愿提升，推动优质内容价值延伸

在泛娱乐消费方面，以在线音乐、在线视频为主的行业处于内容红利期，越来越多的消费者愿意为内容付费。根据 CTR-TGI 数据，2020 年城市居民对"我会考虑付费购买在我手机上使用的内容，比如音乐和视频"的认同比例达 76.5%，同比增加了 8.6 个百分点（见图 27）。

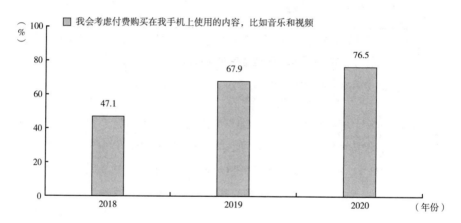

图 27　2018～2020 年城市居民对音乐、视频等内容的付费意愿变化

资料来源：CTR-TGI 目标群体指数数据库。

从不同的群体来看，"80 后""90 后"作为内容付费的主要推动人群，他们在视频、音乐等泛娱乐领域的付费意愿更为强烈，超八成的"80 后""90 后"城市居民会考虑付费购买在手机上使用的内容，比如音乐和视频（见图 28）。

在音乐付费时代，歌手、平台、用户三者之间的关系变得更为紧密。音乐平台用优质歌手的影响力激发平台活跃度，以情感和共鸣联结乐迷，抢占赛道先行优势。而数字专辑让优质音乐内容的价值延伸，音乐付费的形式有助于营造良好的创作环境，助力音乐商业化，推动用户音乐消费热情不断高涨。根据

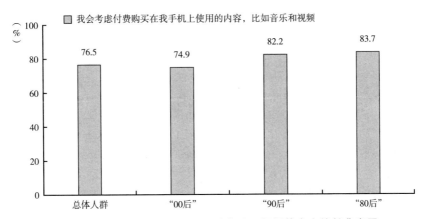

图 28　2020 年不同年龄段居民对音乐、视频等内容的付费意愿

资料来源：CTR-TGI 目标群体指数数据库。

CTR-TGI 数据，2020 年对音乐、视频有付费意愿的居民中，有 32.3% 的居民在网络音频平台进行过付费或充值，占比最高，其后依次是在线广播（27.0%）、网络 K 歌（26.19%）和在线音乐（24.4%）（见图 29）。而受疫情影响，线下演出市场明显缩小，促进了线上音乐演出的发展。以云演唱会为例，主办方从内容制作到互动体验多维度打造线上专属的演出特色。线上演唱会、直播等多种音乐内容消费形式，有效地提升了用户黏性和平台竞争力。根据 CTR-TGI 数据，不同年龄段居民对在线音乐的付费比例差异较小，均在 24% ~25%。

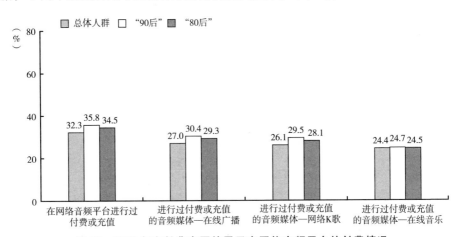

图 29　2020 年有付费意愿的居民在网络音频平台的付费情况

资料来源：CTR-TGI 目标群体指数数据库。

随着视频优质内容和用户需求不断增加，中国的视频付费市场快速成长。剧集、电影内容是拉动付费增长的核心引擎，用户愿意为优秀演员和高质量的作品买单。根据CTR-TGI数据，2020年69.1%的对音乐、视频有付费意愿的居民在视频媒体平台进行过付费或充值，其中"90后"的付费比例（75.5%）高于"80后"（70.3%）（见图30）。在视频内容日趋丰富的情况下，优质内容的持续输出仅是万里长征的第一步，更重要的是依据优质内容打造头部IP，实现多元变现，为用户提供一站式服务以及多维度、深度互动体验，提高付费黏性及用户拉新率。根据CTR-TGI数据，细分视频媒体平台来看，居民对移动App类的付费比例显著高于OTT类。

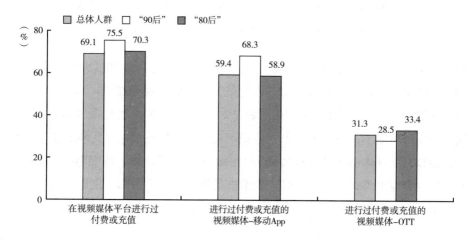

图30　2020年有付费意愿的居民在视频媒体平台的付费情况

资料来源：CTR-TGI目标群体指数数据库。

（五）全民健康意识升级，饮食、运动双管齐下

随着居民生活水平和素质的提高，中国居民的健康素养逐年提升。良好的饮食、睡眠、运动习惯对于改善健康状况的积极影响得到了广泛认可。如今，越来越多的人愿意通过主动改善自己的生活习惯来预防疾病的发生，开始从被动的、应对性的就医治疗，转向主动的、常态性的预防保障。根据CTR-TGI数据，中国城市居民的定期体检意识连年增长，2020年67.3%的城市居民认同"即使身体健康，我也会定期体检"（见图31）。

2020年，无论是生活方式还是饮食习惯，居民对带有健康、安全、品

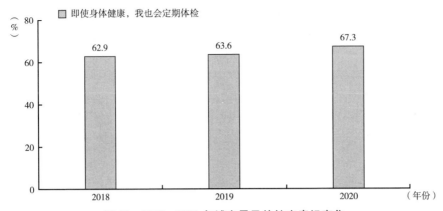

图 31　2018～2020 年城市居民的健康意识变化

资料来源：CTR-TGI 目标群体指数数据库。

质等属性的选项更加重视。根据 CTR-TGI 数据，2020 年 60.3% 的城市居民认为和过去相比，他们的饮食更加健康（见图 32）。

重油、高钠、高糖是饮食健康的三大杀手，随着健康饮食理念的渗透，"加营养""减热量""零添加"等相关概念层出不穷。根据 CTR-TGI 数据，2020 年中国城市居民对有机/绿色食品、食品的营养成分以及低热量的食物和饮料更为关注。60.6% 的城市居民表示即使价格贵一点，他们也愿意购买有机/绿色食品；60.6% 的城市居民表示关注食品的营养成分；53.2% 的城市居民对"我偏好低热量的食物和饮料"表示认同。

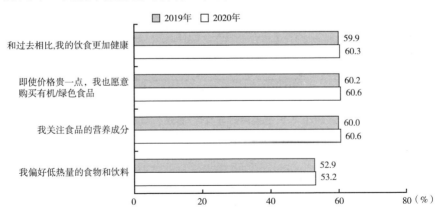

图 32　2019～2020 年城市居民饮食观对比

资料来源：CTR-TGI 目标群体指数数据库。

健康意识的提升推动运动健身理念渐入人心，根据 CTR-TGI 数据，2020
年有 89.5% 的城市居民参加过体育活动，较 2019 年有明显提升（见图 33）。
从运动频率上看，48.8% 的城市居民每周运动 3 次及以上（见图 34）。

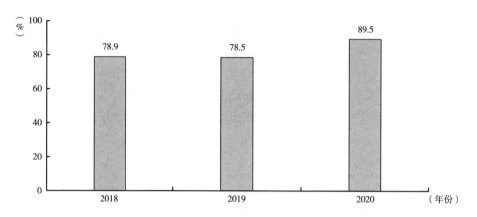

图 33　2018 ~ 2020 年城市居民参加体育活动的变化

资料来源：CTR-TGI 目标群体指数数据库。

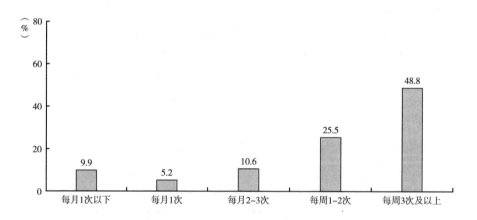

图 34　2020 年城市居民锻炼身体／参加体育活动的频率

资料来源：CTR-TGI 目标群体指数数据库。

2020 年，运动群体的需求持续分化，一方面表现在更多元的运动场景
出现并走向大众，带动了新的运动需求；另一方面表现在不同群体的运动类
型、运动诉求更加细化。居民消费水平的提高、运动健身产品和服务的不断
升级，为各类细分人群实现不同的健身诉求提供了可能。强身健体是大众运

动健身的第一要义，减肥塑形和体态调整也是重要目的。大众的审美愈加多元，瘦不再是衡量身材美的唯一标准。2020 年，直角肩、斜方肌等局部塑形的内容在社交平台的热度高涨，大众对对体态改善的诉求更为强烈。

根据 CTR-TGI 数据，2020 年体育运动中散步是最受城市居民欢迎的运动，占比达到 55.8%；其次是跑步，占比 38.8%；羽毛球、乒乓球、篮球等球类运动的占比也均超过 20%（见图 35）。细分不同人群来看，他们的运动偏好有所差异。学生党偏爱的运动类型较为广泛，爱尝鲜的他们不愿意只"死磕"一种运动项目，而是既偏好跑步这种轻量运动，又喜欢篮球这类有活力的运动，因为这些运动不仅能消耗高能量，而且具备一定的社交属

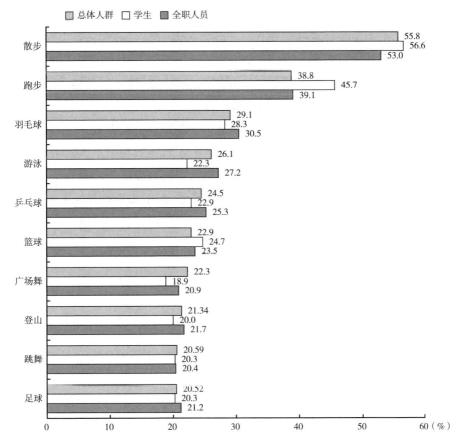

图 35　2020 年进行过体育运动的城市居民的体育运动类型

资料来源：CTR-TGI 目标群体指数数据库。

性，对于学生党来说更有吸引力。全职人员加班成为常态，工作任务繁重，他们可以分配给自己的生活时间相对较少，因此他们在运动健身上呈现出更高效、更精细和更专业的追求。30.5%的全职人员选择羽毛球，羽毛球对体能的要求较低且有利于放松身心，这类低投入高回报的运动更受他们的偏爱；27.2%的全职人员选择游泳，游泳能全方位提高身体综合素质，能够很好地满足他们日益迫切的养生需求。

三　结语

当我们回顾2020年中国媒介市场时，可以看到媒体数字化进程进一步加快，传统媒体加速与互联网融合，媒体边界逐渐变得模糊。2020年，"宅经济"在新冠肺炎疫情的影响下快速崛起，网络视频、直播、短视频、在线游戏、在线医疗和在线教育等迎来爆发式增长。整体市场受移动互联网影响逐步加深，线下生活服务加速与线上融合。

正如PC互联网、移动互联网技术催生了相应的媒介形态一样，5G、人工智能、VR/AR等技术开启了全新的媒介形态与传播模式。2020年传统媒体进行"直播＋带货"，并利用短视频在助力抗击疫情、脱贫攻坚、"两会"报道等方面推出一系列优质产品。未来，5G技术的应用将会催生更多的新媒体平台和业态，进一步推动媒体融合向纵深发展，给用户带来更加智能化、沉浸化的体验。

《传播创新研究》（2021 年第 1 辑）
第 25～40 页
© SSAP，2021

2020年政府官员直播带货现象研究*

邓元兵　刘雨娟　张欣慧**

摘　要： 2020 年初新冠肺炎疫情暴发，官员走进电商直播间为当地农产品带货，为乡村振兴提供了"直播＋农产品＋扶贫"的营销新模式。本文对 2020 年政府官员直播带货的概况进行爬梳，结合活跃的"网红县长"带货案例进行分析，研究发现：直播带货中的助农和扶贫等公益性情感符号、官员担当和政府公信力、官员带货能力提高和媒体全方位宣传等是官员直播带货备受关注的主要原因。但是，官员直播带货的可持续性不足、形式主义作风明显、媒体标签化宣传官员、直播带货标准缺乏以及农民主体地位弱化等问题也要引起重视，亟须从政府引导、平台审查、规范媒体宣传以及公众监督等多方面协同解决。

关键词： 直播带货　政府公信力　地方品牌

2020 年，突如其来的新冠肺炎疫情严重影响到农产品的线下销售，多地农产品滞销。地方政府纷纷与知名电商、直播平台联合，共同探索政企合作、直播带货新模式，掀起直播带货热潮。正如 2020 年政府工作报告中强调，"电商网购、在线服务等新业态在抗疫中发挥了重要作用，要继续出台支持政策，全面推进'互联网＋'，打造数字经济新优势"。①

为打开农产品销路，政府官员走出办公室，走进直播间，转型做起了

---

* 本文系河南省青年骨干教师培养计划（2020GGJS004）、河南省科技创新人才计划（社科类）（2021－CX－035）的阶段性成果。

** 邓元兵，郑州大学新闻与传播学院副教授，研究方向为网络与新媒体、城市形象等；刘雨娟，郑州大学新闻与传播学院硕士研究生；张欣慧，郑州大学新闻与传播学院硕士研究生。

① 《2020 年政府工作报告》，中国政府网，2020 年 5 月 22 日，http：//www. gov. cn/guowuyuan/2020zfgzbg. htm，最后访问日期：2021 年 3 月 16 日。

"网红"，为当地农产品代言，探索销售农产品的新方式。官员直播带货帮助农民解决农产品滞销的燃眉之急，不仅有利于农户脱贫，而且有利于国家乡村振兴战略的实施。因此，这些问题成为本文的核心关注点：官员直播带货成为2020年热门现象，其原因是什么？在官员直播带货中存在哪些问题，给我们带来什么启示？

一 2020年政府官员直播带货概况

政府官员直播带货在2020年成为热门现象，但是，官员走进直播间并不是2020年的新事物。2018年下半年就曾出现官员走进淘宝直播间，2019年淘宝开始设立专栏"县长来了"助力脱贫攻坚，每天14：00～16：00都会有官员参与淘宝直播间活动。① 2018年以来，共有500多名官员走进淘宝直播间，为本地农产品代言。② 官员直播带货虽然从2018年下半年就开始"试水"，但是直到2020年初，在新冠肺炎疫情暴发的特殊背景下，许多行业停工停产，农产品销路不畅，全国各地多名官员纷纷通过直播推销农产品，淘宝、拼多多、抖音、快手等平台也投身"战疫助农"等活动，才将官员直播带货推向新高潮（见表1）。

表1 2020年大型官员直播带货活动概览

时间	主办方	活动名称	关注度及销售额
2月10日	拼多多	"政企合作，直播助农"系列活动	"市县长助农直播间"已售出近100万斤农产品，相关的爱心助农专区中，已累计售出1900万斤各地农货
2月18日以来	今日头条、西瓜视频、抖音联合农业农村部管理干部学院、北京市扶贫支援办、中国社会扶贫网共同发起	"战疫助农"活动	自"战疫助农"活动在今日头条、西瓜视频、抖音上线以来，已帮助供需信息匹配对接，促成企业线下采购农产品超过451万斤，成交额超1000万元；通过平台线上店铺助力农产品销售278万件，成交额约1.13亿元
2月29日～3月2日	西瓜视频	"齐心战疫，八方助农"公益活动	10场县长直播最终助力销售农产品超50万斤，销售额约300万元

---

① 于靖园：《直播带货 县长来了》，《小康》2020年第15期。
② 翟璇：《"县长直播带货"：带"新鲜"更要带"长远"》，《中国中小企业》2020年第6期。

时间	主办方	活动名称	关注度及销售额
3 月初	淘宝	"春播月"活动	以山东惠民县委副书记李宁波为例,3 月 15 日当天连续直播三个小时,带货 30 多款农产品,吸引了 100 多万网友关注,当场卖出 39000 多枚鸡蛋,7500 个玉米,3000 多斤大蒜,2000 斤香菇
3 月起	快手	"百城县长直播助农"活动	以湖南专场为例,共吸引 1918 万快手"老铁"围观、157 万人点赞,为湖南地区销售农产品总额超过 126 万元
4 月 5~6 日	中国农业国际合作促进会茶产业委员会联合中国农业电影电视中心《乡土》栏目、腾讯新闻、中国(北京)国际茶业及茶艺博览会组委会、湖南卫视茶频道、中华合作时报·茶周刊全媒体等单位共同举办	"县市长请您品春茶"公益直播	两天直播观看人次达 675.8 万,成交金额达 208.1 万元
4 月 15 日	中央电视台联合淘宝共同举办	"搭把手,拉一把,助力湖北县长大联播"活动	据不完全统计,通过央视频道、淘宝直播、村播计划、新浪微博等平台实时在线观看的观众超过 140 万人次,微博话题阅读量 512.4 万次。截至当日上午 10 时,宜红茶、王露茶、黄鹤楼酒、黑山羊等品牌产品线上成交 3086 单,成交额突破 100 万元
4 月 18 日	苏宁易购	"青村有你"直播带货活动	据悉,本次直播共推出了 28 款新茶,共带货 5 万单,累计观看人次近 1700 万
4 月 18 日	新华社民族品牌工程办公室与抖音联合举办	"市长带你看湖北"直播	新华社"快看"和 5 位市州长直播间累计观看人数达 1118 万人次,累计带货 58 万件,销售金额达 2426 万元
4 月 25 日	景域驴妈妈集团	全国 100 位县长"文旅助农"直播大会	直播间观看总人次达到 200 万

续表

时间	主办方	活动名称	关注度及销售额
5 月 20 日	国务院扶贫办和拼多多联合启动	"消费扶贫百县直播行动"	以阿坝州与拼多多联合举办的消费扶贫州县长大联播为例，在州长与 13 县（市）长组成的"消费扶贫天团"助力下，当日有近 180 万人次消费者观看了此次直播，直播间直接成交额近 115 万元，50 余款产品销量上涨 5 倍以上
5 月 21 日	京东	"百大县长直播团"系列助农扶贫直播活动	整体观看互动达到 1.2 亿人次，直播期间参与的品牌店铺在线成交金额破亿元；拉动参与活动产业带商品销售提升 300% 以上
5 月 29 日	淘宝	"消费扶贫助力决战决胜脱贫攻坚公益直播活动"	当日在线参与直播活动的人数超过 760 万人次，当日成交数量超过 2.2 万件，在线成交金额近 120 万元
6 月 1 日	拼多多与湖南卫视在湖南省委宣传部、省委网信办、省商务厅、省扶贫办指导下联合举办	《出手吧兄弟！芒果扶贫云超市大直播》扶贫晚会及系列助农直播活动	《出手吧兄弟！芒果扶贫云超市大直播》成功吸引超过 5.5 亿人次参与线上线下串屏互动，成功卖空湖南 15 个县的当季农产品，由芒果扶贫云超市直播拉动总带货达 20 亿元。扶贫直播活动累计吸引 126 万拼多多网友围观并下单
6 月初	中国农业电影电视中心联合地方政府、腾讯新闻、微店、看点直播共同策划	2020 县长直播公益助农行动	以四川广元专场活动为例，最终活动共吸引了超过 72 万人观看，实现销售金额 109.6 万元
9 月 7 日	腾讯微视	中国农民丰收节金秋消费季——"东西南北中"全国县长话丰收助农直播互动活动	根据腾讯微视直播数据，在长达 10 个小时的直播活动中，观看人数累计超过 972 万人次，同时在线人数峰值达 96 万人次，相关短视频播放量已超 1013 万次

资料来源：笔者自制。

　　如表 1 所示，2020 年大型官员直播带货活动举办时间多集中在上半年。一方面，受疫情影响，直播带货等销售模式成为经济发展新的着力点。为促进消费、提振经济，各地官员一边精准落实疫情防控，一边高度重视复工复产，纷纷走进直播间带货，积极履行职责，起到良好的带头示范作用。另一方面，2020 年 5 月以来，媒体先后曝出"陕西城固县长直播带货涉嫌强制消费""重庆市开州区区长直播带货学生家长被派购物任务"等事件，各平台开始对官员直播带货进行反思。安徽省网信办于 2020 年 6 月在全国网信系统率先制定出台《关于进一步推进网络公益直播活动的通知》，明确了领导干部在开展网络公益直播活动时的注意事项，为官员直播带货划定红线。

同时，我们发现，从中央到地方各级政府部门联合各大平台策划官员直播带货活动，直播带货的主办方多集中在知名电商平台和短视频平台，拼多多、淘宝、京东等电商平台和抖音、快手等短视频平台于 2020 年多次开展官员直播带货活动，取得了良好的效果。参与直播带货的官员多为市长和县长，他们大多处于基层，了解农产品销售现状，并且对农产品信息有基本的掌握。此外，大型官员直播带货活动多为系列活动，分不同的专场，活动内容丰富多彩。数据监测显示，2020 年第一季度电商直播超过 400 万场，100 多位市长、县长走进直播间为当地产品"代言"，① 典型例子如下。（1）快手平台启动"百城县长直播助农"活动，已进入全国 30 余个市县，触达海南、广西、河北、河南、山东、陕西、新疆、辽宁、湖南等地，举办了近 50 场直播助农活动。（2）自 2020 年 2 月起，拼多多在贫困地区及农产品主要产区开展"市县长直播"活动，已经在山东、浙江、安徽等地与官员合作进行直播助农活动，覆盖沃柑、椪柑、鸡蛋、紫薯、酥梨、鲜花、小米、茶叶、莲藕等多种农产品。② 截至 2020 年 8 月 31 日，拼多多平台上的市县长助农直播已超 195 场，超过 360 位市、县、区主要负责人进入助农直播间推介本地农（副）产品，消费扶贫等各种助农活动已累计成交 4.23 亿单，卖出农副产品总计超过 25.68 亿斤。③（3）抖音、今日头条、西瓜视频联合农业农村部管理干部学院、北京市扶贫支援办、中国社会扶贫网共同发起"战疫助农"活动，通过设立农产品供需信息发布专区、上线重点农产品聚

① 《国内动态·商务部：2020 年一季度电商直播超过 400 万场》，《广告大观》（理论版）2020 年第 1 期，第 106～108 页。
② 森森：《史上最强"带货王"登场　全国县市长直播带货哪家强？》，凤凰新闻，2020 年 4 月 21 日，https：//ishare.ifeng.com/c/s/7vrJ4afbFIo，最后访问日期：2021 年 3 月 16 日。
③ 李康：《梅州蜜柚走进直播间　副市长激情直播"柚"到上海》，新浪网，2020 年 9 月 25 日，http：//k.sina.com.cn/article_ 2345597047_ 8bcef87702000yuci.html？ subch = onews，最后访问日期：2021 年 3 月 16 日。

合页、开展"县长来直播"系列活动等方式，帮助农民找到农产品的销路。其中，"县长来直播"活动邀请百位县长直播带货，助力当地特色产品销售。截至2020年4月3日，已有37位县长和多位平台创作者通过直播销售农产品113万件，销售额近6000万元。

二 研究对象与方法

通过对2020年大型官员直播带货活动进行梳理，我们发现，官员直播带货时间主要集中在上半年，带货电商平台多样化，研究对象的选择也覆盖拼多多、淘宝、抖音等主要平台。参考《小康》杂志选取的"网红县长"，[①] 结合带货时长、带货种类、带货风格、人气值、销售金额等多项指标综合考虑，笔者最终选取30位在直播间内外都备受关注的"网红县长"进行研究（见表2），以期更好地助力官员直播带货的长远发展和乡村振兴战略的落实推进。

表2 官员直播带货案例选取

序号	官员职务	带货平台	直播风格	销售纪录
1	陈伟峰，铜鼓县副县长	淘宝直播	出镜＋演示＋才艺＋互动	单场32.42万元
2	陈锦秀，桂平市市长	快手直播	出镜＋演示＋才艺＋互动	现场下单数量5766单，销售金额33万元
3	王帅，商河县副县长	有自己的短视频账号"黄河王小帅"	出镜＋演示＋互动	3小时卖出6000多只扒鸡，10秒钟卖出200个西瓜，2小时卖完10亩地的15000多斤红薯
4	陈灿平，安化县委常委、副县长	抖音号"陈县长说安化"已经直播了30余场，有时候一天直播3场	出镜＋演示＋才艺＋互动	4小时售茶18.5万元
5	朱少辉，五华县县长	虎牙直播平台	出镜＋网红＋演示	1小时卖农产品超百万元

---

① 于靖园：《直播带货 县长来了》，《小康》2020年第15期。

序号	官员职务	带货平台	直播风格	销售纪录
6	孙海军,西盟佤族自治县副县长	西瓜视频	出镜 + 网红	一天售出 3.9 万件产品
7	陈晓东,商河县委常委、副县长	多平台直播,曾在 13 个直播间与 300 万网友互动	出镜 + 演示 + 互动	1 小时销售额突破 20 万元
8	魏明超,京山市市长	拼多多助农直播间	出镜 + 才艺 + 互动	半小时卖出 3 万多斤大米
9	殷洪亮,虎林市市长	淘宝直播	出镜 + 互动	一天预订出近 400 万斤珍宝岛大米
10	张秀萍,舒城县县长	"舒城野岭菜油"抖音号	出镜 + 演示	3 小时销售额超过 750 万元
11	裴耀军,阳曲县委书记	淘宝直播	出镜 + 演示	带货 23000 单,成交金额 70 万元
12	田洪光,英山县县长	荆楚网联合拼多多电商平台	出镜 + 演示	半小时带货近 1 万单,成交额约 31 万元
13	宋波,安吉县县长	淘宝直播	出镜	带动 6 亿元销售额
14	邓国雄,乳源县代县长	抖音直播间	出镜 + 互动	3 小时带货突破 18 万元
15	沈忠春,鄱阳县委常委、副县长	鄱阳县扶贫助农直播间	出镜 + 演示	26 款农特产销售一空
16	杨水飞,寻乌县县长	农民黄洪林的电商店铺直播间	出镜 + 演示 + 互动	售出 3 万斤百香果、超过 2 万斤赣南脐橙
17	吴毓舟,安溪县代县长	泉州线上产业直播节安溪直播专场	出镜 + 演示 + 互动	近 180 万人"围观"
18	凌宏,古田县副县长	淘宝直播秀	出镜 + 演示 + 互动	3 分钟获赞 101 万次
19	蒙晓明,平南县委常委、副县长	快手直播	直播 + 演示 + 互动	销售大青枣 4 万斤
20	张惠荣,平泉市副市长	快手直播	直播 + 演示 + 互动	两小时售出约 810 公斤农产品
21	曹文飞,乐业县委常委、副县长	央视直播	直播 + 演示 + 互动	2.5 小时销售 3525 单近 4 万斤沃柑
22	冯云波,保康县县长	荆楚星主播	出镜 + 演示	20 分钟售茶近 6000 元,售出其他"大山珍宝"近万元

序号	官员职务	带货平台	直播风格	销售纪录
23	金雪华,山阳县副县长	多个直播平台	直播＋演示＋互动	4 个多小时销售金额达 15.1 万元
24	彭在清,合浦县副县长	"全国 100 位县长爱心义卖直播大会"	直播＋演示＋互动	售出 1 万多份特色产品
25	卢明刚,深泽县县长	拼多多直播间	出镜＋演示＋互动	半小时售出布艺商品 4000 多件
26	王洪涛,镇平县副县长	淘宝直播	出镜＋演示＋互动	半小时售出黄桃近 3000 单
27	梁琰,来宾市副市长	"市长来了"直播活动	出镜＋演示	两个小时售出 1077 件瑶族养生保健产品
28	高小强,礼县副县长	淘宝直播	出镜＋演示	直播期间卖出 1500 多斤苹果
29	郑秋实,长顺县副县长	短视频、县融媒体中心发布到抖音平台	代言＋演示	不到 5 天的时间卖出鸡蛋 12000 多枚
30	王锦栋,蒙阴县副县长	淘宝直播	出镜	首秀卖出 1200 多单

资料来源：笔者自制。

案例库中的 30 位直播带货官员的成交单和销售额不断创新高，取得了不错的成绩。例如，在案例 18 中古田县副县长凌宏在淘宝直播秀的直播中仅 3 分钟便获赞 101 万次；在案例 14 中乳源县代县长邓国雄仅仅 3 小时带货就突破 18 万元；在案例 22 中保康县县长冯云波 20 分钟就售茶近 6000 元，售出其他"大山珍宝"近万元；等等。本文在综合分析典型案例和媒体报道的基础上，归纳出 2020 年官员直播带货成为热门现象的原因以及官员直播带货中存在的问题。

三　2020年官员直播带货备受关注的原因

官员直播带货自 2018 年兴起，作为一种公益行为，其直接目标是助力农产品销售，帮助贫困地区脱贫。2020 年，受新冠肺炎疫情影响，农产品的线下销售异常困难，政府官员面对疫情不畏惧、不退缩，纷纷走进直播间，掀起官员直播带货热潮，成为备受关注的现象。其具体原因是什么？笔者认为主要包括以下几个方面。

（一）以公众共情为纽带，引导消费扶贫

公众通过观看官员直播带货的视频购买其推荐的农产品，能够感受到官员善良、温暖的个人形象。直播带货中的助农、扶贫等公益性情感符号，使消费者心甘情愿地购买官员推荐的农产品，通过消费获得自我满足并产生认同。同时，带货产品大多来自偏远县市或者贫困地区，直播带货具有"扶贫"性质，扶贫情怀和心理捐助是直播消费的重要动因。[①]

本研究选取的 30 个案例中，所有官员均来自基层，带货产品均为大量滞销的当地特色农产品，这在一定程度上引发了公众的共情心理。案例 4 中，直播官员是被派驻到安化县挂职县委常委、副县长的西南民族大学教师陈灿平。安化县既是国家扶贫开发工作重点县，也是著名的"中国黑茶之乡"，全县约三分之一的人从事着与茶叶相关的行业，陈灿平直播带货的产品正是安化县盛产的黑茶。为了助力脱贫攻坚，陈灿平发挥学识优势，在直播带货过程中讲解黑茶知识、经济学知识、湖湘文化等。从 2020 年 2 月底开播后的 4 个多月时间里，陈灿平累计直播 160 多场，粉丝达到 35 万人。据抖音官方统计，陈灿平个人直播带货销售金额 586 万元，旗下两个店铺累计出货达 1000 万元，被抖音评为"最具影响力茶叶达人"。可见，官员直播带货的公益属性和共情特质有助于公众树立消费扶贫理念。

（二）以政府公信力做担保，坚定消费信心

官员直播带货，"播"的是自身担当，"带"的是政府公信，易引发全民关注，激发消费者的无限购买力。直播产品的质量如何是用户对网络直播带货最担忧的问题，也是售后投诉维权的主要问题。官员代表政府为直播商品信任"背书"，作为传播主体具有天然信任感，这种基于政府公信力的身份认同在很大程度上消解了网民对产品质量的疑虑。

官员的直播带货行为与政府的公信力紧密相连，消费者基于对政府的信任慷慨下单。在案例 15 中，2020 年 3 月 15 日，上饶市鄱阳县委常委、副县长沈忠春走进鄱阳县扶贫助农直播间，在鄱阳县乐丰镇稻虾基地进行直播带货。"鄱阳稻虾、鄱阳山茶油、鄱阳土鸡蛋……这个龙虾是喝我们鄱阳的水

---

① 肖珺、郭苏南：《算法情感：直播带货中的情绪传播》，《新闻与写作》2020 年第 9 期。

长大的，非常干净卫生，而且你看这龙虾肉质饱满……"沈忠春一边说一边从篮子里拿出龙虾，展示龙虾肉，"……一般龙虾的做法是蒜蓉和清蒸之类的，我们鄱阳有一种做法叫油焖龙虾，非常入味，非常好吃，等下我们会现场做给大家看，大家可以学着一起做……"直播间的观众纷纷为沈忠春副县长代言的农产品点赞，最后，26 款农产品销售一空。消费者愿意下单就是看中了产品背后无形的政府公信力，有政府公信力"背书"，提升了消费者对产品质量的信心，使其放下对产品质量的疑虑，主动参与助农富农的消费行动。

（三）提高带货能力，打开消费市场

直播带货不是官员的工作专长，但他们放下"官架子"，通过积极了解网络直播语言风格、带货展示方式等提升服务意识，提高带货能力。官员熟悉当地特色农产品、生态景色以及风土民情，直播带货时对产品的解说、回答网友提问更接地气，更能唤起消费者的购买欲望。在直播间，官员走入蔬菜大棚、田间地头等展示原生态种植场景，重塑了传统的生态观念，也满足了观众对乡村"后台"窥探的欲望，在观众心中建构起乡村文化场景，从而拉近了产地和市场的距离，增进了买方对产品的直观了解。

官员在保证权威、准确地介绍农产品的前提下，适应网络直播的传播语境，幽默风趣地使用网络主播的"OMG，买它""宝宝""老铁"等语言，获得了很好的传播效果。案例 3 中，山东济南市商河县副县长王帅是一名"80 后"博士县长，为销售当地特产"商河皇家扒鸡"，在直播间中使用网络语言，"所有女生，你们的'魔鬼'来咯""Amazing！买它！""距离千年老店，只差八百年……"一连串的网络流行语信手拈来，带货视频发布一周时间，单条视频浏览量已超 300 万，扒鸡卖了 1 万单共计 3 万余只，这是平时"商河皇家扒鸡"半年的销量。通过幽默风趣的网络语言拉近与观众的关系，吸引更多的消费者参与、互动是官员直播带货受消费者欢迎和追捧的关键原因之一。

（四）以媒体宣传为辅助，助推直播出圈

每次政府官员直播带货时，其所涉及的平台，带货官员所属区域的微信、微博、新闻客户端等都会进行全面宣传和信息发布，形成多渠道、全领

域的覆盖和传播。同时，各大媒体对官员直播带货的评价不一，刊发的新闻稿和评论都会引发公众的持续热议和思考，再次将官员直播带货置于公众的视野之下，从而导致官员直播带货的火爆。如新华社客户端发布的《"县长直播带货"：带"新鲜"更要带"长远"》①，《新京报》发布的《风口上的县长直播带货："是个官儿，但不高高在上"》②，《中国青年报》发布的《县长直播"带货"，屏外才是真功夫》③ 等。

案例库中的 30 名官员大多借助抖音、快手、淘宝直播等媒体平台进行网络直播带货，形成良好的传播态势。例如，案例 26 中的河南省南阳市镇平县副县长王洪涛在淘宝直播平台上已经有 3000 多名粉丝，有关丰收节的直播在线观看达 70130 人次。此外，王洪涛还注册了抖音号"王洪涛副县长镇平"，不仅发布农产品相关的短视频，还发布直播预告、直播产品、直播片段等信息，进一步对直播带货活动进行宣传。"云上镇平""河南发布"等抖音号以及河南广播电视台等都对王洪涛直播带货活动进行报道，使王洪涛成为"网红副县长"，当地不少老百姓想让这位"网红副县长"来帮忙带货。

四 2020年官员直播带货存在的问题

（一）昙花一现，可持续发展链条断裂

新冠肺炎疫情暴发以来，官员直播带货吸引了全国网民的关注。疫情期间农民售卖农产品的压力大，这种方式在短时间内见效快，扩大了农产品流通渠道，一次直播带货量是过去几个月的销量，助力了当地农产品的销售。然而，基层政府官员职业素质不一，使得有些官员在直播带货过程中，往往

---

① 《"县长直播带货"：带"新鲜"更要带"长远"》，百家号新华社客户端，2020 年 5 月 11 日，https://baijiahao.baidu.com/s？id=1666372786352936814&wfr=spider&for=pc，最后访问日期：2021 年 3 月 16 日。

② 《风口上的县长直播带货："是个官儿，但不高高在上"》，百家号新京报，2020 年 4 月 26 日，https://baijiahao.baidu.com/s？id=1665030260885393543&wfr=spider&for=pc，最后访问日期：2021 年 3 月 16 日。

③ 《县长直播"带货"，屏外才是真功夫》，百家号中国日报网，2020 年 4 月 15 日，https://baijiahao.baidu.com/s？id=1664004371745726180&wfr=spider&for=pc，最后访问日期：2021 年 3 月 16 日。

以追求自身利益最大化为目的，结果导致后续发展陷入"短视效应"，造成农产品销售可持续发展链条的断裂，具体表现为盲目跟风模仿与长效发展机制缺失。

一方面，部分县域政府在推广官员直播带货时表现出明显盲目跟风倾向，缺乏地方创新，致使其难以持续。为了赶上直播热，一些地方出现了基层领导干部未对本地区农村产业进行调研与考察，便仓促举办直播活动的情况，个别地方聘请当地文化传媒公司策划，致使官员直播带货千篇一律，难以呈现地方特色农村文化，最终导致官员直播带货难以可持续发展。另一方面，县域政府领导干部为了短期内迅速创造"业绩"，过度强调农副产品销售数量，忽视农产品质量管控与品牌能力建设，导致官员直播带货陷入"只卖不管"的困境。① 例如，部分县域政府基层领导干部为了追求"数字政绩"，将直播带货变成集中签约，常常忽视农产品配送、质量保障、售后服务、品牌推广等问题，既损害了县域政府的形象，又不利于农村产业可持续发展。如何把官员直播带货的市场带动效应与农户发家致富、乡村振兴有效结合，发挥杠杆撬动效应，使官员直播带货不再昙花一现，而是持之以恒，是我们需要思考的课题。

（二）资本介入，形式主义作风凸显

网络直播是注意力经济和眼球经济的嬗变，官员通过扮古装、大口吃鸡、大声吆喝等方式吸引受众眼球。但是，资本的介入让官员具有了商业属性，他们在直播带货过程中出现了盲目跟风、直播走形式、将直播带货变成个人秀场等问题，突出表现在部分县域政府的基层领导干部受到官员直播带货的评比、排名、通报影响，往往片面追求政绩与点击率，通过强制性行政指令方式，进行带货数量摊派，最终导致官员直播带货重形式而不重实效，滋生形式主义作风，从而背离了发展农村产业与实现乡村振兴的初衷。

实践中，形式主义工作作风具体表现为两个方面。第一，个别地方存在数据造假行为。政府内部党员干部充当观众，制造直播室红火假象，致使官员直播带货的一些数据存在造假问题。例如，2020 年 6 月 10 日晚，网上流

① 任彬彬、颜克高：《官员直播带货：县域政府实现乡村振兴的新探索——基于基层治理创新视角》，《兰州学刊》2021 年第 1 期。

传的一张聊天截图显示，重庆市开州区疑似有教师要求家长参与区长直播购物，并将相关凭证上交至教委的情况。还有官员为追求销量不顾成本低价促销，存在"虚假下单""二次签约"情况，背离了官员助农带货的初衷。①第二，一些地方摊派主义盛行。为了完成工作目标，部分县域政府通过规定"最低消费额"，强制要求政府内部人员进行消费作为完成扶贫指标的重要依据，诱发摊派主义。② 例如，陕西省城固县县脱贫办发布《关于举办"县长直播带货"助力脱贫攻坚的通知》，强制要求全县帮扶干部通过线上下单或线下认购的方式最低消费 50 元。

（三）喧宾夺主，标签化政府官员

在这场全民"狂欢"中，为了满足不同受众的需求，官员直播带货最初的目的和意义不再纯粹。当商业成为主导力量时，官员直播带来的农产品销售热潮成为一种快餐式消费的经济形态。在媒体宣传中，官员直播动辄上百万人观看，获得数十万元销售额。③ 为了吸引更多直播流量，一些由女性官员直播带货的视频被打上"美女县长"的字眼，基层自媒体的宣传也要贴上"美女县长"这一标签。而"美女县长""美女市长"这样的标签化问题由来已久，是对女性工作能力的否定。女性官员能够踏入政坛取得成功，靠的是自己的能力与政绩，绝对不是容貌。

例如，被冠以"美女县长"的贵州省长顺县"85 后"挂职副县长郑秋实就表示："'美女'是我竭力想撕去的标签，因为我的工作毕竟不是靠脸吃饭，而是要凭借自身的努力，靠工作成绩来说话。"媒体采用这样的宣传方式是本末倒置，让更多的消费者关注"美女"，获得短期注意力，而忽略了带货本身的长远发展，不利于带货经济的实体转化，使助农的现实意义不能凸显，导致恶性循环。此外，这种宣传方式也带有低俗化倾向，是对那些娱乐、消遣性受众窥探欲和好奇心的满足，容易引导不良的社会风气和价值

---

① 赵丽、秦华民：《官员直播带货谨防"作秀" 须明确商业边界》，百家号新华网，2020 年 5 月 22 日，https：//baijiahao.baidu.com/s？id = 1667368456925706807&wfr = spider&for = pc。
② 任彬彬、颜克高：《官员直播带货：县域政府实现乡村振兴的新探索——基于基层治理创新视角》，《兰州学刊》2021 年第 1 期。
③ 《谨防官员直播带货"跑偏"》，中国经济网，2020 年 6 月 16 日，http：//www.ce.cn/culture/gd/202006/16/t20200616_ 35140495.shtml，最后访问日期：2021 年 3 月 16 日。

观。这种快餐式消费时代下的喧宾夺主式宣传方式，轻则影响官员个人形象，重则带货不成，还影响当地政府形象。

（四）伦理失范，政府公信力缺失

相比于专业的带货主播，官员在专业能力、推销水平上有一定差距，消费者之所以愿意"捧场"，乐意掏腰包，更多的是看中官员所代表的政府公信力。官员代表政府为直播商品信任"背书"，但这种信任资本是否具有可持续性，直播带货能否保持生命力，取决于官员带货商品会不会"翻车"，以及背后物流、储存、配送、售后等产业链条是否顺畅。

由于工作需要，领导干部不可能天天蹲守在田间地头和生产、销售一线，因此可能存在相应的产品质量不过关、消费者体验不满意的情况，让好不容易树立起来的"金字"招牌，面临被砸的风险。[①] 针对消费者和社会普遍关切的一些问题，如市长、县长为什么给这家企业的产品带货，而不是别的企业；为什么带货这个品牌而不是别的品牌；挑选产品的标准和程序又是怎么回事，政府如果没有统一的标准规范，无法回答，便会引起诸多争议，让自身陷入伦理失范的怪圈，从而丧失天然的公信力。

（五）本末倒置，农民主体地位弱化

公共性的核心内涵在于关注公共利益，追求公共价值。官员直播带货的公共性价值诉求在于巩固农民的主体地位，满足农民的现实需求，实现农民利益的最大化。然而，部分官员在直播带货过程中，把重点放在直播带货的播放量和销售量上，却忽略了最为核心的农民和农产品，最终导致农民的社会需求与利益诉求无法得到满足。当前，官员直播带货的公共性缺失不仅部分损害了农民的应得利益，而且进一步弱化了农民的主体地位。

在农民利益增进方面，官员直播带货的初衷是利用政府公信力扩大农产品流通渠道，从而提高农民的经济收入，加强农村经济建设。然而，部分县域政府为了制造社会舆论，片面追求农产品的销量增长，致使官员直播带货陷入价格战的恶性竞争，违背了市场经济发展规律，其结果是农副产品销售

---

① 成业：《官员直播带货：立规矩才能带好"货"》，《西藏日报（汉）》2020 年 7 月 13 日，第 5 版。

量疯狂增长与农民实际收入增长缓慢形成强烈反差,^① 部分损害了农民的应得利益。在农民主体地位方面,官员直播带货是县域政府社会治理的革新创举,要始终坚持以农民为主体。然而,在实践中,部分县域政府盲目攀比销量,加剧了地方政府之间、基层领导干部之间的横向竞争,促使地方政府与领导干部的主体性作用越来越突出,逐渐成为直播带货的单一行动主体,忽视农民参与机制建设,致使农民的主体地位被弱化。加之部分县域政府为了蹭热度,高价聘请网红主播,使得官员直播带货的商业属性越发凸显,农民的主体地位进一步被边缘化。

五 官员直播带货的发展趋势及建议

政府无法为所有商品"背书",这势必导致政府资源分配的不平等;政府被"裹挟"到商业之中,也不符合市场竞争的逻辑。随着疫情的消退和社会秩序的恢复,官员直播带货的狂欢化趋势也会逐渐退却。在分析 2020年政府官员直播带货现象备受关注的原因和存在的问题之后,现分析一下官员直播带货的发展趋势及建议。

第一,利用互联网新技术建立新的销售渠道,官员直播带货为乡村振兴提供了新实践模式。官员直播带货既是营销模式的创新,又是营销理念的转变。随着 5G 时代的来临,可视化的销售模式将成为商业销售的主流。官员直播带货与疫情期间生产消费下行相伴而生,官员直播带货的新思路不仅改变了传统农产品的销售模式,还快速打破了市场供需壁垒,推动形成新的市场需求,为助力脱贫攻坚提供了一个有效的新路径。官员们化身"网红",纷纷加入直播带货行列,将"农产品 + 扶贫"与"直播带货"有机结合,使之融为一体,通过"短视频 + 直播"的方式助力农产品销售,助推作用日渐显现。

第二,政府官员直播带货的可持续发展离不开相关管理规范的制定和实施。短期来看,疫情中官员急中生智对滞销农产品进行了直播带货尝试,具有一定的特殊性。长期来看,政府应明确直播带货中平台、生产者、带货人

---

① 邓喆:《政府官员直播"带货":政务直播 + 助农的创新发展、风险挑战与长效机制》,《中国行政管理》2020 年第 10 期。

等多方利益相关者的责任和义务，确保制度科学、程序正当、过程公开，严格审核监督每一个环节。比如，对官员直播带货的内容进行事前、事中、事后不同阶段的监督，同时建立健全的投诉、举报机制，对消费者的投诉及时核实并处理。① 在农产品上架前，电子商务平台应当有专业人员对农产品信息进行审查。

第三，媒体宣传报道是一把"双刃剑"，应倡导建设性新闻实践理念。一方面，媒体宣传官员直播带货活动有助于进一步扩大影响力；另一方面，部分媒体对官员直播带货的宣传存在偏颇。从长远发展来看，要进一步规范媒体的宣传，使之更多地集中于官员直播带货本身，发挥媒体监督功能，规制官员直播带货乱象。在报道中媒体也应注意伦理道德的边界和底线，对不法、违规行为进行披露，切忌做不实报道和喧宾夺主。对于官员直播带货比较好的案例应该及时跟踪报道，将其有效可行的方法推广到更多的地方，让更多的官员、政府部门借鉴学习，在规制的同时发挥引领作用。

第四，以"互联网＋"的思维，建设政务直播矩阵，搭建专业的全国政务直播平台。在政府网站、政务 App 上链接政务直播间，或依托第三方平台开通官方政务直播间，对政务直播进行"矩阵式""集群化"管理，关注下沉用户市场，扩大社会影响力。针对官员直播带货的不实宣传和谣言信息，此举可以有效进行治理和引导，传递正确信息和内容。例如，公众可以通过平台向有关部门积极举报数据造假、宣传低俗化等问题，做到对形式主义、"作秀"的"零"容忍；也可以主动维护自身权益，对于所购买产品存在质量问题时积极主动与相关部门沟通，沟通无果的可采取必要的法律手段。

总之，在新冠肺炎疫情暴发这一特殊背景下，中国多地官员主动走进网络直播间，以直播带货方式助力农产品销售，成为热门现象。通过官员直播带货销售农产品，可以提高销量，助力贫困户脱贫。未来，官员直播带货的发展需要积极推动"互联网＋"模式创新，更需要政府、媒体、平台、公众等多主体的协作。

---

① 朱璇、严小莉：《农产品电商直播的法律问题研究》，《湖北农业科学》2020 年第 21 期。

《传播创新研究》（2021 年第 1 辑）
第 41~64 页
© SSAP，2021

2020年数据保护制度研究[*]

王 敏 刘 鑫[**]

摘 要： 通过综合分析 2020 年公开报道的 80 起大规模数据泄露事件，本报告发现，2020 年全球数据泄露事件的数量和泄露规模较 2019 年均大幅攀升，数据安全形势更加严峻，主要原因是，个人信息被大规模收集应用于全球疫情防控，其利用与保护的制衡关系被严重破坏。报告重点分析国内外主要数据泄露事件，并总结欧盟、美国、中国数据保护制度的创新进展，批判性反思数据保护制度的不足之处并预测未来发展方向：（1）出台配套制度满足不同场景的数据保护需求，推动数据保护制度的落地；（2）重点加强生物识别信息的保护以及移动互联网应用的治理；（3）现行法律、临时政策及紧急措施协同实施数据治理；（4）寻求突发公共卫生事件中个人数据的利用与保护之平衡；（5）特殊时期个人数据紧急收集措施的退出机制和事后处置方案尚待完善。

关键词： 数据泄露 数据保护 制度创新 制度反思 生物识别

一 2020年数据泄露现状研究

中美两国数据安全公司发布的报告显示，2020 年是有记录以来信息泄露最严重的一年，全球数据泄露总量超 360 亿条，较 2019 年剧增 332%

---

* 本文系武汉大学人文社科青年团队"数据保护制度创新研究"的成果之一。

** 王敏，武汉大学媒体发展研究中心研究员，武汉大学新闻与传播学院副教授；刘鑫，武汉大学新闻与传播学院硕士研究生。

（见图1），① 涉及人数超21.2亿人，其中，北美、欧洲和亚太地区信息泄露事件约占全球信息泄露事件的90%。② 尽管全球信息泄露规模扩大，相关事件的媒体报道却明显减少。截至2020年9月30日，媒体公开报道的数据泄露事件数量比2019年减少约51%，比2018年减少25%。③ 这或许是因为，在全球暴发新冠肺炎疫情的背景下，媒体将更多资源集中于疫情防控报道上，在一定程度上减少了对信息泄露事件的关注。

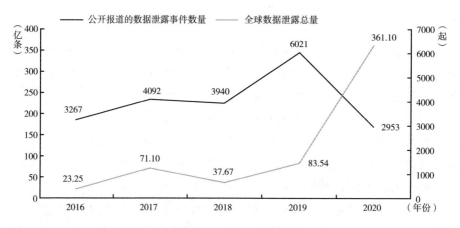

图1　全球数据泄露总量与媒体公开报道的数据
泄露事件数量变化趋势（2016~2020年）

资料来源：根据Risk Based Security的报告整理，统计时间均为当年前三季度。

（一）2020年国外数据泄露④状况

美国第二大电信运营商威瑞森（Verizon）发布的《2020年数据泄露调查报告》在综合分析全球3950起数据泄露事件后发现，医疗保健、教育、零

---

① 《2020年网络安全大事记》，数世咨询微信公众号，2020年12月29日，https：//mp.weixin.qq.com/s/HbBpdYUwy72I_6X4DOElmw，最后访问日期：2021年3月20日。

② "Risk Based Security，New Research：Number of Records Exposed Reaches Staggering 36 Billion"，October 29，2020，https：//pages.riskbasedsecurity.com/en/en/2020 – q3 – data – breach – quickview – report – 0，accessed March 20，2021.

③ "Risk Based Security，2020 Q3 Report Data Breach QuickView"，October 29，2020，https：//pages.riskbasedsecurity.com/en/en/2020 – q3 – data – breach – quickview – report – 0，accessed March 20，2021.

④ 本报告按惯例将"数据"与"信息"等同，只是分国内外语境区别使用。

售、信息产业、公共部门、金融等行业是数据安全及泄露事件的高发行业；70% 的数据泄露事件由外部人员引起而非内部因素导致，其中，一半以上是由犯罪集团组织实施；45% 的数据泄露事件源于黑客攻击和入侵；86% 的泄露行为是出于财务动机；72% 的入侵对象涉及大型企业。[①] 可见，2020 年数据泄露规模不断扩大，泄露总量急剧攀升，全球的数据安全形势仍十分严峻。

通过综合《纽约时报》、BBC、Forbes、《卫报》、《雅加达邮报》等众多媒体及 ZDNet、Tech Crunch、Bleepingcomputer、Threatpost 等科技网站的报道、数据，并做交叉验证，本文梳理了 2020 年国外公开报道的 80 起大规模数据泄露事件，并总结出 2020 年国外十个规模最大的数据泄露案例，[②] 按照数据泄露数量进行排名，同时分析其所属行业、泄露原因以及泄露数据敏感度，得出以下结果（见表 1）。其中时间为泄露事件公开报道时间；因数据泄露事件具体信息报道方式不同，按照数据泄露规模进行排名的同时考虑数据泄露数量（信息条数）和涉及人数（人）；泄露数据敏感度主要依据欧盟《通用数据保护条例》（GDPR）第 9 条规定以及具体的情景，设立五个等级，分别标注"1""20""300""4000""50000"。

表 1   2020 年国外十大数据泄露事件

序号	时间	实体	行业	泄露原因	数据泄露数量/涉及人数	泄露数据类型	泄露数据敏感度
1	2020 年5 月	爱尔兰成人色情网站CAM4	色情直播网站	安全性差	10880000000条	姓名、性取向、用户私人对话内容、电子邮件、IP 地址、电子邮件记录	50000

---

① Verizon，"2020 Data Breach Investigation Report"，https：//enterprise. verizon. com/resources/reports/dbir/，accessed March 20，2021.

② 本报告中，国外数据泄露事件数据泄露实体所属地为除中国外的其他国家或地区。注：规模大小按泄露数据的数量划分，并从大到小降序排列。若规模相同，则分别按照年份、信息敏感度依次降序排列。数据敏感度的五个等级则按照以下思路设计："1"表示姓名、性别、学生学号、受教育经历；"20"表示电话号码、电邮地址、网络账号（不包括密码）及网络IP 等；"300"表示信用卡信息、家庭住址、出生日期等；"4000"表示邮箱密码、社交账户密码、短信内容、通话内容以及个人身份信息，如身份证号、护照号码、社会保障号（SSN）、驾驶证号等；"50000"则表示完整的银行账户信息（包括密码等）以及健康记录（如病例、既往病史等）、基因信息。同一事件中若涉及多种信息，则以敏感度最高信息的权重计，不累计，不叠加。

续表

序号	时间	实体	行业	泄露原因	数据泄露数量/涉及人数	泄露数据类型	泄露数据敏感度
2	2020 年 5 月	泰国手机通信网络公司 AIS	通信网络	安全性差	8000000000 条	用户的实时网络浏览记录	20
3	2020 年 5 月	法国费加罗报	新闻网站	安全性差	7400000000 条	姓名全称、电子邮件、家庭住址（居住国家/地区，邮政编码）、密码以及用于访问内部服务器的 IP 地址	20
4	2020 年 3 月	英国的安全公司	安全公司	安全性差	5000000000 条	密码、泄露日期、电子邮件、电子邮件域和泄露源	4000
5	2020 年 6 月	美国科技公司 Oracle	科技公司	安全性差	1000000000 条	姓名、家庭住址、电子邮件地址和其他可识别的数据以及敏感用户的网页浏览活动、购买和退订新闻通信的行为等	300
6	2020 年 3 月	美国秘密共享应用程序 Whisper	手机 App	安全性差	900000000 条	用户填写的年龄、种族、性别、出生地、性取向等	50000
7	2020 年 1 月	美国化妆品巨头 Estee Lauder	美妆行业	安全性差	440336852 条	电子邮件地址、内部文件、销售矩阵数据等	20
8	2020 年 10 月	美国语音通话技术提供商 Broadvoice	电信公司	安全性差	350000000 条	姓名、电话号码、通话记录、州和城市、留在医疗诊所和金融服务公司的语音邮件	50000
9	2020 年 1 月	美国微软 Microsoft	科技公司	安全性差	250000000 条	客户电子邮件地址、IP 地址、地理位置以及微软客服与世界各地客户之间的通话记录	4000
10	2020 年 12 月	巴西卫生部官方数据库	政府部门	安全性差	243000000 人	巴西人提供给政府的所有个人信息，包括姓名全称、家庭住址、电话号码和医疗详情等	50000

资料来源："CAM4 Data Breach：7 Terabytes of Highly Sensitive User Data Exposed"，https：// www. zdnet. com/article/data-of-243-million-brazilians-exposed-online-via-website-source-code/；"A Massive Database of 8 Billion Thai Internet Records Leaks"，https：//techcrunch. com/2020/05/24/thai-billions-internet-records-leak/；"French Daily Le Figaro Database Accidentally Exposed Online, the Archive Included Roughly 7. 4 Billion Records Containing Personal Information of Employees and Users"，https：//securityaffairs co/wordpress/102623/data-breach/le-figaro-data-leak. html；"Public Statement in Relation to Data Briefly

Exposed on an ElasticSearch Database ", https：//www. keepnetlabs. com/public-statement-in-relation-to-data-briefly-exposed-on-an-elasticsearch-database/；" Oracle's BlueKai Spilled ' Billions of Records ' of Web-Tracking Data ", https：//www. forbes. com/sites/jessedamiani/2020/06/19/oracles-bluekai-spilled-billions-of-records-of-web-tracking-data/？ sh = 1c05f1772c47；" Whisper App Data Leak Exposes 900 Million Secret Confessions：What to Do ", https：//www. tomsguide. com/news/whisper-data-leak；" Estee Lauder Database Exposed；Customer Data Not Involved ", https：//www. forbes. com/sites/daveywinder/2020/02/11/estee-lauder-data-leak-440-million-records-exposed/？ sh = 5dda903e2590；" VoIP Firm Broadvoice Leaks 350 Million Customer Records ", https：//www. infosecurity-magazine. com/news/broadvoice-leaks-350-million/；" Microsoft Security Shocker as 250 Million Customer Records Exposed Online ", https：//www. forbes. com/sites/daveywinder/2020/01/22/microsoft-security-shocker-as-250-million-customer-records-exposed-online/#91076484d1b3；" Data of 243 Million Brazilians Exposed Online via Website Source Code ", https：//www. zdnet. com/article/data-of-243-million-brazilians-exposed-online-via-website-source-code/。

可见，十大数据泄露事件主要发生在美国，而且多起事件导致高度敏感的个人数据被大规模泄露。2020 年 5 月，成人直播网站 CAM4 因服务器配置错误，导致超过 7TB 的会员个人身份信息被泄露，包括高达 108.8 亿条个人数据记录，高度敏感信息如性取向、用户私人对话内容等均遭泄露。此次泄露事件中，美国、巴西和意大利的用户均受到影响。无独有偶，美国秘密共享应用程序 Whisper 也泄露了 9 亿条用户的种族、性取向等敏感信息。近几年，政府部门的数据泄露事件也多次被曝光。2020 年巴西卫生部高度敏感的官方数据库泄露了 2.43 亿公民的各类个人信息，任何人在浏览器中按 F12 键都可以轻易访问或获取卫生部官方数据库的公开登录信息。

基于 80 起大规模个人数据泄露事件的统计分析，本文发现如下几个特点。

从 2020 年数据泄露涉及的领域看，主要集中于医疗健康（12.5%）、零售（10%）、信息技术（10%）等（见图 2），大规模数据泄露涉及的领域较 2019 年有所增加，化妆品、游戏、餐饮外卖等领域均发生过大规模泄露事件。另外，手机 App 发生数据泄露事件的占比是 2019 年的两倍之多。

从泄露原因看，黑客攻击（53.75%）和安全性差（38.75%）占主导（见图 3）。许多企业数据保护意识薄弱，在数据收集、处理、控制过程中未采取严格的保障措施，安全性差的问题悬而未决，这为黑客窃取信息提供了可乘之机。

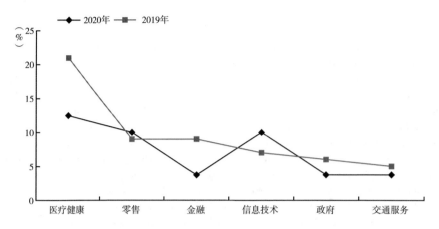

图2 2019～2020年国外数据泄露事件所涉主要领域占比

资料来源：根据2020年80起大规模个人数据泄露事件及《2019年数据保护制度创新研究报告》整理。

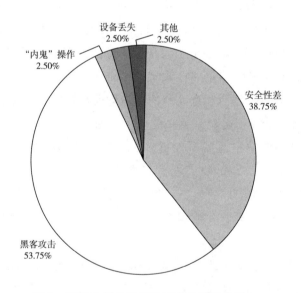

图3 2020年国外数据泄露事件原因分析

资料来源：根据选取的80起大规模个人数据泄露事件整理。

从数据类型来看，个人姓名为最常见的泄露数据类型，约占44%，其次是电子邮件（42.5%）、电话号码（25%）、地址（23.75%）、密码（20%）。除上述类型外，部分事件还涉及医疗信息、性取向等高度敏感的个人数据。

此外，同一实体多次发生数据泄露事件的现象凸显，如万豪酒店于 2018 年 11 月泄露 5 亿条信用卡信息、邮寄地址以及护照号码等个人信息，2020 年再度泄露多达 520 万条类似信息。[①] 不到两年时间，万豪酒店因信息泄露受重罚后重蹈覆辙，再度发生大规模数据泄露事件，引人深思。

（二）2020 年国内数据泄露状况

国际数据公司（International Data Company，IDC）预测，截至 2025 年，中国或许会成为全球最大的数据市场，约占全球数据圈的 27.8%。[②] 中国个人数据保护与数据安全治理面临挑战。

综合新华网、澎湃新闻、北京青年报、新浪科技、FreeBuf、ZDNet 等众多媒体及科技网站的报道、数据，本报告收集到十余例国内数据泄露事件，[③] 按照数据泄露总量排名，同时分析其所属行业、泄露原因以及数据敏感度，总结出 2020 年国内十件规模最大的数据泄露案例（见表 2）。其中，时间为泄露事件被公开报道的时间；因数据泄露事件具体信息报道方式不同，按照数据泄露规模进行排名的同时还考虑数据泄露数量（信息条数）和涉及人数（人）；泄露数据敏感度主要依据中国国家标准《信息安全技术个人信息安全规范》（GB/T 35273—2017）第 3 条第 2 款（包括附录 B）以及具体的情景，设立"低敏感度""高敏感度"两个等级，分别用"1""2"表示。

表 2　2020 年国内十大数据泄露事件

序号	时间	实体	行业	泄露原因	数据泄露数量/涉及人数	泄露数据类型	泄露数据敏感度
1	2020 年 3 月	新浪微博	社交媒体	安全性差	530000000 条	用户 ID、性别、关注数、粉丝数、账号发布的微博数、地理位置等	2

---

① 王敏、曹放：《2019 年数据保护制度创新研究报告》，载单波主编《中国传播创新研究报告（2020）》，北京：社会科学文献出版社，2020，第 139 页。

② 《IDC：到 2025 年中国将拥有全球最大数据圈》，科学网，2019 年 2 月 22 日，http://news. sciencenet.cn/htmlnews/2019/2/423145.shtm，最后访问日期：2021 年 2 月 26 日。

③ 本报告中，国内数据泄露事件数据泄露实体所属地为中国。

续表

序号	时间	实体	行业	泄露原因	数据泄露数量/涉及人数	泄露数据类型	泄露数据敏感度
2	2020年5月	某暗网交易平台	网页网站	安全性差	50000000条	银行开户信息、手机注册数据	2
3	2020年10月	某信息贩卖团体	网页网站	安全性差	8000000条	身份证号码	2
4	2020年11月	老年机	电子通信	"内鬼"操作	50000000条	手机验证码	2
5	2020年11月	圆通快递	物流快递	"内鬼"操作	400000条	收件人及发件人姓名、电话号码、联系地址	2
6	2020年11月	济南芯贝科技公司	科技公司	安全性差	400000条	手机号和身份证号	2
7	2020年12月	挂号软件	医疗健康	"内鬼"操作	200000条	身份证号码、姓名、手机号、患者求医信息等	2
8	2020年6月	广西壮族自治区妇幼保健院	医疗健康	"内鬼"操作	89904条	新生儿、产妇信息	2
9	2020年5月	中国建设银行	金融	"内鬼"操作	50000条	银行卡对应的卡主身份证号码、电话号码、余额甚至交易流水	2
10	2020年6月	郑州西亚斯学院	教育	"内鬼"操作	约20000人	姓名、身份证号、宿舍门牌号、专业	2

资料来源：《5 亿微博隐私数据被曝遭泄露始末，国际暗网正在火爆交易》，https：//baijiahao. baidu. com/s？id = 1661643434585065720&wfr = spider&for = pc；《南通破获特大暗网侵犯个人信息案，超五千万条公民数据被倒卖》，https：//www. thepaper. cn/newsDetail_ forward_ 7306083；《售卖公民个人信息 800 余万条！7 名犯罪嫌疑人落网》，http：//m. news. cctv. com/2020/10/15/ARTIHSQ9W5FznYflkl8m4I12201015. shtml；《触目惊心！330 万台老年机被植入木马，还有儿童电话手表也没逃过……》，https：//baijiahao. baidu. com/s？id = 1684670239289961580&wfr = spider&for = pc；《圆通多位"内鬼"有偿租借员工账号，致 40 万条个人信息泄露》，https：//mp. weixin. qq. com/s/58vKb3yY0xBADX83C2DcUQ；《特大贷款类电信诈骗黑灰产业链案告破 四十万条公民信息被卖 万人被骗超两亿》，http：//tv. cctv. com/2020/11/11/VIDESfK4SPqp0PToxDTNf6vk201111. shtml；《泄露数据近 20 万条 团伙开发挂号软件获利被判刑》，https：//news. dayoo. com/society/202012/03/140000_ 53677049. htm？from = groupmessage；《广西一医护人员倒卖 8 万条婴儿信息被追责 前例源头多为"内鬼"》，https：//www. sohu. com/na/421700979_ 161795；《建行员工贩卖客户信息 5 万多条 只是黑产链条第一环》，https：//money. 163. com/20/0519/15/FD0INQ4B002580S6. html；《郑州一高校近两万名学生信息疑泄露，警方：已立案调查》，https：//mp. weixin. qq. com/s/D2oSn_ Lqe3fjSa5HVcML0Q。

通过横向对比国内外公开报道的数据泄露事件、纵向对比 2019 年国内数据泄露事件，本文发现，2020 年国内的数据泄露状况总体呈现以下特征。

1. 规模：公开披露的大规模数据泄露事件同比减少

与 2019 年相比，2020 年国内公开披露的大规模数据泄露事件明显减少，主要原因如下。

其一，国内大多数媒体将注意力集中于新冠肺炎疫情报道，导致对数据泄露事件的关注度下降，部分数据泄露事件未能及时被披露，也未曾进入公众视野，成为公共议题。因此，考虑到疫情对媒体议程设置的影响，我们应全面而审慎地看待 2020 年国内公开报道的数据泄露状况。

其二，个人信息保护执法行动有效遏制了信息泄露事件的发生。2020年，公安部深入推进"净网 2020"专项活动，截至 12 月 20 日，全国共侦办侵犯公民个人信息的刑事案件 3100 余起，抓获犯罪嫌疑人 9700 余名，严厉打击了侵犯公民个人信息的违法犯罪行为，极大地压缩了不法分子的数据泄露与隐私侵权空间，有效遏制了信息泄露事件的发生。①

其三，相关法律法规的制定与完善为个人信息保护提供了新的制度保障。2020 年 5 月，十三届全国人大三次会议表决通过了《中华人民共和国民法典》，其中第六编"人格权"第四章"隐私权和个人信息保护"规定，处理个人信息应当以遵守相关法律规定或取得权利人知情同意为前提，在处理个人信息时应当遵循"合法""正当"等原则。该章同时规定，行为人出于维护公共利益等目的而处理个人信息时可以免去民事责任。② 2020 年 10月，国家标准《个人信息安全规范》正式实施。《个人信息保护法（草案）》也首次提请全国人大常委会审议，明确个人信息处理者的义务，保障个人在个人信息处理活动中的各项权利。③

---

① 《全国公安机关深入推进"净网 2020"专项行动　今年侦办侵犯公民个人信息刑案 3100 余起》，搜狐网，2020 年 12 月 30 日，https：//www.sohu.com/a/441529426_120207613，最后访问日期：2021 年 3 月 2 日。

② 《中华人民共和国民法典》，中国人大网，2020 年 6 月 2 日，http：//www.npc.gov.cn/npc/c30834/202006/75ba6483b8344591abd07917e1d25cc8.shtml，最后访问日期：2021 年 2 月 19 日。

③ 《数据被收集、隐私被泄露……首次亮相的个人信息保护法草案如何捍卫你我信息安全？》，百家号新华网，2020 年 10 月 13 日，https：//baijiahao.baidu.com/s？id = 1680438243268717566&wfr = spider&for = pc，最后访问日期：2021 年 2 月 11 日。

2. 诱因：内部人员操作成为信息泄露的主要原因

案例分析发现，内部人员（行话称"内鬼"）成为我国 2020 年实施侵犯公民个人信息犯罪行为的主体。银行、医疗健康、物流快递、教育等行业因积累大量个人信息而成为"内鬼"侵扰的"重灾区"。例如，广西某妇幼保健院医护人员利用职务之便，非法下载并倒卖 8.9 万条新生儿及产妇信息；中国建设银行内部职工泄露用户银行卡等信息以获取非法报酬；圆通快递"内鬼"与外部人员勾结，非法获取个人信息；河南某高校教师岳某收集学生信息，供某公司"逃税"之用；等等。

"内鬼"窃取个人信息的主要原因是经济动机和信息易得性。许多企业在信息安全管控时忽略了内部人员这一因素，在个人信息存储等环节未采取加密等保护措施。因此，企业关键信息的基础运营者一方面应当严格履行《网络安全法》第三十四条规定的安全保护设施义务；[①] 另一方面应实施数据分类分级保护制度，按照职责需求设置对应的访问权限，并对内部员工的网络活动进行监管。

3. 类型：医疗健康信息成泄露信息主要类型

近年来，医疗健康行业屡遭侵扰且信息泄露成本远高于其他行业。研究人员对汽车、保险、医疗保健和金融等七个行业的调查发现，医疗行业受到的攻击比其他任何行业都要多，平均每个医疗公司有 13 个数据库被泄露，远高于其他行业。[②] 2020 年，国内公开报道的信息泄露事件中有多起涉及疫情防控过程中个人医疗健康信息泄露。《2020 年数据泄露成本报告》显示，医疗保健行业仍是数据泄露平均成本最高的行业，高达 713 万美元，与 2019 年相比，增幅超过 10%。[③]

与往年不同的是，2020 年个人信息因新冠肺炎疫情防控而迅猛流动。作为新冠诊疗的重要主体，掌握大量信息的医疗机构成为多起新冠患者信息泄露事件的源头，也成为保护个人信息过程中的重要一环。针对医疗健康行

---

① 《中华人民共和国网络安全法》，中华人民共和国国家互联网信息办公室网站，2016 年 11 月 7 日，http://www.cac.gov.cn/2016 – 11/07/c_ 1119867116_ 2. htm，最后访问日期：2021 年 2 月 25 日。

② 《RSAC 2020 专题：医疗行业数据泄露风险高居榜首》，网易，2020 年 2 月 28 日，https://www.163. com/dy/article/F6G21PVT0511ALHJ. html，最后访问日期：2021 年 2 月 26 日。

③ IBM：《2020 年数据泄露成本报告》，2020 年 7 月，https://www.ibm.com/downloads/cas/BK0BB0V1，最后访问日期：2021 年 2 月 25 日。

业频发的数据泄露案件，有学者对医疗数据的隐私保护技术进行深入研究，指出可以在数据采集环节采用匿名技术和差分隐私技术，在存储环节采用加密存储技术、保护完整性的审计技术等进行严格保护。[①] 除了采用相关技术手段，本报告认为，还需要加强突发公共卫生事件背景下个人信息保护制度层面的建设，完善个人信息保护的法律框架，根据不同行业、领域涉及的信息泄露类型及特点出台有针对性的保护措施，从而为个人信息保护提供多重保障，加固信息安全的堤坝。

二 国外数据保护制度总体分析

本报告重点梳理了欧美相关的法律法规和政策文件（见表 3），发现国外数据保护制度呈现以下主要特征：（1）欧盟出台多项 GDPR 配套指南满足多场景下数据保护的需要，并加强跨境数据传输保护；（2）美国多项新法规专门规范生物识别技术应用与实践；（3）英国等主要国家在现行法规基础上出台紧急或临时政策通知，为新冠肺炎疫情防控中个人信息收集、处理和利用提供合法基础。

表 3　2020 年欧美数据保护制度及配套建设新进展

制度	时间	机构	概述
《关于在联网车辆和移动相关应用中处理个人数据的指南》	2020 年 1 月	欧洲数据保护委员会	旨在阐明车联网背景下如何增强各相关主体对数据安全的保护意识，避免相关数据的滥用
《关于通过视频设备处理个人数据的指南》	2020 年 1 月	欧洲数据保护委员会	旨在为视频设备处理个人数据方面符合 GDPR 规定提供指导
《新冠病毒暴发期间处理个人数据的正式声明》	2020 年 3 月	欧洲数据保护委员会	当疫情防治工作涉及对公民位置数据的收集和利用时，应当首先坚持匿名化的处理方式。在无法完全匿名化处理数据的情况下，各成员国应当保障公民通过有效线上途径进行维权

---

① 郭子菁、罗玉川、蔡志平、郑腾飞：《医疗健康大数据隐私保护综述》，《计算机科学与探索》2021 年第 3 期，第 389 ~ 402 页。

续表

制度	时间	机构	概述
《关于在 2019 年新冠肺炎疫情背景下以科学研究目的处理健康数据的指南》	2020 年 4 月	欧洲数据保护委员会	旨在阐明健康数据处理服务于科研目的的法律依据等问题，并为此类健康数据的处理实施提供充分保障
《关于 2016/679 法规同意的指导方针》	2020 年 5 月	欧洲数据保护委员会	重点关注 GDPR 进一步规范获取和证明有效同意的要求，提供切实可行的指导，以确保 GDPR 合规，并指出个人数据控制者有责任在法律允许范围内寻找新的解决方案，从而更好地保护个人数据和数据主体的利益
《关于补充传输工具以确保遵守欧盟个人数据保护水平的措施的建议》	2020 年 11 月	欧洲数据保护委员会	要求欧洲经济区对个人数据的保护措施必须随着数据的转移而迁移，保证个人数据转移到第三国时，不破坏或削弱其在欧洲经济区所受保护的水平
《数据治理法》提案	2020 年 11 月	欧盟委员会	该法案旨在创建一个统一框架，增强对数据中介的信任以及加强整个欧盟的各种数据共享机制，更好地利用庞大的个人数据集
《关于欧洲经济区和非欧洲经济区公共当局和机构之间个人数据转移的指南》	2020 年 12 月	欧洲数据保护委员会	旨在为欧洲经济区和非欧洲经济区的公共机关和机构之间的个人数据转移提供指导方针，阐明数据跨区域传输的一些规则，并提出保障措施建议
《关于 GDPR 第 23 条限制的指南》	2020 年 12 月	欧洲数据保护委员会	本指南旨在为 GDPR 第 23 条的实施提供指导，对限制的适用标准、需要遵守的评估、限制解除后数据主体如何行使权利以及违反 GDPR 第 23 条的后果做了全面分析
《大流行中数据的力量》	2020 年 5 月	英国	旨在说明在新冠肺炎疫情期间利用数据进行疫情防控的重要作用，并说明数据存储和处理的相关安全措施
《2020 年国家生物识别信息隐私法案》	2020 年 8 月	美国国会	对生物识别信息的处理做出规定，保障相关信息安全
《隐私框架 1.0 版：通过企业风险管理来提升隐私的工具》	2020 年 1 月	美国国家标准技术研究院	旨在制定一系列数据保护策略，以规范相关组织处理个人数据的行为

续表

制度	时间	机构	概述
《COVID-19 和 HIPAA：向执法部门、护理人员、其他急救人员和公共卫生当局披露信息》	2020 年 10 月	美国卫生与公共服务部	列明实体在未获 HIPAA 授权的情况下，可以向执法部门、护理人员以及公共卫生部门披露新冠病毒感染者或密切接触者个人信息的几种情形
《COVID-19 和 HIPAA 公告：全国范围卫生突发事件期间对 HIPAA 制裁和处罚的部分豁免》	2020 年 3 月	美国卫生与公共服务部	旨在说明可以豁免 HIPPA 制裁和处罚的要求，列明 HIPPA 在紧急情况下披露个人隐私信息的多种情形
《人脸识别法》	2020 年 2 月	美国加利福尼亚州	规范人脸识别具体实践，明确个人在此过程中享有的权利
《美国华盛顿州人脸识别服务法案》	2020 年 3 月	美国华盛顿州	对相关主体提出要求，为人脸识别服务提供保障，以避免相关技术的滥用，从而降低负面影响
《加州隐私权法》	2020 年 11 月	美国加利福尼亚州	旨在进一步加强对公民隐私等权益的保护，以适应新技术背景下的发展需要

资料来源：《关于在联网车辆和移动相关应用中处理个人数据的指南》，https：//edpb. europa. eu/our-work-tools/documents/public-consultations/2020/guidelines-12020-processing-personal-data_ en；《关于通过视频设备处理个人数据的指南》，https：//edpb. europa. eu/our-work-tools/our-documents/guidelines/guidelines-32019-processing-personal-data-through-video_ en；《新冠病毒暴发期间处理个人数据的正式声明》，https：//edpb. europa. eu/our-work-tools/our-documents/statements/statement-processing-personal-data-context-covid-19-outbreak_ en；《关于在 2019 年新冠肺炎疫情背景下以科学研究目的处理健康数据的指南》，https：//edpb. europa. eu/our-work-tools/our-documents/guidelines/guidelines-032020-processing-data-concerning-health-purpose_ en；《关于 2016/679 法规同意的指导方针》，https：//edpb. europa. eu/our-work-tools/our-documents/guidelines/guidelines-052020-consent-under-regulation-2016679_ en；《关于补充传输工具以确保遵守欧盟个人数据保护水平的措施的建议》，https：//edpb. europa. eu/our-work-tools/documents/public-consultations/2020/recommendations-012020-measures-supplement_ en；《数据治理法》提案，https：//digital-strategy. ec. europa. eu/en/library/proposal-regulation-european-data-governance-data-governance-act；《关于欧洲经济区和非欧洲经济区公共当局和机构之间个人数据转移的指南》，https：//edpb. europa. eu/our-work-tools/our-documents/guidelines/guidelines-22020-articles-46-2-and-46-3-b-regulation_ en；《关于 GDPR 第 23 条限制的指南》，https：//edpb. europa. eu/our-work-tools/documents/public-consultations/2020/guidelines-102020-restrictions-under-article-23_ en；《大流行中数据的力量》，https：//healthtech. blog. gov. uk/2020/03/28/the-power-of-data-in-a-pandemic/；《2020 年国家生物识别信息隐私法案》，https：//www. govtrack. us/congress/bills/116/s4400；《隐私框架 1.0 版：通过企业风险管理来提升隐私的工具》，https：//www. nist. gov/system/files/documents/2020/01/16/NIST% 20Privacy% 20Framework_ V1.0. pdf；《COVID-19 和 HIPAA：向执法部门、护理人员、其他急救人员和公共卫生当局披露信息》，https：//www. hhs. gov/sites/default/files/covid-19-hipaa-and-first-responders-508. pdf；《COVID-19 和 HIPAA 公告：全国范围卫生突发事件期间对 HIPAA 制裁和处罚的部分豁免》，https：//www. hhs. gov/sites/default/files/hipaa-and-covid-19-limited-hipaa-waiver-bulletin-508. pdf；《人脸识别法》，https：//leginfo. legislature. ca. gov/faces/billTextClient. xhtml? bill_ id = 201920200AB2261；《美国华盛顿州人脸识别服务法案》，https：//blogs. microsoft. com/on-the-issues/2020/03/31/washington-facial-recognition-legislation/；《加州隐私权法》，https：//iapp. org/resources/article/the-california-privacy-rights-act-of-2020/。

（一）欧盟出台多项GDPR配套指南以满足多场景下数据保护的需要并加强跨境数据传输保护

2020年，欧盟继续引领全球数据保护制度矩阵的建设。欧洲数据保护委员会（EDPB）陆续出台多项GDPR指南，完善配套制度建设，满足多场景下数据保护的需要，并加强跨境数据传输保护。配套制度的建设促进了欧盟境内个人数据自由流动，也深刻影响了其他国家或地区的数据保护立法实践。

欧洲数据保护委员会针对数据收集处理的新场景及时出台相关指南。例如，针对车联网场景下收集到的大量个人数据处理保护问题出台《关于在联网车辆和移动相关应用中处理个人数据的指南》，以规范联网车辆和相关移动应用使用过程中个人数据处理行为。再如，《关于通过视频设备处理个人数据的指南》旨在通过视频设备处理个人数据时应用GDPR提供指导，切实保障个人数据安全和个人隐私权益。GDPR指南的出台在一定程度上满足了多场景的数据保护针对性需求，是现有法律框架的制度性补充。

为促进数据的自由流动并保障数据安全，保证当数据进入欧洲经济区以外的第三国时，仍能获得与欧盟内部保障水平基本相当的保护，EDPB出台《关于补充传输工具以确保遵守欧盟个人数据保护水平的措施的建议》，强调欧盟对数据的保护措施应当随数据的转移而迁移。《关于欧洲经济区和非欧洲经济区公共当局和机构之间个人数据转移的指南》为个人数据在欧洲经济区和非欧洲经济区机构之间的传输行为提供指南，阐明数据主体享有的权利，提出在此传输过程中保障数据安全的建议措施，明确转移和共享时的原则和限制。这一指南在保障数据跨区域自由流动的同时，也保护了个人数据。

（二）生物识别成为数据保护立法重点领域

2020年，针对生物识别服务的应用，美国国会和多个州出台相关法律，包括美国国会出台的《2020年国家生物识别信息隐私法案》、加利福尼亚州的《人脸识别法》和华盛顿州的《美国华盛顿州人脸识别服务法案》。近几年，生物识别成为热点，但相关技术的应用也引发一系列争议并带来一定风险。例如，美国一家名为"明视"的科技公司通过社交网站、视频网站等多种渠道收集了约 30 亿张个人照片，在未提前告知个人的情况下，私自利用公民的生物识别信息识别个体身份并建立自己的数据库，还与美国部分执法机构合作出售人脸识别应用服务。针对这些违法行为，消费者已向伊利诺伊州法庭提出诉讼。①

人脸识别技术应用领域已从最初的公共安全领域进入商业领域。许多零售商店引入人脸识别技术以实现智能化改造；教育领域将人脸识别技术用于日常考勤和课程监控；部分执法部门也将此技术用于嫌犯的追踪；等等。该技术的应用有利于提高相关部门的工作效率，降低成本，但在应用过程中呈现滥用趋势，引发复杂的数据安全问题。在未来一段时间，关于人脸识别技术在不同场景中应用的立法机制也需逐步建立并完善，以最大程度避免个人数据的滥用与泄露。

（三）多项临时指南应对重大突发公共卫生事件

在新冠肺炎疫情防控这一特殊时期，各国现行法规为个人信息收集、处理提供合规基础，也为个人信息安全提供综合保障。同时，许多国家相关部门还在现有法律法规基础上出台特殊或紧急政策通知，例如，美国的《COVID-19 和 HIPAA：向执法部门、护理人员、其他急救人员和公共卫生当局披露信息》、欧洲数据保护委员会的《新冠病毒暴发期间处理个人数据的正式声明》等，以应对疫情防控中个人信息收集和处理的复杂情况和独特情景，包括：（1）身份信息、健康信息、位置数据等个人敏感信息被大规模收集，可能造成更大风险；（2）考虑到疫情防控需要，个人信息的利用与保护之间的关系严重失衡；（3）多头收集个人信息，且部分信息收集主体以公共利益为由违背最小范围、目的限制等原则。

全球多地发布通知指出可以豁免部分相关法律的几种情况，以提高疫情防控效率，体现了现有法律框架的灵活性。同时，各国还强调，出于维护公共利益的需求，个人应履行义务并适当让渡部分权利。例如，欧洲数据保护委员会于 2020 年 3 月出台《新冠病毒暴发期间处理个人数

---

① "Clearview AI Has Promised to Cancel All Relationships with Private Companies", Buzzfeednews, May 7, 2020, https://www.buzzfeednews.com/article/ryanmac/clearview - ai - no - facial - recognition - private - companies, accessed March 20, 2021.

据的正式声明》，指出数据保护法规（如 GDPR）并不妨碍抗击新冠病毒大流行期间防控措施的实施；① 美国卫生与公共服务部在 2020 年 3 月发布公告，列出在新冠肺炎疫情期间可以豁免 HIPPA 隐私规则的制裁和处罚的六种情况。②

多项临时指南指明信息收集应遵循的正当性、合法性等主要原则。要求在使用个人信息时应进行脱敏、匿名化处理，并严格遵守"目的限制"原则，不得用于疫情防控以外的目的。欧洲数据保护委员会发布的《关于在新冠病毒暴发背景下使用位置数据和接触者追踪工具的指南》阐明了使用个人位置数据和接触者追踪工具的条件和原则，包括电子通信提供商收集的位置数据只有在对数据做匿名化处理的情况下，才可传输给当局或第三方。此外，指南中还特别强调"目的限制"及"必要性"原则，以避免收集到的信息被用于商业或执法等与新冠病毒防控无关的目的。

三　国内数据保护制度创新分析

2020 年，我国实现个人隐私与信息保护综合立法"零"的突破。《民法典》《个人信息保护法（草案）》《数据安全法（草案）》相继出台，这对于我国数据保护制度的建设具有里程碑式的意义。面对突如其来的新冠肺炎疫情，政府部门出于疫情防控救治、监测分析、密接追踪、病毒溯源、资源调配等目的，协调互联网平台、网络运营商等信息控制者大规模收集、处理个人信息，发布多项政策通知以规范此过程中的个人信息收集处理行为。此外，政府部门继续细化 App 收集使用个人信息的行业规范，将其拓展至人脸信息和个人健康信息领域（见表 4）。通过对 2020 年国内数据保护制度及配套进行总体分析，本报告发现国内数据保护制度主要呈现以下特征。

---

① "European Data Protection Board, Statement on the Processing of Personal Data in the Context of the COVID - 19 Outbreak", March 19, 2020, https://edpb.europa.eu/our - work - tools/our - documents/statements/statement - processing - personal - data - context - covid - 19 - outbreak_ en, accessed March 20, 2021.

② "United States Department of Health and Human Services, COVID - 19 & HIPAA Bulletin Limited Waiver of HIPAA Sanctions and Penalties during a Nationwide Public Health Emergency", March 2020, https://www.hhs.gov/sites/default/files/hipaa - and - covid - 19 - limited - hipaa - waiver - bulletin - 508.pdf, accessed March 20, 2021.

表 4　2020 年中国数据保护制度及其配套建设

制度类型	制度名称	发布时间	发布机构	制度概述
法律法规	《民法典》	2020 年 5 月	全国人大常委会	隐私权不得被侵害,明确个人信息处理原则和信息处理者应遵守的相关规定
	《数据安全法(草案)》	2020 年 7 月	全国人大常委会	保障国家数据安全与发展,建立数据安全制度,明确保护数据安全相关义务
	《个人信息保护法(草案)》	2020 年 10 月	全国人大常委会	明确个人在个人信息处理活动中的权利,规定个人信息处理者的义务,指明个人信息保护部门的职责及各主体行为应承担的相关法律责任
国家标准	《信息安全技术　个人信息告知同意指南》	2020 年 1 月	全国信息安全标准化技术委员会	旨在为网络运营者在处理个人信息时的告知与征求个人信息主体同意等行为提供指导
	《网络安全标准实践指南——移动互联网应用程序(App)个人信息安全防范指引(征求意见稿)》	2020 年 3 月	全国信息安全标准化技术委员会	列明 App 收集个人信息过程中存在的问题并提出相应策略
	《网络安全标准实践指南——移动互联网应用程序(App)个人信息保护常见问题及处置指南》	2020 年 9 月	全国信息安全标准化技术委员会	旨在指出当前 App 存在的常见问题并指定相关指南提供指导,为相关主体个人信息处理行为提供参考
	《信息安全技术　个人信息安全影响评估指南》	2020 年 11 月	国家市场监督管理总局、国家标准化管理委员会	旨在为相关组织进行的信息安全评估工作提供指导
政策通知	《国家卫生健康委办公厅关于加强信息化支撑新型冠状病毒感染的肺炎疫情防控工作的通知》	2020 年 2 月	国家卫生健康委办公厅	发挥信息化在疫情防控过程中数据采集分析、提高服务效率等方面的作用,落实国家对疫情防控相关工作的部署
	《电信和互联网行业数据安全标准体系建设指南(征求意见稿)》	2020 年 7 月	工业和信息化部	旨在针对当前电信和互联网行业数据安全保护存在的问题,完善相关顶层设计以保障行业数据安全
	《关于开展纵深推进 App 侵害用户权益专项整治行动的通知》	2020 年 7 月	工业和信息化部	对 App 违规收集用户信息等侵害用户权益的行为进行整治并明确整治对象、任务等

续表

制度类型	制度名称	发布时间	发布机构	制度概述
行业规范	《个人健康信息码》系列国家标准	2020 年 4 月	国家市场监督管理总局	建立健康码统一的使用标准和规范
	《App 收集使用个人信息最小必要评估规范：人脸信息》	2020 年 11 月	工业和信息化部	旨在规范移动互联网应用收集使用人脸信息的行为
	《App 用户权益保护测评规范》系列标准	2020 年 11 月	工业和信息化部	旨在规范 App 超范围收集、权限索取、使用个人信息等行为
地区政策	《个人资料保护办公室通告》	2020 年 1 月	中国澳门特区	为执行预防和控制传染病的措施而收集、处理个人资料及在许可范围内处理个人资料，相关实体可以豁免履行相关法律规定的通知义务，或按本许可第九条规定的简化方式履行通知义务
	《预防及控制疾病（披露资料）规例》	2020 年 1 月	中国香港特区	规定向卫生主任或获授权人员提供资料并明确向医生提供虚假资料属犯罪
	《天津市委网信办关于开展疫情防控相关 App 违法违规收集使用个人信息专项治理的通告》	2020 年 3 月	天津市委网信办	明确疫情防控过程中 App 收集个人信息的违法违规行为并进行治理

资料来源：《民法典》，http：//www.npc.gov.cn/npc/c30834/202006/75ba6483b8344591abd07917e1d25cc8.shtml；《数据安全法（草案）》，http：//www.npc.gov.cn/npc/c30834/202106/2ecfc806d9f1419ebb03921ae72f217a.shtml；《个人信息保护法（草案）》，https：//www.thepaper.cn/newsDetail_forward_12598997；《信息安全技术 个人信息告知同意指南》，http：//std.samr.gov.cn/gb/search/gbDetailed？id＝C1A8A075C122B46EE05397BE0A0A6991；《网络安全标准实践指南——移动互联网应用程序（App）个人信息安全防范指引（征求意见稿）》，https：//www.tc260.org.cn/front/postDetail.html？id＝20200330091643；《网络安全标准实践指南——移动互联网应用程序（App）个人信息保护常见问题及处置指南》，https：//www.tc260.org.cn/front/postDetail.html？id＝20200918162332；《信息安全技术 个人信息安全影响评估指南》，http：//std.samr.gov.cn/gb/search/gbDetailed？id＝B4C25880C3DE1CB3E05397BE0A0A92D0；《国家卫生健康委办公厅关于加强信息化支撑新型冠状病毒感染的肺炎疫情防控工作的通知》，http：//www.gov.cn/zhengce/zhengceku/2020-02/05/content_5474692.htm；《电信和互联网行业数据安全标准体系建设指南（征求意见稿）》，https：//www.miit.gov.cn/gzcy/yjzj/art/2020/art_eb2b09d23c4446849373f5b3d9324db5.html；《关于开展纵深推进 App 侵害用户权益专项整治行动的通知》，http：//www.gov.cn/zhengce/zhengceku/2020-08/02/content_5531975.htm；《个人健康信息码》系列国家标准，http：//www.samr.gov.cn/xw/zj/202005/t20200501_314959.html；《App 收集使用个人信息最小必要评估规范：人脸信息》，https：//www.mpaypass.com.cn/download/202012/01162327.html；《App 用户权益保护测评规范》系列标准，https：//www.sohu.com/a/436709216_653604；《个人资料保护办公室通告》，https：//www.gpdp.gov.mo/uploadfile/2020/0415/20200415bo.pdf；《预防及控制疾病（披露资料）规例》，https：//www.elegislation.gov.hk/hk/cap599D！sc@2020-12-09T00：00：00？xpid＝ID_1581053843701_012；《天津市委网信办关于开展疫情防控相关 App 违法违规收集使用个人信息专项治理的通告》，https：//baijiahao.baidu.com/s？id＝1660660989737792253&wfr＝spider&for＝pc。

（一）《个人信息保护法（草案）》和《数据安全法（草案）》出台，标志着中国进入个人信息与隐私保护综合立法新阶段

2020 年作为全球数据治理的变革之年，我国的数据保护立法工作取得了重要成果，《数据安全法（草案）》《个人信息保护法（草案）》等相关法律相继出台，中国真正实现了个人隐私与信息保护综合立法"零"的突破。数据保护制度日臻完善，标志着我国数据治理工作迈入新阶段。

《数据安全法（草案）》提议实施数据分级分类管理，落实相关主体或组织保护数据安全的义务和责任，推动数据安全制度的建立和完善。《个人信息保护法（草案）》及《民法典》专章着力规范个人信息处理中的具体环节。其中，新颁布的《民法典》将人格权独立成编，第六章是关于隐私权和个人信息保护的内容，在一定程度上体现了国家对于个人信息保护的重视。第一千零三十五条明确指出处理个人信息时应当遵循"合法""正当""必要"原则且不得过度处理。《个人信息保护法（草案）》中专门规定生物特征、健康等个人敏感信息的处理规则。其中，第三章主要对个人信息跨境提供的规则做了规定，以更好地适应当前数据跨区域流动的大环境，强化域外效力。

（二）相关法律及政策通知密集出台、协同生效，旨在为突发公共卫生事件中公民个人数据的安全提供保障

自新冠肺炎疫情暴发以来，我国多地迅速响应，各部门迅速开展个人信息采集工作，为疫情防控提供了有力支撑。与此同时，个人数据保护也面临全新挑战。现行法规为医疗机构、行政主管部门采集个人信息提供了合法基础。各部门在疫情期间出台的各项通知、临时性规例等也阐明疫情期间获得授权的法律依据、获得授权主体的权利以及个人应履行的义务，保障信息收集工作依法、依规、有序进行。中央网信办《关于做好个人信息保护利用大数据支撑联防联控工作的通知》（以下简称《通知》）强调，为疫情防控而收集的信息不得用于其他目的，公开披露时要做脱敏处理。① 中国澳门个人资料保护办公室为应对疫情发布的通告也有类似规定。针对疫情防控期间健康

---

① 《关于做好个人信息保护利用大数据支撑联防联控工作的通知》，中央人民政府网站，2020 年 2 月 10 日，http：//www.gov.cn/xinwen/2020－02/10/content_ 5476711.htm，最后访问日期：2021 年 3 月 2 日。

码的使用，国家市场监管总局出台《个人健康信息码》系列行业标准，建立健康码统一的使用标准和规范，避免此过程中出现个人数据滥用等问题。[①]

针对可能出现的违法违规行为，相关法律法规和文件严格明确法律责任以切实保障疫情防控期间个人信息安全。《个人信息保护法（草案）》第七章、《数据安全法（草案）》第六章第四十八条明确规定违反该法规定行为应当面临的行政处罚及侵害个人信息权益的民事赔偿。《通知》也特别强调将依法处置个人信息处理中的违法行为。

（三）移动互联网应用数据保护治理趋向场景化和标准化

我国移动互联网应用数据保护治理也呈现场景化和标准化趋势。艾媒网发布的报告数据显示，九成以上的用户相机权限被 App 默认调用。[②] 针对 App 违规收集个人信息，强制、频繁、过度索取权限，欺骗误导用户提供个人信息等问题，工业和信息化部依据《网络安全法》《电信条例》等法规，组织第三方检测机构对不同场景中手机应用软件进行审查，督促存在问题的企业进行整改，仅 2020 年就发布七批存在问题的软件名单。

早在 2019 年 8 月，全国信息安全标准化技术委员会就为落实《网络安全法》对个人信息保护的相关要求而起草《信息安全技术移动互联网应用（App）收集个人信息基本规范（草案）》，明确移动互联网应用在收集个人信息时仅需要收集保障某一服务类型正常运行所必需的个人信息。2020 年，全国信息安全标准化技术委员会发布《网络安全标准实践指南——移动互联网应用程序（App）个人信息保护常见问题及处置指南》《网络安全标准实践指南——移动互联网应用程序（App）个人信息安全防范指引（征求意见稿）》等国家标准，分别针对问题处置和安全防范制定推荐性标准。工业和信息化部发布《App 收集使用个人信息最小必要评估规范：人脸信息》，相关通知文件指明当前 App 在收集使用个人信息时存在的主要问题或违法行为，并提供专业建议，为运营者提供参考的同时规范 App 收集处理个人信息的行为。

---

① 《市场监管总局（标准委）发布〈个人健康信息码〉系列国家标准》，国家市场监督管理总局网站，2020 年 5 月 1 日，http：//www.samr.gov.cn/xw/zj/202005/t20200501_ 314959.html；最后访问日期：2021 年 4 月 24 日。

② 艾媒网：《2020 年中国手机 App 隐私权限测评报告》，2020 年 2 月 25 日，https：//www.iimedia.cn/c400/69301.html，最后访问日期：2021 年 4 月 24 日。

四 2020年个人数据保护的制度反思

2020 年，全球多国积极推进数据保护立法，完善现有法律框架。总体而言，2020 年数据保护制度的突出变化表现在：（1）加强生物识别领域数据保护和立法，车联网等具体场景下数据保护受到重视，移动互联网应用治理趋向标准化和具体化；（2）各国为疫情防控目的普遍加强对个人数据的收集和利用，并在现行法律基础上出台多项关于个人数据收集与防护的临时政策；（3）临时制度落实了常态化疫情防控要求，具有一定的"适应性"，但"简单"而"离散"的特征突出。① 因此，反思 2020 年数据保护制度，为兼顾公共利益和个人数据安全，确保制度的"适应性"、"复杂性"和"凝聚力"，当前数据保护制度建设有以下几个着力点。

（一）出台 GDPR 配套制度，满足不同场景数据保护需求，完善现行法律框架，推动数据保护制度的落地

各国在本国实际基础上积极推动数据保护立法工作，并完善配套制度建设，在满足日益复杂的数据处理场景需求的同时，推动现有法律框架的完善。面对数据处理和传输过程中不断出现的新场景，现有的法律及配套制度虽能提供一定指导但针对性不强，因此需要针对不同场景的实际情况出台相应指南。2020 年，GDPR 配套指南的建设就有效满足了车联网、视频设备使用等场景下的数据保护需要，为其他地区个人数据保护制度建设提供借鉴。

另外，虽然多国在 2020 年出台或修订了相关法规以完善现行个人信息保护框架，但法规从出台到落地往往需要一段时间，在突发公共卫生事件期间的个人信息处理上，更多地受到此前已落地的法律法规和临时性通知政策的规制。因此，未来一段时间应加快推进相关法规的实施和执行，促进个人信息保护制度的落地。

（二）重点加强生物识别信息的保护以及移动互联网应用的治理

当前，生物识别领域成为各国数据保护制度建设的重点。未来，随着生

---

① 依据塞缪尔·亨廷顿的制度创新三指标："适应性 vs 僵硬性""复杂性 vs 简单性""凝聚力 vs 离散性"。

物识别技术在多场景中的应用落地，各国亟须完善相关法律，以保障公民的个人数据安全，避免相关数据的滥用。近几年，多起由人脸识别引起纠纷的案件体现出该技术在应用过程中存在诸多问题。2020年，美国国会及各州密集出台的相关法律，体现了对人脸识别领域数据保护的重视。我国新出台的《个人信息保护法（草案）》第二十七条也规定，采集人脸识别信息只可用于维护公共安全。

　　未来，进一步加强移动互联网应用的治理，规范运营者数据收集行为，保护用户隐私权益，将是个人数据保护工作的重中之重。随着移动互联网应用的普及，过度索权、违规搜集用户数据等违法违规行为频繁发生，严重侵扰用户隐私权益。工信部发布的《App收集使用个人信息最小必要评估规范：人脸信息》规范App收集人脸信息等行为，明确要求相关主体在处理数据的过程中必须遵守"最小必要"等原则。

（三）现行法律、临时政策及紧急措施协同实施数据治理

　　要想高效应对突发公共卫生事件，尤其是全球大流行的新冠肺炎疫情，现行法律法规和紧急措施必须相互配合。针对疫情期间的各种特殊情况，多国相关部门积极出台相关指南和通知，包含对个人数据保护的针对性指导，体现了现行法律框架的灵活性。

　　首先，现行法律框架中的相关规定为个人信息保护提供了基本依据。例如，欧盟的GDPR、中国的《中华人民共和国传染病防治法》以及美国的《美国残疾人法》和《康复法案》等，在实践过程中依然执行个人数据保护的相关规定，构建起保护个人数据的基本框架。

　　其次，多国还在已有法律框架的基础上出台临时通知和保障措施，在利用个人信息的同时对其加强保护。例如，欧洲数据保护委员会出台《新冠病毒暴发期间处理个人数据的正式声明》，英国卫生和社会福利部发布《大流行中数据的力量》[①]，说明相关通知规定个人数据处理的原则，以及数据存储和处理的安全措施，为疫情期间个人信息安全筑起堡垒。

---

① "The Power of Data in a Pandemic", March 28, 2020, https：//healthtech. blog. gov. uk/2020/03/28/the-power-of-data-in-a-pandemic/, accessed March 20, 2021.

（四）寻求突发公共卫生事件中个人数据的利用与保护之平衡

寻求个人数据利用与保护的平衡，以实现个人利益与公共利益最大化，是各国数据保护立法时的重要考量，这也极大地考验了各国数据治理与保护的能力与智慧。反思 2020 年各国的数据收集与个人数据保护实践，本报告发现，数据保护制度的不完善和保护措施不到位，极易导致数据的泄露和隐私被过度侵害。同时，过度强调数据的保护有时也会降低相关部门的工作效率。例如，疫情期间对个人数据的过度保护可能会影响疫情防控的效率，甚至对公共健康构成威胁。因此，各国一方面需要利用现行法律为保护个人数据提供依据和指导，另一方面也须及时出台针对性通知政策服务于多种场景，从而在满足不同场景数据处理需求的同时保护隐私及相关权利。

疫情期间，欧盟委员会发布声明称现行法律并不会阻碍疫情防控措施。[①] 美国卫生与公共服务部规定，紧急情况下可以豁免《健康保险流通与责任法案》的隐私规则。这些声明或规定的目的均是寻求个人隐私保护与公共利益的平衡。总体而言，欧盟对于个人信息处理的规定十分严格，对敏感信息的使用更是加以严格限制，在一定程度上影响了流调工作的效率。例如，当世界其他国家采用接触者追踪应用获得相关位置数据以提高疫情防控效率时，欧盟多国出于隐私担忧对此持谨慎态度，对密接追踪应用的开发进展缓慢。2020 年 4 月，德国牵头开展"泛欧隐私保护接触追踪"项目以开发可用于疫情防控的追踪应用，但由于该应用严格遵守 GDPR 的匿名数据和自愿原则，其有效性仍有待检验。

（五）特殊时期个人数据紧急收集措施的退出机制和事后处置方案尚待完善

对于为应对突发情况而采取的紧急措施，还须建立及时退出机制，避免紧急措施的常态化执行。同时，还应建立完整的个人数据事后处置方案，避

---

① "European Data Protection Board, Statement on the Processing of Personal Data in the Context of the COVID - 19 Outbreak", March 19, 2020, https：//edpb. europa. eu/our - work - tools/our - documents/statements/statement - processing - personal - data - context - covid - 19 - outbreak_ en, accessed March 20, 2021.

免相关数据用于其他目的，从而为个人数据安全提供常态化保障。

为应对突发公共卫生事件，绝大多数国家出台的紧急规定只针对目前疫情防控过程中个人数据的采集、使用及披露等环节，对于疫情结束后多部门收集的海量个人数据如何处理，临时制度的退出机制如何建立等问题，却未做明确规定。部分国家或地区的相关实践可为我们提供一定的参考。例如，英国卫生和社会福利部针对疫情期间收集的个人信息事后处理问题专门发布通知，当新冠肺炎疫情减弱或者得到控制时，相关的数据库将会被关闭、停止数据处理，或将数据销毁或返还给英格兰国家医疗服务系统和医疗服务提升与发展中心。[①] 澳门个人资料保护办公室在疫情期间发布的《个人资料保护办公室通告》也明确规定了这一临时性文件的适用期限。其中，01号许可第三条规定，"一般情况下，如果主管实体发出的命令及指引没有其他规定，则资料最长保存时间为收集日翌日起计六个月，或相关措施停止实施之日起三十日"。[②] 这些关于个人信息事后处置及临时政策如何退出的规定，完善了疫情期间相应地区的个人信息保护机制，也为其他地区提供了借鉴。

[①] "The Power of Data in a Pandemic", March 28, 2020, https://healthtech.blog.gov.uk/2020/03/28/the‐power‐of‐data‐in‐a‐pandemic/, accessed March 20, 2021.

[②] 《个人资料保护办公室通告》，《澳门特别行政区公报——第二组》，2020年4月15日，https://www.gpdp.gov.mo/uploadfile/2020/0415/20200415bo.pdf，最后访问日期：2021年4月24日。

《传播创新研究》（2021 年第 1 辑）

第 65~88 页

© SSAP，2021

2020 年中国跨文化传播创新实践研究*

肖 珺 张 帆**

摘 要： 从跨文化传播实践观之，2020 年的疫情与非疫情始终是全球传播中共同发展和彼此交织的议题。遵循四个分析维度，作为世界之中国，我们的跨文化传播实践呈现了哪些创新？又该如何理解这些创新的意义呢？本研究基于对 14 个典型案例的深入分析，按照观念创新、内容创新、平台创新分类后发现：观念创新体现在人类命运共同体理念的创新实践与表达；内容创新体现在多元化、差异化中创建共意空间；平台创新则呈现全球流通的策略发展及其挑战。中国的跨文化传播创新实践展现出一些富有价值的新探索：中国跨文化传播实践通过观念创新展现出一定的议程设置和沟通能力，集中表现在通过连接、分享、调和构建人类命运共同体；内容创新实践凸显了中国文化作为多元文化交流的桥梁的价值和可能性；平台创新实践通过与世界级新媒体平台合作、打造整体出海生态等拓宽全球流通渠道的同时，也正在遭遇压力期。

关键词： 中国跨文化传播 观念创新 平台创新 内容创新

2020 年注定成为人类历史上不平凡的一年。从跨文化传播实践观之，疫情与非疫情始终是全球传播中共同发展和彼此交织的议题。结合 2020 年特殊的跨文化传播语境，本文在延续 2017 年以来年度观察的基础上，将中国跨文化传播创新实践研究的分析维度完善如下：其一，是否主动尊重相异

---

* 基金信息：国家社会科学基金后期资助项目（19FXWB024）。

** 肖珺，武汉大学媒体发展研究中心研究员，武汉大学新闻与传播学院教授，武汉大学跨文化传播研究中心主任；张帆，武汉大学新闻与传播学院 2020 级学术型硕士。

文化的主体地位，尊重文化间性，增强"互惠性理解"或减少文化冲突和矛盾；其二，是否结合历史情境或时代语境进行文化间的互动；其三，是否有利于不断增强跨文化传播创新能力，进而推动跨文化传播实践的发展；其四，在新冠肺炎疫情的大变局下，是否能有力回应全球关切，促进中国与全球的信任连接和价值认同。

对分析维度的不断完善在于人类社会对跨文化传播及其效果的期许不断提高。作为文化间的互动与沟通，跨文化传播更多地通过人际沟通推动文化异质的"我"与"他者"建立"互惠性理解"（reciprocal understanding），[①]只有建立对话与合作中的理解，才能逐渐消弭敌意与偏见，努力通过彼此间基于感知、理解和认同的动态发展，实现人类命运共同体的积极意义。新冠肺炎疫情将人类社会置于巨大的社会危机中，一方面，世界整体陷入高度不确定性的惶恐中，经济发展、社会交往面临衰退，竞争而非合作的全球化通过传播编织不平等的利益和价值网络；另一方面，病毒的传播和扩散改变了人类的交往和实践方式，人类需要全面反思生命和自我，从某种角度上说，正在发生的人类灾难也在推动"我与你""我就是你"的主体间性公共空间的形成，或许，人类在关于病毒的生命叙事中，将有可能通过互惠性理解与沟通建构一种新型的全球社会。[②] 作为世界之中国，我们的跨文化传播实践呈现了哪些创新？又该如何理解这些创新的意义呢？

围绕 2020 年中国跨文化传播实践研究的需求，研究小组[③]在多平台进行多重关键词搜索后获得相关文献和案例，接着逐一进行细节甄别和效果分析，直至获取有效案例，其具体步骤如下。步骤 1，在多样化资讯平台搜索多重关键词获取初步素材，如"跨文化传播""海外传播""对外传播""国际传播""传播创新""中国故事""中国文化"等，搜索来源主要包括：（1）学术期刊文章；（2）国内主流媒体及其新媒体矩阵，如《人民日报》、新华社、CGTN 等；（3）国内社交媒体微博、微信公众号等，如"对外传播""传媒茶话会"等；（4）国外主流媒体，如美联社、BBC 等；（5）海外社交媒体，如

---

① 单波：《跨文化传播的基本理论命题》，《华中师范大学学报》（人文社会科学版）2011 年第 1 期，第 103 页。

② 肖珺、肖劲草：《历史大场景下的疫情传播：问题与方法——2020 中国传播创新论坛·云端对话会议综述》，《新闻与传播评论》2020 年第 4 期，第 63 页。

③ 小组成员包括肖珺、陈灵涵、韦钰、闻叶舟、于林海、张帆、黄枫怡、李朝霞、郭苏南。

YouTube、Twitter、Instagram、Facebook 等。最终，研究小组初步获取文本资料约 15 万字、案例 106 个。步骤 2，对上述资料和案例进行比较分析，主要依据前述分析维度进行相关性筛选，进而选择案例 21 个。步骤 3，聚焦 21 个案例对海内外传播效果数据进行效果验证，主要参考观看数、点赞数、评论量和海外媒体报道量等，最终确定 14 个有效案例作为本文主要研究对象。步骤 4，根据 2017 年以来的连续研究，[①] 按照观念创新、内容创新、平台创新理念对 14 个案例进行归类和分析。需要说明的是，为保持数据和文本的真实性，本文对论述中所引用的网友评论的语法、拼写错误等问题不做纠正。

一　观念创新：人类命运共同体理念的创新实践与表达

面对人类社会面临的挑战层出不穷、风险日益增多，中国提出"构建人类命运共同体，实现共赢共享"的中国方案。人类命运共同体理念强调通过对话协商、合作共赢、交流互鉴等历史智慧构建开放包容、平等互利、非歧视的和平社会，被明确为中国坚持和平发展道路、促进全球治理体系变革的重要举措，是完全不同于"文明冲突论"的中国主张。新冠肺炎疫情加剧了全球形势的不稳定性和复杂性，是全球人民需要共同面对的巨大挑战，任何国家都无法独善其身。中国提出的"全球抗疫"以化解分歧、增进理解、推动参与为根本目的，通过"兼顾他国合理关切、促进各国共同发展"，构建你中有我、我中有你的命运共同体，是疫情期间对人类命运共同体理念最好的诠释。人类命运共同体的中国主张多样化地体现在 2020 年的对外传播中，与疫情主题相关的传播中，突出体现了两点观念创新：一是通过连接信任回应全球质疑，促进偏见转变；二是通过与世界分享疫情最新情况、增强疫情信息公开，促进全球合作抗疫。非疫情领域的观念创新则体现在通过东西方观念的调和讲述人类共同发展的世界故事。

---

① 肖珺、张驰：《2017 年中国跨文化传播创新实践研究》，载单波主编《中国传播创新研究报告（2018）》，北京：社会科学文献出版社，2018，第 153～170 页；肖珺、李朝霞：《2018 年中国跨文化传播创新实践研究》，载单波主编《中国传播创新研究报告（2019）》，北京：社会科学文献出版社，2019，第 144～164 页；肖珺、郭苏南：《2019 年中国跨文化传播创新实践研究》，载单波主编《中国传播创新研究报告（2020）》，北京：社会科学文献出版社，2020，第 169～188 页。

（一）连接信任：回应全球质疑，促进偏见转变

疫情背景下国际舆论环境愈加严峻复杂，尤其是在疫情暴发初期，突如其来的重大疫情以及中国抗疫初期存在的个别问题导致的全球质疑无疑会影响中国的国家形象和对外话语体系的建构。对此，中国及时采取积极、主动的态度，直面全球质疑，回应世界关切，以纪实性、个体化叙事反映中国抗疫状况，通过情感共鸣寻找跨文化冲突背后的深层次共识，向世界传递中国抗疫力量，并通过连接全球信任促进偏见转变，实现价值认同。

1．"生命至上"的全球共鸣：火神山、雷神山医院系列报道

疫情暴发初期，新建集中收治患者的火神山医院、雷神山医院成为扭转救治严峻形势的重要举措。2020年春节期间，两家医院均用10天左右即修建完成。正值疫情较为严重的时间点，中国疫情受到世界瞩目，国际上也存在质疑中国抗疫不力、瞒报数据的声音。中国主流媒体直面问题，抓住两山医院修建的契机，通过慢直播和Vlog等具有较强纪实性的报道方式让海内外受众及时了解施工进度。慢直播以现场播报新闻的形式原生态地展现施工现场，普通的施工画面却因特殊时期蕴含的重大抗疫意义激发了海内外观众强烈的代入感和剧烈的情感。央视频于1月26日推出的《全景直击武汉火神山、雷神山医院建设》云直播吸引1.27亿人次在线观看，评论区日均7万条评论，[①] 新华社等媒体在海外社交媒体平台上的每场直播吸引数十万甚至百万外国"云监工"，系列报道浏览量超过3000万次，[②] 说明慢直播平台为观众搭建了情感交流、互动的意义空间。

深入疫区发回的Vlog短视频报道《我们在武汉：与火神山医院零距离》发挥体验式新闻的优势，借助记者第一现场、第一视角的报道，观众得以亲眼见证10分钟就搭好10个房间的地板，报道总浏览量为320万次。[③] 对此，大量海外网友留言"只有中国可以"赞叹中国的基础建设能力，如YouTube

---

① 《疾风知劲草，总台"新闻铁军"传递战"疫"强音》，百家号光华锐评，2020年2月26日，https：//baijiahao. baidu. com/s？id＝1659539499326380263&wfr＝spider&for＝pc，最后访问日期：2021年2月7日。

② 薛艳雯、高尚、马汝轩：《火神山奇迹见证中国决心　外国网友：只有中国人可以！》，新华社微信公众号，2020年2月6日，https：//mp. weixin. qq. com/s/dnQaEQZ5aAscY－RUueOpFA，最后访问日期：2021年2月7日。

③ 陈怡：《告诉世界中国的战"疫"故事》，《中国记者》2020年第4期，第96页。

上一位网友的评论：Amazing achievement. It would take ten years to accomplish this great feat in America.（惊人的成就。要在美国完成这一壮举，将需要十年时间。）（@ Robert Schlesinger，2020 年 6 月）这些报道以事实言说，有力地驳斥了抹黑中国的说法，也理性地向全球显示了中国应对疫情采取的果断有力的措施和抗疫决心。

事实上，正如海外网友所说：This is how you convert talk into action.（这是将话语转化为行动的方式。）（@ bud ekins，2020 年 2 月）两山医院在十天内建设完毕不仅直观地体现了中国建设的力量和行动力，还展现了中国政府统筹各方的能力。从物资到技术、从硬件到软件，全国各地各个行业被调动起来，将中国综合国力的增强①浓缩呈现于任务艰巨的两山医院建设中，并通过慢直播等报道形式向世界传递中国抗疫力量，通过引发全球对中国速度的情感共鸣达到鼓舞全球抗疫的目的。

2. 分享生命体验：全球抗疫共同体理念的海外传播

要回应国际受众对中国新冠肺炎疫情的关切与疑问，纪录片是真实而有力的传播窗口。疫情暴发以来，中国各地政府、媒体推出 100 余部抗疫主题纪录片，其中 The Lockdown：One Month in Wuhan（中文译名：《武汉战疫纪》）以其客观、立体、真实的特征及巨大的国际影响力成为典型案例。该片是全国首部全景展现武汉抗疫历程的英文新闻纪录片，由中国国际电视台于 2020 年 2 月 28 日开始在 CGTN 英语频道、官网以及 CGTN 各海外社交平台账号同步播出。该片一经发布便引起国内外媒体高度关注，相继被美国广播公司（ABC）、英国 Channel 4 电视台等 165 家境外电视频道和新媒体平台采用，② 在各平台观看量破亿。

总导演葛云飞表示，"这是历史上首次对一个千万级人口的大城市进行高级别的封锁，全世界都给予高度关注"。③ 全球急切希望获知武汉及武汉

① 徐海波：《揭秘火神山雷神山医院建设背后的"中国力量"》，《经济参考报》，2020 年 2 月 24 日，http：//dz. jjckb. cn/www/pages/webpage2009/html/2020 – 02/24/content_ 61759. htm，最后访问日期：2021 年 2 月 7 日。

② 《武汉！全世界挺你！CGTN 英文纪录片〈武汉战疫纪〉引发海外热烈反响》，央视新闻客户端，2020 年 3 月 4 日，http：//m. news. cctv. com/2020/03/04/ARTI50pQiROSVRBa9KT95Mqv200304. shtml，最后访问日期：2021 年 2 月 7 日。

③ 王润：《〈武汉战疫纪〉全球热播》，光明网，2020 年 3 月 16 日，https：//wenyi. gmw. cn/2020 – 03/16/content_ 33654395. htm，最后访问日期：2021 年 2 月 7 日。

人民的现状，而《武汉战疫纪》的拍摄和播出也是中国迫切希望回应全球关切的证明。通过个体化叙事，该片用 33 分钟讲述了武汉"封城"后城内的真实生活状态，通过医生、快递员、新冠肺炎感染者等许多小人物的故事与情感，反映了武汉抗疫的艰辛，展现了中国人民集体与个体顽强抗疫的精神。

该片纪实、客观地描述了个体为疫情做出的努力，以悲凉的基调、朴实的情感打动国际受众，实现情感共鸣。截至 2021 年 2 月 8 日，YouTube 上单个视频已达到 1799 万次观看、18 万点赞、28176 条评论，① 一位海外网友评论：I got teary-eyed watching this. The world outside of China making jokes about this pandemic, while Chinese are fighting to survive every day. We need to be more compassionate and understanding. Peace and love to all. （我眼泪汪汪地看着这个片子。在中国人每天为生存而战时，中国以外的世界却在拿这种流行病开玩笑。我们需要更富同情心和理解，希望所有人都拥抱和平与爱。）（@ Mariela Mundo，2020 年 3 月）

影片中医务人员不畏牺牲、奋力投身于救治的故事也深深触动了海外网友，引发他们的敬意和鼓励，如网友评论：They really aren't just protecting the people infected and their families, but the whole world true heroes. （他们确实不仅在保护感染者及其家人，而且在保护整个世界。真正的英雄。）（@ Moonlight Mochi，2020 年 3 月）这说明围绕该纪录片构建的共通意义空间联结了疫情中各国人民的情感，反映了"全球抗疫"理念。

《武汉战疫纪》坚守纪录片的纪实性，避免正面宣传，客观平静地反映了中国的抗疫努力，但仍让国际受众感叹中国政府迅速有效的行动和中国人民的团结精神，英国网友称赞该纪录片提供了宝贵经验。该片也实事求是地报道了李文亮医生去世、湖北"换帅"等敏感话题。这有助于改变国际上长期认为中国新闻纪录片"不真实"的偏见，有利于打破不同社会文化间的壁垒，促成非对抗式解码的形成，从而改变国际受众对新冠肺炎疫情的偏见认知，构建中国与世界基于人类共同价值的共通情感空间和信任关系。②

---

① @ CGTN 发布的 YouTube 视频：*The Lockdown: One Month in Wuhan*，2020 年 2 月 28 日，https://www.YouTube.com/watch? v = XU9FVqwO4TM，最后访问日期：2021 年 2 月 8 日。

② 李宁、徐嘉伟：《疫情纪录片的叙事创新与国际传播效果研究——以 CGTN〈武汉战疫纪〉为例》，《中国电视》2020 年第 9 期，第 27 页。

（二）与世界分享：增强信息公开，促进全球合作

疫情相关的全球质疑对中国对外传播产生了一定的压力，但也成为驱使中国不断探索创新传播路径的动力。面对疫情这一世界性共同难题，中国始终抱着与世界分享的理念，坚持将本国人民利益与世界各国人民共同利益结合起来，并通过一系列传播行动搭建认同的桥梁。疫情防控期间，中国及时、透明、公开地与世界分享疫情最新情况和取得的成果等信息。2020 年 1 月 3 日至 2 月 3 日，中方向美方连续、及时地通报疫情信息和防控措施 30 次，可谓高频率、高密度。[①] 2020 年 2 月，中国邀请世界卫生组织专家来华进行疫情调查，可见中国在不断拓宽信息公开的渠道，加大公开力度，提高公开效率。

疫情中后期，中国对已取得的抗疫成就进行创新总结和发布，通过与国际社会分享中国经验和中国方案，实现在此基础上"全球抗疫"理念的传递。2020 年 6 月 7 日，国务院新闻办公室发布的《抗击新冠肺炎疫情的中国行动》白皮书（下文简称《白皮书》）就是经验凝聚的成果，引发海外主流媒体关注和报道。中国还举行了两次英文新闻发布会来介绍《白皮书》有关情况并答记者问，体现了中国跨文化传播的新思维，即跨越语言屏障，面向全球用户进行传播。《白皮书》展现了中国政府机构和主流媒体主动设置议程的努力，是中国对外传播实践中公开、透明地展示中国治理和大国担当的新起点。[②]

《白皮书》正文分为四个部分，分别讲述了中国举国抗击疫情的艰辛历程、防控和救治两个战场协同作战的战略、凝聚抗击疫情的强大力量和共同构建人类卫生健康共同体的美好愿景，[③] 并进行经验总结。《白皮书》强调统筹疫情防控和医疗救治，阐述治理能力和治理体系，报告中"一个重症患者三个护士看管，24 小时病危报告，国家级专家巡诊"等

---

① 《俄媒：世界应共同抗疫而不是推诿甩锅》，央广网，2020 年 4 月 16 日，http：//news. cnr. cn/native/gd/20200416/t20200416_ 525055968. shtml，最后访问日期：2021 年 3 月 5 日。

② 王磊：《抗疫白皮书：对外传播理念的新起点》，光明网，2020 年 6 月 13 日，https：//theory. gmw. cn/2020 - 06/13/content_ 33909433. htm，最后访问日期：2021 年 2 月 7 日。

③ 《抗击新冠肺炎疫情的中国行动》白皮书，中华人民共和国国务院新闻办公室，2020 年 6 月 7 日，http：//www. scio. gov. cn/ztk/dtzt/42313/43142/index. htm，最后访问日期：2021 年 3 月 2 日。

细节彰显了人民至上、生命至上的抗疫经验和价值取向，[①] 报告中展示的一系列抗疫成果也说明了中国方案和中国特色的有效性。《白皮书》不仅是中国给世界的一本抗疫手册，也是中国阐明"全球抗疫"的中国理念和中国主张的载体，表明中国呼吁通过国际合作应对疫情实现全球之治，并坚定共同构建人类卫生健康共同体的未来方向。此外，针对全球质疑与误解，西方舆论的抹黑、谣言，如延误发布信息、瞒报数据等，《白皮书》以扎实的数据和实例进行回击，如"武汉 16 家方舱医院累计收治患者 1.2 万余人、中国境内新冠肺炎治愈率 94.3%"等。

发布《白皮书》是中国向世界分享抗疫经验的集中体现，报告也反映了中国为促成全球携手抗疫进行的一系列努力，如派出医疗专家组、分享武汉方舱医院的方案、捐赠抗疫物资、提供线上线下的健康教育培训等，其中具有较大跨文化传播影响力的是中国建立在线知识中心和国际合作专家库，通过国际连线就新冠肺炎疫情诊疗进行研讨，实现合作抗疫，尤其是钟南山院士团队与海外专家的多次连线视频吸引全球上千万人次点击观看、50 多家媒体关注。[②] 可以说，疫情期间钟南山院士的大量国际连线访谈是我国主动对外分享抗疫经验的一个缩影。除国际连线外，武汉同济医院还发动医生"主播"接力完成 14 场科普直播活动，通过直播平台及海外网友转载，超百万人观看受益。[③] 塞尔维亚与亚洲国家合作组织主席司巴西奇先生强调《白皮书》的真实性，据他介绍，塞政府基本上全盘采纳了中国医生的建议并执行与中国一致的防控措施，也有效控制了疫情。[④] 这些实实在在的行动彰显了中国反复强调的人类命运共同体理念，表明中国通过国内抗疫和向

---

① 《人民至上、生命至上的中国答卷——从白皮书看中国抗击疫情历程》，新华网，2020 年 6 月 7 日，http://www.xinhuanet.com/2020 - 06/07/c_ 1126084955. htm，最后访问日期：2021 年 2 月 7 日。

② 《钟南山连线外国专家交流抗疫　中国经验为全球提供专业参考》，人民网，2020 年 4 月 1 日，http://scitech. people. com. cn/n1/2020/0401/c1007 - 31657550. html，最后访问日期：2021 年 2 月 7 日。

③ 《武汉"硬核"直播团：同济医院 50 多名医生"主播"上线》，新华网，2020 年 4 月 9 日，http://m. xinhuanet. com/health/2020 - 04/09/c_ 1125830987. htm，最后访问日期：2021 年 2 月 8 日。

④ 赵嘉政：《塞尔维亚人士：中国抗疫白皮书阐述的完全是事实》，《光明日报》2020 年 6 月 11 日，https://news. gmw. cn/2020 - 06/11/content_ 33902710. htm，最后访问日期：2021 年 2 月 8 日。

国际社会提供人道主义援助推动"中国之治"与"全球之治"的良性互动。

（三）东西方观念调和：东方哲学理念下人类共同发展的世界故事

由"中国好故事"数据库与"复兴路上工作室"联合推出的中英双语动画短视频《一杯咖啡里的脱贫故事》（英文译名：*Coffee Matters*）讲述了百年前一粒小小的咖啡豆从西方来到中国，经过云南咖农生产种植后运到上海并销往海外市场，开启全球之旅，助力云南咖农脱贫致富的故事。

Coffee Matters 通过调和东西方观念的方式讲述中国故事与世界故事的连接，以破除东西方文化间的壁垒，契合海外受众兴趣，这一点在短视频的内核、创作理念、画风上都有呈现。短视频将咖啡这一全球性饮品作为东西方文化的连接点，以小见大，生动有趣地讲述中国脱贫故事。同时，短视频分屏融合东方水墨与西方后印象画派画风，以此对应以"阴阳"的东方哲学理念调和东西方观念，将咖啡豆传入中国的历史、咖啡助力云南咖农脱贫的故事、云南咖啡走向世界的过程融为一体，[①] 讲述了东西方因咖啡豆产生的经济交流和文化交融，体现了东西方文化在差异化中和谐共生的跨文化意义。[②] 截至 2021 年 2 月 8 日，微博话题"咖啡里的脱贫故事"阅读量达 2.1 亿，@中国搜索发布的该视频播放量为 115 万。该作品在 Twitter 上获得了 4.1 万次播放，[③] 有海外网友表示："这是个中西方文化交融的动人故事，为中国政府的远见和努力点赞，也感谢你们与世界分享中国的精彩。"[④]

---

① 叶莉：《没想到！令人头疼的国际传播竟被一粒咖啡豆搞定了!》，传媒茶话会微信公众号，2020 年 12 月 2 日，https://mp.weixin.qq.com/s/6p48jux3v5Fgq6tNu6NtSA，最后访问日期：2021 年 3 月 2 日。

② 叶莉：《没想到！令人头疼的国际传播竟被一粒咖啡豆搞定了!》，传媒茶话会微信公众号，2020 年 12 月 2 日，https://mp.weixin.qq.com/s/6p48jux3v5Fgq6tNu6NtSA，最后访问日期：2021 年 3 月 2 日。

③ @China Xinhua News 发布的 Twitter 视频：*Coffee Matters*，2020 年 12 月 1 日，https://twitter.com/SpokespersonCHN/status/1333603731296772096，最后访问日期：2021 年 1 月 18 日。

④ 《华春莹打 call 的这杯咖啡，讲出了怎样的"中国好故事"?》，观察者网微信公众号，2020 年 12 月 6 日，https://mp.weixin.qq.com/s/4dc_YwGFLxNVdxc69sUuPQ，最后访问日期：2021 年 3 月 2 日。

二　内容创新：多元化、差异化中创建共意空间

全球多元文化间的差异客观存在，不同的文化背景也会影响人们的生活、习惯、思想、审美偏向等。因此，跨文化互动需要思考通过怎样的言说方式跨越国家、民族、社会等文化壁垒，从多个层面将"我"与"他者"进行联结。2020 年中国跨文化传播的内容创新主要体现在兼容性上。要做到这一点，一是要找到本土文化与全球文化的差异化特质，即找到中国文化中独有的、能够吸引全球受众的特质；二是要从其间找到共性，即关注国际受众的需求，在融入本土文化的基础上寻找并拓展与全球用户共意的空间，进而逐步实现跨文化认同。2020 年的内容创新实践突出表现在音乐、游戏、电视剧、彩妆、短视频等不同类型传播媒介的内容生产中。

（一）音乐故事生产中的世界意义

音乐通过声音诉诸情感、打动人心，是一种具有广泛而持久传播力的艺术形态与媒介形态。[1] 音乐叙事及作品强烈的艺术感染力能引起听者的情感共鸣，也能有效跨越文化壁垒，打通情感空间。2020 年在全球抗击疫情的背景下催生了一大批抗疫主题音乐，尽管这些音乐的具体指向有所不同，但其表达鼓舞抗疫的正向情感，以平复人们的心理，是以音乐故事打通情感联结、传递人类共同抗疫理念的传播实践。其中，新华社邀请哈萨克斯坦歌手迪玛希演绎的英文 MV——*We Are One*（《我们在一起》）在海内外引起了较大反响。*We Are One* 是发布于 2020 年 4 月 15 日的全球第一支原创抗疫 MV，演唱者迪玛希是国内外有一定知名度的外籍歌手，邀请其用英文进行演唱不仅突出了歌曲要表达的"we are one"的主旨，也有利于歌曲面向英文世界乃至全球的传播，促进跨文化交流与理解。

歌曲以"我们在一起"为主旨，歌词说：We are one big family. United, we are strong. It's not the time run away. Share the cure, and heal the pain. Across

---

① 朱新梅：《抗疫 MV〈星光〉：给失望者以信心，给软弱者以力量》，中国网，2020 年 8 月 16 日，http://news.china.com.cn/2020 - 08/16/content_ 76604977.htm，最后访问日期：2021 年 3 月 4 日。

the borders, fight for you… Stand together, fight as one to the end. We are one. We are one. （我们是一个大家庭。团结让我们坚强。现在不是逃离的时刻。我们同享灵药，治愈伤痛。跨越国界，为你而战……并肩战斗，直到最后。山川异域，情同此心。）歌词体现了 "we are one" 的艺术人文关怀，基于情感联结表达共同对抗疫情这一具有世界意义的主旨，从而推动跨文化虚拟共同体的形成。

歌曲发布 48 小时后吸引全网近 1.5 亿点击量，YouTube 上的 MV 收获了 116 万次观看、4.9 万点赞，① 全球超过 50 名音乐人发布了乐评视频。*We Are One* 的 MV 短片展现了受疫情蔓延影响的世界各个主要城市的画面，以及与病毒正面交锋的全球医护工作者的身影，② 意大利声乐教师 Lucia Sinatra 不仅边播边唱，还在观看中国医务人员援助意大利的画面时评论道："感谢中国，我都见证了。"俄罗斯乐评人 Dmitriy Lebedev 则评价这首歌 "让所有人团结在一起，相互支持，具有世界意义"。③

童声歌曲《星光》也以歌曲形式进行了跨文化传播的实践尝试。这首歌曲由国务院新闻办公室监制，中国外文局中国报道社解读中国工作室、划时代文化和腾讯发展研究办公室联合出品，邀请来自中国、韩国、美国等十国的十位儿童用本国语言共同演唱，在波兰福库斯电视台、中阿卫视等数十家海外主流媒体播出，海外网络点击量超过 5000 万次。④《星光》以亲情为内核，展现医护人员告别 "小家" 而为 "大家" 奉献自我的人性光辉，表达了 "病毒无国界" 以及抗击疫情是超越民族与国家的人类共同战疫的主旨。该歌曲创作乐队的发起人孙保罗说，"来自世界各国的创作人员团结在

① @ Dimash Kudaibergen 发布的 YouTube 视频：*Dimash Kudaibergen – We Are One*，2020 年 4 月 20 日，https：//www. YouTube. com/watch? v = uFOqN6saP60，最后访问日期：2021 年 2 月 7 日。
② 努尔苏丹：《迪玛希新曲 *WE ARE ONE* 发布国内版》，哈萨克国际通信社，2020 年 4 月 21 日，https：//www. inform. kz/cn/we – are – one_ a3640619，最后访问日期：2021 年 3 月 4 日。
③ 《迪玛希抗疫新歌刷屏，全球乐评人泪奔推荐！》，新华社微信公众号，2020 年 4 月 19 日，https：//mp. weixin. qq. com/s/NoJpkohuRiTsxM2RCx6VPw，最后访问日期：2021 年 3 月 4 日。
④ 《抗疫音乐片〈星光〉搭载嫦娥五号登月》，中国外文出版发行事业局网站，2020 年 12 月 24 日，http：//www. cipg. org. cn/2020 – 12/24/content_ 41405879. htm，最后访问日期：2021 年 3 月 4 日。

一起讲人类抗疫的共同故事……所有人不分国界都能被歌词打动"，① 这首歌说明中国以独特而浪漫的方式向世界传递灾难面前人类携手合作、战胜疫情、共赢共享的理念。

（二）多元文化类游戏产品中的中国人文传播

2020 年 9 月 28 日，上海米哈游开放世界冒险游戏《原神》在海外上市后成为现象级游戏。《原神》采取全球多地区、多语言、多端同时上线的发行策略，以多元文化共融为游戏设计理念，并兼顾文化产品的本土性与全球化，通过地理风貌、游戏配乐等嵌入设计向全球玩家传递中国人文精神。

《原神》游戏地图里的七座城邦各取材于全球不同地域文化和特色，尤其是在中式风格的璃月区，中国人文巧妙地嵌入世界观设置、场景设计和配乐中。《原神》是一款开放世界游戏，玩家需以旅行者身份在提瓦特幻想世界邂逅同伴，击败强敌，找回失散的亲人，并逐步发掘"原神"的真相。玩家上线后在游戏主页面可前往不同地区，只有少部分地区有进入限制，但蒙德篇是整个游戏的序章，璃月篇是第一章。也就是说，欧式风格的蒙德区属于"新手村"，从蒙德区到中式风格的璃月区的游戏难度是由易入难，引导玩家入门并持续体验该游戏。此外，游戏剧情设计与推进具有整体性，即希望继续探索游戏主线剧情的玩家会从蒙德区来到璃月区游戏，因而能全方位体验璃月区嵌入的中国人文。璃月区的场景设计大量取材于中国景区具有代表性的人文特色和生态地貌，如张家界地貌、桂林山水等，让海外玩家真切了解中国优美的自然风光。在《原神》官方发布的日语合作纪录片《张家界》下方讨论区，有日本网友表示："実在する中国大陆の山の神秘ですか。これこそ、まさに神が造りたもうた自然界の奇跡…感動しました。"（这是中国真正的高山之谜吗？这正是上帝创造大自然的奇迹……令我印象深刻。）（@聖ルミエル，2020 年 12 月）不少海外玩家还表示想去实地旅游。

---

① 《解密！嫦娥五号搭载了这首抗疫音乐》，解读中国工作室微信公众号，2020 年 12 月 17 日，https://mp.weixin.qq.com/s/Efk－qUwnMDwTlKt8－T9HuQ，最后访问日期：2021 年 3 月 4 日。

《原神》的配乐也在管弦乐基调中加入世界不同音乐元素,如东方风格的璃月篇配乐《皎月云间之梦》不仅以笛子、二胡等中国音色凸显红叶、仙山等东方意象的美感,还让中国乐器与交响乐配合演奏,通过中西音乐的融合碰撞创作独特曲调。[①] 对此,有海外网友评论:I like how they mix those Western Instruments with those Chinese Instruments. They sounded special for me. (我喜欢他们把那些西方乐器和那些中国乐器混合在一起,它们对我来说很特别。)(@ SdewXGreat,2020 年 11 月)国外知名音乐制作人 Alexe 则评价:"让我们听到熟悉的国际管弦乐,但又以浓厚的中国风乐器主导旋律,使我们倍感亲切的同时,听到了与众不同的中华音乐。"[②] 可见《原神》通过融合世界多元地域风貌与音乐元素,在情感、音乐审美上引发玩家共鸣,进而吸引玩家通过该游戏了解和享受中国人文。

除引起海内外媒体广泛关注,《原神》游戏上线后还实现了收入和口碑的双丰收,30 天内在 App Store、Google Play 吸金 2.45 亿美元,登顶全球游戏收入榜,[③] Gameinformer 评分 9.25 分,IGN 评分 9 分。游戏本身固然是《原神》的主要传播载体,但 YouTube 这一社交平台也是游戏发行宣传的重要一环,YouTube 上《原神》的单个宣传视频便达到 2159 万次观看、14 万点赞、12097 条评论,[④] 可以此一窥游戏巨大的全球影响力。

(三)影视剧与彩妆:审美意识中的共通空间

尽管文化背景有所不同,但审美可以作为不同文化间的联结打通共意空间。2020 年跨文化传播在内容创新层面着力体现了传统元素与现代审美融合、中式审美与现代全球性审美融合下的跨文化美感。这一创新路径要求吸

---

① 《〈原神〉音乐引发国外玩家讨论,靠游戏有机会实现文化输出吗?》,游戏陀螺微信公众号,2020 年 12 月 28 日,https://mp. weixin. qq. com/s/9ZpOokRWP58UdoDOWvd2RA,最后访问日期:2021 年 2 月 7 日。

② 《〈原神〉音乐引发国外玩家讨论,靠游戏有机会实现文化输出吗?》,游戏陀螺微信公众号,2020 年 12 月 28 日,https://mp. weixin. qq. com/s/9ZpOokRWP58UdoDOWvd2RA,最后访问日期:2021 年 2 月 7 日。

③ 《从〈原神〉登顶全球游戏收入榜看中国游戏出海之路》,时代财经,2020 年 11 月 5 日,http://www. time - weekly. com/post/275079,最后访问日期:2021 年 2 月 7 日。

④ @ Genshin 发布的 YouTube 视频:*Genshin Impact Story Teaser:We Will Be Reunited (Contains Spoilers)*,2020 年 8 月 31 日,https://www. YouTube. com/watch? v = SO_ _ VQZirJ4,最后访问日期:2021 年 2 月 8 日。

纳中国传统文化中符合现代审美的元素，促成中国传统美学与现代美学的交融，并依托影视剧、彩妆产品等多样化的传播媒介吸引海外受众，更好地实现不同文化在审美上的交流与认同。

1. 影视剧：流行叙事下京剧国粹与新世代审美意识的平衡

2020 年 3 月，爱奇艺自制电视剧《鬓边不是海棠红》在中国大陆、美国、加拿大、马来西亚、韩国等国家和地区播出，并先后上线 YouTube、iTalkBB TV、VIKI 等国际互联网平台。该剧讲述了 20 世纪 30 年代的北平，京剧名伶商细蕊与爱国商人程凤台因戏结缘相知，在动荡时局中携手振兴京剧国粹、以身救国的故事。该剧播出后在海内外产生了一定的影响力，在YouTube 上第一集达到 102 万次观看，单平台全剧累计约 1252 万次观看，[①]在 VIKI 网站评分 9.8 分，大量观众打出 10 分。[②]

作为一部将视角集中于 20 世纪 30 年代北平梨园文化的民国时代剧，《鬓边不是海棠红》汲取中国传统美学精华，如京剧、刺绣等国粹，并以流行叙事展现富有传统文化底蕴的审美格调，实现了"文化迭代下的梨园想象"。人类对美的追求是永恒的，正如中国丰富的历史文化元素一向是中国影视剧海外传播深耕的重要资源，为全球受众接触、倾听中国故事提供了一定的文化基础，但美也具有时代性，当下网络文学、耽美文化等流行文化广受海内外年轻受众的喜爱，也为跨文化传播创新提供了新鲜血液。

改编自同名网络文学 IP 的电视剧《鬓边不是海棠红》用商细蕊和他的梨园故事为受众提供了一种以网络亚文化和流行叙事打开经典的方式。不少海外网友表示，通过这部剧，他们发现了中国戏剧之美。首先，该剧满足了观众对于服装、化妆和道具的外在审美需求，通过色彩、构图和精美戏服展现中国历史风貌、戏曲服饰和京绣文化之美。其次，在精神审美上，该剧讲述了传承京剧的主旨和爱国救世的家国情怀，以作品内核和人物塑造打动海内外受众。该剧将《贵妃醉酒》《霸王别姬》等二十余部戏曲佳作的段落与

---

① @ 欢娱影视官方频道 China Huanyu Ent. Official Channel 发布的 YouTube 视频：《【English Sub】〈鬓边不是海棠红 Winter Begonia〉EP1：商细蕊名动北平 ｜ 主演：黄晓明 尹正 佘诗曼 ｜ 欢娱影视》，2020 年 3 月 21 日，https：//www. YouTube. com/watch？v = TpiGr7H5_GQ&list = PLhnjbkseqMESllMS8boGw0GVR – aiAVIvA，最后访问日期：2021 年 2 月 4 日。

② 《〈鬓边不是海棠红〉海外热播 中国传统文化新表达》，中国联合展台微信公众号，2020 年 4 月 26 日，https：//mp. weixin. qq. com/s/9_36cD2SsCpVum_P72TWHQ，最后访问日期：2021 年 2 月 7 日。

剧情相融合，体现了艺术高光下人物情感的升华和京剧艺术的格调，[①] 展现了戏曲的美学高度。同时，以商细蕊的情感世界和艺术人生[②]引起海内外观众共鸣，如网友评价程凤台和商细蕊在乱世中患难与共的知音情：I really like the way they look at each other. There's something intimate between them.（我真的很喜欢他们看对方的方式，他们之间有些亲密。）（@ Die for Wen Qing，Live for Meng Zoey，2020 年 4 月）此外，爱戏成痴的商细蕊不仅是晚清民国京剧名角的缩影，还以其不屈的坚守民族大义的中国传统式形象打动海外观众，如 YouTube 上的网友评价：I like how he has a headstrong personality that doesn't back down because of power.（我喜欢他那种顽强的性格，不因强权而退缩。）（@ Koel Suri，2020 年 6 月）

从用户评论可见，《鬓边不是海棠红》创新融合了京剧文化、家国情感等更深层次的审美和丰富的文化意义，不仅以海内外年轻受众更乐于接受的方式呈现"曲高和寡"的梨园文化，还通过继承和创新实现传统文化与新世代审美意识之间的平衡。

2. 彩妆"国潮风"：中式传统审美与现代全球性审美的融合

2020 年 10 月下旬，中国彩妆品牌花西子推出的"苗族印象高定系列"产品相继亮相美国、英国和日本等国家，引发海外主流媒体的报道和海外社交网站的大量讨论。同时，花西子位居 2020 年天猫"双十一"期间公布的国货美妆出海榜单第一，100 多个国家和地区的消费者参与购买了花西子彩妆产品。[③]

花西子"苗族印象高定系列"产品以现代技术创新性地应用苗族非物质文化遗产中的苗银、苗绣、蜡染等工艺，将苗族元素融入产品设计，不仅将苗族这个少数民族带入海外媒体和网友的视野，还展现了更多元、更深刻

---

① 苏七七：《〈鬓边不是海棠红〉：背靠戏曲这棵大树，甜宠有了一点非俗流的气息》，《文汇报》，2020 年 4 月 9 日，http://dzh.whb.cn/2020 - 04　09/11/detail - 678857. html，最后访问日期：2021 年 2 月 7 日。

② 尼三：《〈鬓边不是海棠红〉文化迭代下的梨园想象》，《中国艺术报》，2020 年 4 月 20 日，http://www.cflac.org.cn/zgysb/dz/ysb/history/20200420/index. htm? page =/page_ 2/202004/t20200419_ 478346. htm&pagenum =2，最后访问日期：2021 年 2 月 7 日。

③ 李春莲：《国货美妆不断崛起，花西子再推新品加速"出海"》，《证券日报》，2020 年 11 月 30 日，http://www.zqrb.cn/gscy/qiyexinxi/2020 - 11 - 30/A1606726245237.html，最后访问日期：2021 年 2 月 7 日。

的民族之美。《英国日报》报道了花西子受英国消费者欢迎的现象，并评价：Ethnic beauty is also the world's beauty. Fashion is shared by all nations and races，and is more attractive and stronger ethnic beauty is likely to become an international trend.① （民族之美也是世界之美。时尚是各民族共有的，更有吸引力、更强烈的民族美有可能成为一种国际潮流。）可见，通过发掘和创新，花西子以中国风的独特之美连接不同文化下受众的统一审美。

自2017年创立以来，花西子的设计主题一直是中国风彩妆，如雕花口红、百鸟朝凤浮雕彩妆盘等，这些产品从包装到设计吸纳了中国传统手工技艺和元素，并与现代彩妆相结合，打造出糅合中国古典艺术审美的现代"国潮风"化妆品。由于其精美的外形设计为消费者提供了绝佳审美体验，该产品甚至被海外网友誉为"彩妆艺术品"，如Twitter上一位日本网友评论：これからもずっと、伝統と今を混ぜ合わせた素敵な作品を生み出し続けてほしいです。見るたびに心がときめく花西子さんの化粧品は化粧品というよりも芸術品だと思います…（我希望您继续创作融合传统与现代的精彩作品。花西子的化妆品让我每次看到都感到兴奋，比化妆品更具艺术感……）（@ velikaya_ queen，2020年12月）同时，花西子的产品也实现了传播载体的创新。一位俄罗斯美妆博主分享的相关视频达到15.6万次观看、1万点赞，② 评论区有俄罗斯网友认为，Палетка как экспонат из музея по Древнему Китаю. Безумно красивое и утонченное оформлление. （彩妆盘是中国古代博物馆的展览，疯狂又精美的设计。）（@ Дарья Черняева，2020年7月）

花西子作为彩妆消费品，通过赋予产品以博物馆文物般的媒介功能向世界展现东方美学的深厚文化底蕴。以传统元素为审美底蕴，以产品为表象媒介，花西子的彩妆品创新地实现了中式传统审美与现代全球性审美的结合，以及中式审美的现代创新与跨文化互动。

---

① "The Chinese Miao Ethnic Minority Silver Limited Collection Recommended by Wayne Goss；Chinese Cosmetics Become Popular in UK"，https：//thedailybrit. co. uk/the – chinese – miao – ethnic – minority – silver – limited – collection – recommended – by – wayne – goss – chinese – cosmetics – become – popular – in – uk，accessed February 2，2021.

② @ Red Autumn 发布的 YouTube 视频：*Лучше люкса! КОСМЕТИКА с ALIEXPRESS!* | *Florasis Beauty*，2021年1月22日，https：//www. YouTube. com/watch？v = Seqt6SeW378，最后访问日期：2021年2月8日。

（四）田园文化短视频持续引发热议

自 2019 年李子柒在海内外走红后，对其田园牧歌式生活的关注持续不断，2020 年，李子柒现象仍保持巨大的跨文化影响力。除此之外，2020 年还出现了以丁真、阿木爷爷为代表的中国田园文化的跨文化传播创新。

1. 藏地人文的个人传播

2020 年 11 月，康巴藏族少年丁真的短视频引起了大量讨论和关注，微博相关话题阅读量总计达到 50 亿。海外媒体如日本朝日电视台、韩国媒体纷纷进行报道，并登上 YouTube 热搜、日本 Yahoo 首页头条。YouTube 上一条报道丁真的视频有 89.9 万观看、1.7 万点赞。[①] 相比于李子柒通过丰富创意内容展现田园牧歌式生活，丁真主要以个人为传播媒介，短视频内容更偏向于体现丁真的自然状态。

他具有雪域高原特有的野性气质，海内外网友对他的评论高频词为"真实""自然""干净"，说明他以一种未经修饰的真实、淳朴的特质引起网友共鸣，如 YouTube 上的相关网友评论：This video makes me feel healing, It reminds me something I hope to remain, something that I hope it will never be changed by the complex society. （这段视频让我感到治愈，它让我想起了希望保留的东西，希望它不会被复杂的社会所改变。）（@ Z DZ，2020 年 12 月）丁真反映了现代工业社会中，人们在物质生活达到一定程度后抱有的返璞归真的审美观与对田园文化的向往。同时，不同文化背景的人希望在丁真身上投射真实、质朴等理想化品质而反观自身，这是一种跨文化共性，此时丁真也成为一种精神符号。丁真之"真"离不开他生活的地域环境和浓厚的少数民族氛围，短视频中雪山、草原、冰川、寺庙、藏族服饰、神秘的藏家面具、转经筒等高原意象无不展示着藏地的纯净之美、少数民族的独特风情和古朴的藏族文明，并激发人们对自然田园生活的向往，如一条相关评论所说：This is life, I want this lifestyle. （这才是生活，我想要这样的生活方式。）（@ Good dAy，2021 年 1 月）

---

① @ South China Morning Post 发布的 YouTube 视频："*Handsome*" *Tibetan Man in China Gets Job Offer after Finding Fame Online*，2020 年 11 月 23 日，https：//www. YouTube. com/watch？v＝rOBOSCuXp0k&t＝11s，最后访问日期：2021 年 2 月 8 日。

围绕丁真建立的传播意义空间反映了人们对简单、自然生活的向往，迎合了海内外网友对田园文化和藏地人文的共同想象，打开了一扇向海外传递中国少数民族文化的窗户。相比海外传播趋于稳定的李子柒，丁真走红属于一种爆发式、"病毒式"传播，我们也会持续关注其后续跨文化传播生命力。

2. 精致手工制品的文化呈现

工匠"阿木爷爷"王德文也向海内外受众传递了中国乡村自然、美好的田园文化。YouTube上阿木爷爷的单个视频播放量达5376万次，视频总播放量超2亿。[①] 在具体可感、生动鲜活的日常乡村生活场景中，阿木爷爷以最简单的工具展现最为精湛的传统榫卯工艺，无须钉子、胶水便将木头打造成鲁班凳、将军案等精致木制品，并给缺少玩具的孙子制作小猪佩奇、手摇泡泡机等充满童趣的竹木玩具，让外国网友赞叹"仅用钢丝锯和铅笔就战胜了CAD工业"。[②] 阿木爷爷认为自己只是个有点木工底的普通农民，在视频中常常埋头干活，视频背景通常是清幽、宁静的自然环境，包含竹木屋、木拱桥、山林、溪水等田园意象。

阿木爷爷也体现了将中国传统文化进行当代化转换的智慧：从与世界其他文化的差异化特质中挖掘亮点，并以精益求精的工匠精神将中国传统文化与现代生活结合，向世界展现中国传统建筑技术之美。此外，通过传递勤劳、智慧等中国传统价值理念表达人类对美好生活的共同追求，实现中国文化与世界文明的对话。[③]

三　平台创新：全球流通的策略发展及其挑战

我们此前的年度报告曾指出，中国企业近年来大力发展全球化平台，以创新连接技术打造更底层的平台基础设施，进而向全球供给物质化和内容化

---

① 姚永忠：《"阿木爷爷玩木头"视频走红海外：普通农民展示中国榫卯手艺》，澎湃新闻，2020年7月20日，https://www.thepaper.cn/newsDetail_forward_8351479，最后访问日期：2021年2月7日。

② 《"宝藏"中国爷爷，火到国外了！》，人民日报微信公众号，2020年7月16日，https://mp.weixin.qq.com/s/FfupSTRXp_mq0Uewzlu8Lw，最后访问日期：2021年2月7日。

③ 《"阿木爷爷"海外走红启示了什么？》，腾讯新闻交汇点，2020年7月14日，https://xw.qq.com/cmsid/20200717A0UNKC00，最后访问日期：2021年2月6日。

的新媒体平台。2020 年跨文化传播平台创新的实践路径主要有两种：一是文化产品借助世界级流媒体平台实现动画片的全球流通；二是企业自建多样化媒体平台及联盟，打造整体出海生态。

（一）巧借世界级流媒体平台，拓宽动画片的全球流通渠道

《刺客伍六七》（英文译名：*Scissor Seven*）是中国首个与 Netflix Original 签约、续约的系列动画，于 2020 年 1 月 10 日在 Netflix 上线第一季、5 月 7 日上线第二季，译制后在全球超过 190 个国家和地区播出。《刺客伍六七》讲述了主人公在帮助别人、寻找自我中认识不同的角色并与其发生有趣的、最终用爱化解仇恨与偏见的故事。自 2018 年在国内上线以来，两季全网总播放量已超过 46 亿。[①] 该片具有较好的口碑，两季豆瓣评分分别为 8.9 分、9.2 分，在 IMDB 上评分 8.2 分，有 1181 条相关评价。[②]

"出海"愈益成为中国动画产业的发展趋势，出海市场的首选大抵是东南亚、中东、日韩等地区。与此不同，《刺客伍六七》海外第一大核心受众群体是北美等英语国家，究其原因，合作平台 Netflix 起到重要的助推作用。Netflix 长期提供的优质原创内容和成熟的运营模式为平台积累了众多用户，成为北美地区甚至全球的主要流媒体平台，这一分发渠道优势能为合作剧集提供帮助。借助 Netflix 的渠道优势，《刺客伍六七》可以高效地切入动画市场较为成熟的北美地区，进而触达全球用户。

Netflix 评价《刺客伍六七》"叙事上，画面线条感、切换感强烈……动作干脆凌厉，长镜头的运用到位"，[③] 可见优质内容是作品得以与 Netflix 合作的前提。同时，Netflix 近几年发力的方向之一是 IP 的可持续性，相应的，动画片创作者也不断完善作品的世界观设定和人设塑造，拓宽其成为持续性全球 IP 的开发空间。

那么，《刺客伍六七》为何能与世界级流媒体平台合作呢？究其原因还

---

① 《"给世界好看"打造国产原创动画的全球全民 IP｜涌流 2020》，第一财经网，2020 年 12 月 29 日，https：//www.yicai.com/news/100894765.html，最后访问日期：2021 年 2 月 7 日。

② IMDB 网站公开数据：https：//www.imdb.com/title/tt11503082/? ref_ = fn_ al_ tt_ 1，最后访问日期：2021 年 2 月 3 日。

③ 《深度复盘〈伍六七〉出海 Netflix：本土原创动画如何切入北美市场》，IP 价值官，2020 年 6 月 12 日，http：//t.10jqka.com.cn/pid_ 129777638.shtml，最后访问日期：2021 年 3 月 2 日。

是动画片的跨文化内涵。作品兼顾中国本土特色与国际化视野，通过情感、审美、语言的跨文化兼容吸引全球不同文化背景的观众，提高作品的全球传播力，降低北美乃至全球受众的文化接受门槛，展现 IP 全球化的潜质。作为一部采用日常叙事、画风相对国际化的喜剧题材动画片，《刺客伍六七》具有中西融合的"刺客"主题和叙事框架、区别于日本动漫的风格类型及中国元素特色，喜剧、戏谑的外壳下包裹温暖治愈、爱与包容的精神内核，以人性的共情跨越叙事上的文化差异。①

转换东方语境、在海外发行不同语言版本也是《刺客伍六七》全球化的重要步骤。配音"不是简单的对口型、贴画面，还得符合当地的语境、文化"，② 而这正是 Netflix 的强项。据悉，Netflix 首次为中国内容配置强大的配音演员阵容，如美国著名脱口秀 The Daily Show 的资深记者 Ronny Chieng、日本著名演员木村拓哉、Netflix 的脱口秀大咖 Daniel Sosa 等，③ 助力该动画片实现精品化本地配音，保留作品原初的魅力。可以说，《刺客伍六七》通过与 Netflix 的合作，打造了一种中外跨文化连接的平台生态，这一跨文化传播创新路径也能对未来中国文化产品生产者和运营方提供借鉴。

（二）自建多样化平台，打造整体出海生态

在全球主流企业激烈竞争的当下，单个平台的力量往往不足以支撑平台有效实现全球化创新。华为、腾讯等综合发展的中国企业集团将平台出海纳入企业整体运作战略，以技术创新保障中外文化交流的平台基础，在积极实现平台全球化的基础上自建完整的媒体平台生态，以拓宽跨文化互动空间。

华为主要通过打造出海生态联盟，以开放创新的思维连接 HMS（Huawei Mobile Services）生态、平台开发者与海外用户，并围绕 HMS 构建

---

① 《被海外网友集体催更〈伍六七〉第二季全球上线》，百家号看看新闻 Knews，2020 年 5 月 7 日，https：//baijiahao. baidu. com/s？ id = 1666027883478793955&wfr = spider&for = pc，最后访问日期：2021 年 3 月 6 日。

② 《被海外网友集体催更〈伍六七〉第二季全球上线》，百家号看看新闻 Knews，2020 年 5 月 7 日，https：//baijiahao. baidu. com/s？ id = 1666027883478793955&wfr = spider&for = pc，最后访问日期：2021 年 3 月 6 日。

③ 《被海外网友集体催更〈伍六七〉第二季全球上线》，百家号看看新闻 Knews，2020 年 5 月 7 日，https：//baijiahao. baidu. com/s？ id = 1666027883478793955&wfr = spider&for = pc，最后访问日期：2021 年 3 月 6 日。

包括华为系统程序和合作应用在内的整体生态，为中国优质内容和中国文化的海外传播提供更为完善的平台基础。2019 年美国发布的"实体清单"禁令导致谷歌暂停向华为的硬件设备提供谷歌核心移动服务，HMS 核心移动服务则是华为通过技术创新提升软件能力而构建的与 GMS 对标的完整 HMS 生态，推出后在全球范围内实现高速增长。在 2020 年 9 月的华为开发者大会（Together）上，华为正式发布 HMS Core 5.0，并联合发起合作内容广泛、全环节赋能的 HMS 出海生态联盟，以出海服务引擎聚合合作伙伴的优势，开放性地多维度助力 HMS 生态合作伙伴加速平台全球化创新。① HMS 联盟不仅帮助合作伙伴快速对接华为的海量用户，还为合作伙伴解决了产品本地化、本地合规、本地推广三大"出海"难题，拓展了全球业务，发起后三个月合作企业数量已超 100 家。

同样建构媒体生态的还有腾讯集团"出海"东南亚流媒体市场的创新实践，包括通过腾讯视频海外版 WeTV 的本地化运营和收购东南亚流媒体 Iflix，由点到面地打造腾讯集团的视频平台生态，并搭载文化出海。2020 年 2 月 29 日，腾讯视频海外版 WeTV 官方宣布已进军印尼、泰国、越南、印度和马来西亚等东南亚国家和地区。② 印度尼西亚是 WeTV 在东南亚市场投入最大的地区，也取得了下载、收入双增长。2020 年 12 月，WeTV 的下载量多日登顶印度尼西亚地区 Google Play 双榜、居 Apple 应用商店所有类别榜第一或前列。③ WeTV 不仅输出优质影视内容和多元化的中国故事，实现与海外用户的深度连接，还与印度尼西亚当地影视公司 MD Pictures 通过深度协作打造剧集，建立双向文化交流渠道。在平台本地化运营上，WeTV 根据不同地区用户的需求运作细分海外市场，如针对印尼用户的兴趣偏好和观影习惯提供相应影视剧，保障内容的亚洲特色和多样性。④ 针对语言不

---

① 《HMS 出海生态联盟》，华为官方网站，https：//consumer. huawei. com/cn/partners/goglobal/，最后访问日期：2021 年 2 月 5 日。

② 《腾讯视频海外版官宣，进军东南亚五国市场》，动漫经济学微信公众号，2020 年 3 月 6 日，https：//baijiahao. baidu. com/s？id = 1660345289328151002&wfr = spider&for = pc，最后访问日期：2021 年 2 月 5 日。

③ App Annie 网站公开数据：https：//www. appannie. com/cn/，最后访问日期：2021 年 2 月 5 日。

④ AJ Cortese，Khamila Mulia：《东南亚流媒体市场的前浪与后浪》，36 氪出海，2020 年 11 月 13 日，https：//36kr. com/p/965026466192904，最后访问日期：2021 年 2 月 7 日。

通的文化壁垒，WeTV 通过字幕翻译、相关释义语境转换及本地化配音呈现优质内容。

除本地化运营外，2020 年 6 月 25 日，腾讯还确认收购东南亚流媒体 Iflix。通过共享 Iflix 平台的技术、内容等资源，WeTV 可以补齐本土内容短板并进一步拓展在东南亚地区的市场。这说明腾讯"出海"东南亚流媒体市场采取的是由点到面的整体生态战略：从内容出海到搭建平台，再到通过多样化手段打造腾讯集团的视频生态，腾讯通过丰富海外传播渠道和发展路径，增强海外视频平台以及旗下 IP 的国际影响力和传播力，完成进阶式出海。[1]

当然，我们不得不面对的挑战在 2020 年也陆续出现，尤其是我们在之前研究中提及的抖音海外版 TikTok、快手海外版 Kwai 等平台正面临高度不确定性。新冠肺炎疫情、平台政策、地缘政治等问题接踵而至，全球市场环境不确定性剧增，[2] 中国跨文化传播平台创新实践正在遭遇困难期。不过，即使在这样的冲击态势下，中国也在持续努力地开拓全球化发展创新平台，如 Bilibili 在泰国和马来西亚发布当地语言版本，音频平台荔枝在海外推出语音匹配应用 Tiya，并略有成效。这些平台的创新实践还只是个开端，其影响力留待观察。

结　语

2020 年，中国的跨文化传播创新实践展现了一些富有价值的新探索。

其一，中国跨文化传播实践通过观念创新展现出一定的议程设置和沟通能力，集中表现在通过连接、分享、调和构建人类命运共同体。"生命至上"是连接全球公众、建立社会信任的核心理念，其作为面临疫情及随之而来的一系列传播挑战的稳定内核在系列纪实报道、纪录片等作品中均有展示，对生命的尊重、救治和保护成为回应质疑、转变偏见的观念表达。增强信息公开，通过与世界分享促进全球合作。同时，更有效的跨文化传播不断

---

① 即非：《腾讯视频"出海记"》，腾讯新闻三声，2020 年 12 月 21 日，https：// view. inews. qq. com/a/20201221A0816E00，最后访问日期：2021 年 2 月 7 日。

② 《回顾：2020 中国移动互联网出海 10 大事件》，扬帆出海观察企鹅号，2020 年 12 月 31 日，https：//xw. qq. com/cmsid/20210104A0F0A400，最后访问日期：2021 年 3 月 4 日。

凸显个体叙事和分享的力量，个体汇聚而成的文化叙事不断搭建信任的桥梁，进而追寻冲突中的普遍理解和认同。此外，在非疫情议题的传播中，正在尝试通过东西方观念的调和讲述共同发展的故事。

其二，内容创新实践凸显了中国文化作为多元文化交流的桥梁的价值和可能性。中国更需要在共意空间中呈现和创作连接中国和全球的故事，只有这样，人类共同的文化故事才能得到更广泛的接受和认同。值得关注的是，越来越多的世界性的，或者包含世界性元素的艺术内容正在产生意想不到的传播效果。如我们所发现的，通过音乐艺术的情感共鸣讲述具有世界意义的人类共同抗疫；面向全球用户的游戏通过融合创新体现文化多样性，并成功地完成了对中国人文的海外传播。与此类似，影视剧、短视频、彩妆、游戏、音乐等更为多样化的内容产品不断发掘审美的全球共性，以兼容性实现中式审美的跨文化认同。

其三，平台创新实践通过与世界级新媒体平台合作、打造整体出海生态等拓宽全球流通渠道的同时，也正在遭遇压力期。可借鉴的经验是，动画片产品通过与世界级新媒体平台的合作完成了更广泛的全球用户连接。互联网产业在面对国际社会强大压力时，并未放弃自建多样化平台，反而坚定了打造整体出海生态的决心。平台创新尽管困难重重，但是一个必须要完成的挑战。

2020 年跨文化传播的观念创新主要解决了"如何做"的问题，即直面因疫情对中国产生的全球质疑，以多样化的传播实践寻求理解、连接信任，并呼吁以共同价值联结形成跨文化共同体。内容创新主要表明"做什么"，即通过不同媒介形式的多种内容创新，在全球文化的多元化、差异化中寻找共意空间，以实现跨文化认同。平台创新主要解决"依托什么"的问题，即依托技术创新和国际合作打造开放的平台生态，开拓跨文化互动空间，助推多元文化在此基础上实现交流共融。

后疫情时代，疫情导致的不确定性、不信任感使逆全球化声浪高涨，但更长远地看，全球化仍然是未来世界的发展方向。从另一个角度看，在新媒体技术的不断发展和疫情影响下，"云"进程加快，以全球为背景的集体和个体的线上连接更为突出，这进一步突破了地域上的物理限制，为跨文化交流开拓了更广阔的线上空间。2020 年以来，中国跨文化传播实践在特定的历史语境中同时面临挑战和机遇，人类命运共同体作为一种全球价值观更强调以一种包容开放的姿态回应世界关切，世界之中国需要持续探索在跨文化冲突中寻求协商和共意空间，通过搭建理解、信任和认同的桥梁促进跨文化共同体在个人、组织和国家层面的多样建构。

《传播创新研究》（2021 年第 1 辑）
第 89 ~ 109 页
© SSAP，2021

作为健康传播平台的短视频：基于快手
自闭症内容的探索性分析[*]

章沫嘉　黄月琴[**]

摘　要： 本文以自闭症为具体的传播议题，对快手短视频 App 中关于自闭症的内容进行用户分析和主题框架分析，探析短视频媒体在健康传播方面可能具有的创新潜力。研究发现，快手短视频上的自闭症议题存在以下特点：主题呈现的生活化和多样化，弥补了大众传播媒介关于病患再现机制的缺陷；生产、叙事主体多元化以及自闭症患者对短视频的自主使用突破了长期以来弱势群体近用媒介的机构性惯例，具有参与式赋权的效果；互动情感色彩强烈，传播过程的情动性强，但理性框架采纳不足。本文亦发现短视频用户对自闭症疾病科普信息的关注与响应程度低，健康传播议题的知识与情感发展不平衡。对此，本文建议短视频平台应坚持实施平权算法，并建立"情感 + 知识"型短视频社区，以促使短视频平台更好地发挥健康传播的潜能。

关键词： 自闭症　健康传播　快手短视频　媒介近用　参与式赋权

一　引言

短视频是移动互联网不断发展的产物，它依靠移动端的智能传播在社交

---

[*] 项目信息：本文是国家社科基金项目"健康传播与自闭症儿童的社会发展研究"（编号 2015BXW050）的成果之一。

[**] 章沫嘉，华中师范大学新闻传播学院硕士研究生；黄月琴，华中师范大学新闻传播学院教授，新闻学博士，研究方向为传播社会学、媒介文化。

平台上进行分享，① 从而灵活综合多种时空维度、场景优势和传播技术便利。使用者无须具备高深的文字逻辑与叙事能力，便可以在短时间内创造出一则"像模像样"的视频，② 在分享故事的同时获取关注，满足自我互动需求，甚至实现流量变现。③ 随着产业的不断革新与用户体量的进一步增大，短视频已成为当前信息传播基础设施的重要一环。根据中国互联网络信息中心发布的第 45 次《中国互联网络发展状况统计报告》，截至 2020 年 3 月，我国短视频用户规模已经达到 7.73 亿，占网民整体的 85.6%。克劳瑞（2020）数据显示，抖音、快手分别以 5.13 亿人次与 4.3 亿人次的高月活数和主流的短视频形式稳坐短视频领域的霸主宝座。④ 卡斯数据指出，抖音在一、二线城市用户占比更多，达到 52%；快手在三、四线及以下城市用户占比更多，达到 64%。⑤ 快手作为短视频领域的"两超"之一，拥有仅次于抖音的用户规模与更加下沉的用户群体。它定位平民化，以"普惠"的平权算法著称，这使得快手的内容在一定程度上远离当下热点与潮流趋势，让不占权力优势的或者弱势群体有机会被更多人"看见"和"听见"，进行更大范围的传播。⑥ 随着人们对于健康生活的重视，有关健康和疾病的议题开始在快手上得到关注。⑦ 对于身患疾病的人及其照护者来说，快手提供了一个可以抒发情感、抱团取暖、引起社会关注、获取同情与理解，并具有普及疾患知识功能的传播渠道，也提供了一种可日常操作的便利的健康传播工具。

本研究即以一个具体的健康传播议题——自闭症为案例，分析快手上关

① 朱杰、崔永鹏：《短视频：移动视觉场景下的新媒介形态——技术、社交、内容与反思》，《新闻界》2018 年第 7 期，第 69~75 页。

② 田斌：《移动短视频应用的内容生产及传播模式研究》，硕士学位论文，河北经贸大学，2018。

③ 彭兰：《短视频：视频生产力的"转基因"与再培育》，《新闻界》2019 年第 1 期，第 34~43 页。

④ 克劳瑞：《2020 上半年短视频内容发展盘点》，蜗牛派，2020 年 8 月 6 日，http://www.woniupai.net/181327.html，最后访问日期：2021 年 3 月 15 日。

⑤ 卡斯：《2019 抖音 VS 快手研究报告》，搜狐网，2019 年 5 月 9 日，https://www.sohu.com/a/312830034_105496，最后访问日期：2021 年 3 月 15 日。

⑥ 孟元元：《移动短视频平台用户的使用与满足——以快手 App 为例》，《中国民族博览》2019 年第 1 期，第 236~237 页。

⑦ 石俊美：《健康传播类短视频表达研究——以"丁香医生"抖音号为例》，硕士学位论文，安徽大学，2020。

于自闭症的内容呈现、主题框架以及用户属性，探析短视频关于健康传播可能具有的创新优势或潜力。自闭症又称为"孤独症"，是一种高度可变的神经发育障碍，表现为社会交往障碍、沟通障碍和重复性行为障碍等。[①] 自闭症的患病机制是一个医学盲点，[②] 其疾病类型和医学治疗方案充满了不确定性。[③] 在健康传播长期不足的情况下，公众缺乏对自闭症知识的科学认知，往往将自闭症归因于心理疾病、家庭矛盾或教养不当，使许多病患及其家庭不得不遭受负面道德评价，从而产生病耻感，陷入被社会孤立的困境。中国大众传媒对自闭症议题进行过较为广泛的报道，特别是围绕一年一度的"世界自闭症日"，大众传媒会设定相对固定的报道议题，形成一个相对集中的关注点，为自闭症的健康传播做出了重要贡献。但是大众媒体对于自闭症病患的建构存在议题分布不均，同题报道扎堆、敷衍应景等问题，在再现机制上还容易采用"天才"和"白痴"两极化的奇观叙事框架，忽略了自闭症是谱系性疾病的事实，简化和扭曲了公众认知，增添了病患的社会疏离感，不利于社会融合的实现。[④] 短视频社交平台的兴起可以弥补大众传媒再现机制的缺陷，对改善健康传播具有深厚潜力。

随着快手在社会基层的逐步渗透和广泛使用，本文希望探讨自闭症相关人群是否以及如何使用快手这一便捷而直观的新媒体平台展开关于疾患的传播实践。作为一项初步的探索性研究，本文先将问题集中于人和内容这两个方面，具体包括用户、叙事主体、内容主题与框架等，因而提出如下研究问题。

（1）自闭症病患及其照护人是否使用快手进行健康传播？快手上发布自闭症视频的用户有何特征和属性？

（2）快手自闭症内容包括哪些主题和框架类型？内容生产者如何使用

① 段云峰、吴晓丽、金锋：《自闭症的病因和治疗方法研究进展》，《中国科学：生命科学》2015年第9期，第820~844页。

② Stefanatos G. A., "Regression in Autistic Spectrum Disorders", *Neuropsychol*, Vol. 4, 2008, pp. 5–19.

③ 陈顺森、白学军、张日昇：《自闭症谱系障碍的症状、诊断与干预》，《心理科学进展》2011年第1期，第60~72页。

④ 黄月琴、杨叶：《媒介报道与赋权：自闭症儿童的新闻呈现与框架检视》，《湖北大学学报》（专辑）2015年第12期，第223~228页；黄月琴：《新媒介技术视野下的传播与赋权研究》，《湖北大学学报》（哲学社会科学版）2016年第6期，第140~145页。

特定的技术手段和语言策略来进行健康传播？

（3）在健康传播方面，短视频平台有哪些创新性表现？有何种值得挖掘的传播潜力？

二　文献探讨与研究方法

健康传播是传播学的重要分支领域，在西方有 40 多年的研究历史，并已成为一个非常活跃的研究领域。植根于实证主义传统和线性传播观，健康传播最初被界定为医学研究成果和健康知识的传递、宣导与扩散。Ratzan 等学者则从人类沟通的情境与文化研究取向出发，将健康传播定义为人们寻求、处理及共享医疗资讯的过程。[①] Rogers 从更宽广的范围，认为健康传播是包含任何健康内容的人类传播形态，因此健康传播不仅是健康信息的生产、传递和医疗信息获取的过程，也是情感交流、共同体对话、社群归属和社会认同发生的过程，它既包括社会层面的信息扩散，也指向个人或群体层面的意义生产和传播赋权（empowerment）的产生。[②] 健康传播研究在中国起步较晚，但从 2000 年开始，健康传播的研究成果在数量与产出速度上有了很大提升，其中，自媒体平台的健康传播研究是一个较为突出的热点。杨国安最早提出博客为健康知识在互联网上的传播开辟更广阔的空间，使受众在健康传播中占有主动权。[③] 张佳分析了短视频平台中健康传播的优势，阐述了短视频平台影响健康传播效果的因素，从内容、运营、监管、用户四个方面提出了利用短视频平台进行健康传播的相关建议。[④] 郝玉佩则提出短视频的健康传播存在两个问题：原创动力不足、服务价值链短。[⑤] 总体而言，关于自媒体与健康传播的研究是沿着"媒介"的兴起与发展的路径推进的，

[①] Ratzan, S. C., Payne J. G. & Bishop, C., "The Status and Scope of Health Communication", *Journal of Health Communication*, Vol. 1, 1996, pp. 25 – 41.

[②] Rogers, E. M., "The Field of Health Communication Today: An Up-to-date Report", *Journal of Health Communication*, Vol. 1, 1996, pp. 15 – 23.

[③] 杨国安：《运用博客传播医学科普知识的研究》，《广东科普创作事业发展论坛论文选集》2009 年第 9 期。

[④] 张佳：《健康传播在短视频平台中的现状及发展探讨》，《传播力研究》2019 年第 21 期，第 92～94 页。

[⑤] 郝玉佩：《短视频中的健康传播探讨——以"丁香医生"抖音号为例》，《新闻世界》2019 年第 2 期，第 75～77 页。

重视总结新媒介的技术特点和传播优势，较为忽视具体的人或群体的传播实践和经验，从而失之笼统。

学界关于短视频的研究还在初级阶段，目前的研究主要涉及短视频平台特征、传播策略与营销等。高崇等人较早在短视频内容分析方法上做出探索，主要对"秒拍"上转发超过 2000 的微视频进行质性内容分析，发现生活类微视频尚有很大发展潜力。[①] 但这一研究仅对视频主题进行归纳统计，缺乏内容分析的量化程序。随着短视频内容分析方法的成熟，研究者们逐步扩大了研究范围，增加了分析程序。比如晏彩丽构造了一个关于短视频内容的编码表，该编码表包含标题词频、选题类型、配文态度、短视频时长、素材来源等 12 个方面，较为完整。[②] 王晴将内容分析与扎根理论结合起来，在软件 NVivo 11 中对样本进行编码，使得整个研究的实证特色突出。[③] 这些既有文献为本研究的展开提供了一定借鉴。

本文主要采用框架研究的方法对快手短视频的内容展开分析。戈夫曼将框架理论简要定义成"个人组织事件的心理原则和主观过程"。[④] 框架理论既是一种理论视角，也是一套分析方法。框架研究者针对传播内容既展开了客观、系统的定量分析，也展开了话语的质性分析，探析媒介如何通过框架构建来影响受众。台湾学者臧国仁提出"框架三层次结构"理论，将框架分为高、中、低层次，探讨新闻报道是如何在描述实践中受到框架的影响的。[⑤] 高层次结构即对某一主题事件的定性；中层次结构源自梵·迪克的"新闻模型"概念[⑥]，臧国仁将其浓缩为七项，即主要事件、先前事件、历史、结果、影响、归因和评估；低层次结构即通过语言或符号所呈现的具体效果，包括由字、词等组合而成的修辞风格，囊括梵·迪克的"微观结构"、"风格"和"修辞"三项[⑦]。"框架三层次结构"理论被广泛运用于新

① 高崇、杨伯溆：《微视频的内容主题发展趋势分析——基于对新浪微博官方短视频应用"秒拍"上高转发微视频的研究》，《新闻界》2016 年第 12 期，第 47～50 页。
② 晏彩丽：《新京报"我们视频"的短视频新闻特色研究》，硕士学位论文，河南大学，2018。
③ 王晴：《抖音中的大学生媒介形象研究》，硕士学位论文，河北大学，2020。
④ Goffman. E.，*Frame Analysis: An Essay on the Organization of Experience*，New York：Haper & Row，1974，pp. 247–250.
⑤ 臧国仁：《新闻媒体与消息来源：媒介框架与真实建构之论述》，台北：三民书局，1999。
⑥ ［荷］梵·迪克：《作为话语的新闻》，曾庆香译，北京：华夏出版社，2003，第 50～55 页。
⑦ ［荷］梵·迪克：《作为话语的新闻》，曾庆香译，北京：华夏出版社，2003，第 60～85 页。

闻文本分析的实证研究，徐丽娟即引入该理论对短视频的主题（高层次结构），场景、色彩、个人信息、语言台词（中层次结构），用户情感反应（低层次结构）进行统计分析，发现老年群体通过短视频重获"麦克风"，积极呈现自我，但其媒介参与仍然停留在表面。[①]

本文采用臧国仁对框架的分类方法，结合"自闭症"相关短视频的构成要素，从高、中、低层次结构三个层面进行描述分析。在操作步骤方面，本文首先对所抽取的视频样本进行主题分类；其次，分析视频呈现的场景、视频语言表达方式、视频包装方式，探究自闭症相关视频的操作框架；最后，通过对视频情感定位的归类与视频的评论抓取来分析视频的情感框架，通过分析视频的热度情况来探究视频的传播效果。按照加姆森的观点，框架具有组织的作用，不会只涉及一个论点，而是暗示各种各样的论述，让一些不同程度的争议点共用某个框架，[②] 因此，本文在抽取样本时，通常是观看了完整视频之后，找出其中最主要的框架，如果一个视频中的框架包含两个或以上的特征，则以视频中占主导地位的特征为主框架，若还不能区分，则以最先显露的特征为主框架。

三　数据搜集与样本获取

快手是一个依靠算法进行内容分发的社交短视频平台，用户在平台上的任何行为都会被大数据记录，即使是一个从未登录过快手的新用户，也会自动匹配到社交圈内热度较高的内容。为最大限度地减轻算法机制对样本的影响，课题组需要严格控制抽样程序。笔者在快手 App 上创建一个全新的账号，该账号满足以下要求：（1）该账号对应的手机号从未被用于登录快手；（2）进入快手后禁止其访问用户通信录；（3）不使用位置定位服务；（4）该账号只用于有关"自闭症"关键词的样本抽取；（5）不点赞、评论、转发、下载、重复观看任意一条视频。

在快手搜索一栏输入关键词"自闭症"后，弹出结果页面，页面上方

---

① 徐丽娟：《"银发网红"的自我呈现与形象塑造——基于抖音短视频的框架分析》，《新媒体研究》2020 年第 9 期，第 49～51、59 页。

② Gamson W. A., "News as Framing: Comments on Graber", *American Behavioral Scientist*, Vol. 2, 1989, pp. 157 - 161.

为 "全部" "最新" "热门" "天才" "心疼" "强强" 等 12 个分类标签，本文所抽取的样本来自 "全部" 一栏。抽样时间为 2020 年 9 月 20 日至 2020 年 10 月 20 日，该时间段涵盖普通工作日、休息日以及国庆假期，可对快手用户的发布行为进行更全面的观测。笔者对快手 App 搜索一栏中以 "自闭症" 为关键词的搜索界面进行随机抽样，不设置抽样标准。在观看视频的过程中，笔者记录下样本的发布者信息、视频热度、视频主题、视频场景、视频语言、包装方式等信息，获得样本 200 份，在剔除完全重复样本与完全无关样本后，获得有效样本 195 份。观察样本覆盖工作日、周末、假期三个时间段，早、中、晚三个时间点，对快手用户在 "自闭症" 关键词下的视频发布情况基本做到了短期内相对全面的覆盖。

为验证样本的有效性，笔者于数据采集结束后的 3 个月内对快手自闭症短视频与相关话题进行了持续性观察。截至 2021 年 1 月 20 日，相关短视频内容与发布者较 3 个月前有了增加，但是二者在数据分布方面并不存在明显变化。同时，相关话题在 3 个月内只增加了 1 个，增加幅度不大。因为在快手的算法影响下，视频出现的先后顺序更多地受到视频发布时间的影响，所以，在不同时间段对快手固定内容的抽样中，样本各要素应处于相对稳定的状态，证明原始数据具备有效性。

四 研究发现

（一）用户主体：谁发布了快手自闭症视频？

截至数据采集完成之时，快手关于 "自闭症" 的话题共 79 个，如 "关爱自闭症儿童" "自闭症" "自闭症儿童康复训练" 等，话题热度、数量均处于较高水平。在快手 "自闭症" 的搜索页面内，按发布视频数降序排序后，主要有以下类型的用户发布过有关 "自闭症" 话题的视频：自闭症人群父亲/母亲 78 个、自闭症干预机构 46 个、MCN① 用户 25 个、个人用户

---

① Multi-Channel Network，现多指联合若干垂直领域具有影响力的互联网专业内容生产者，利用自身资源为其提供内容生产管理、内容运营、粉丝管理、商业变现等专业化服务和管理的机构。

21 个、医学人士 16 个、媒体机构 9 个。自闭症干预机构与医学人士在解释自闭症病因、病理特征、诊疗干预方面具有相对的专业性；自闭症人群父亲/母亲与自闭症人群有不可替代的紧密联系，他们发布的视频在很大程度上反映了自闭症人群的日常状态，具有生活性；媒体机构在报道有关自闭症的现象、为弱势群体发声方面有天然的社会性；而个人用户与MCN 用户在身份特征上与自闭症人群无关，不具备其他四者在自闭症视频发布上的特殊性，在发布了与"自闭症"话题有关的内容后进入样本。用户分布情况如下，自闭症人群父亲/母亲占 40.0%、自闭症干预机构占23.6%、MCN 用户占 12.8%、个人用户占 10.8%、医学人士占 8.2%、媒体机构占 4.6%。

在传播自闭症相关的短视频方面，自闭症人群父亲/母亲与自闭症干预机构做出了突出的贡献。比如自闭症短视频点赞排名较高的均由网红号"我有个自闭症儿子"拍摄上传，该账号粉丝量达到 15 万。除了日常上传视频以外，该号也发起过多场直播活动。自闭症人群父亲/母亲、自闭症干预机构与自闭症存在千丝万缕的联系，二者发布视频的比例大，对话题的关注度与参与度均处在正常的水平内，而承担着传播社会信息与关注弱势群体义务的媒体机构数量最少。医学人士传递与自闭症相关的科学常识，引导人们形成正确的认知与态度，是塑造自闭症人群形象的重要一环，但样本中关注"自闭症"话题的医学人士数量与所占比例较低。另外，个人用户与MCN 用户虽然在用户背景上与"自闭症"不存在直接联系，但也是自闭症话题的重要参与者。

（二）主题框架：快手自闭症短视频高层次结构分析

1. 自闭症短视频主题类目构建

根据框架构建原则，结合抽取到的样本，本文将快手上以"自闭症"为关键词搜索的视频主题归为以下几种。

（1）科普类：视频内容为阐述与自闭症有关的科学内容与客观事实，不加入情感与立场因素。如：

标题：【自闭症】孟奶奶讲自闭症，有人就说自闭症的孩子就没必要治了吧，就在家里了？

用户 ID 与用户身份：儿科医生孟青/医学人士

（2）记录类：视频内容为发布者与自闭症相关的生活经历，不经过内容编辑与艺术加工。

标题：闺蜜领典典去游乐场，典典自己不会坐，不会玩，把她累坏了！我心里想，我去就崩溃了，但典典很开心。

用户 ID 与用户身份：加油小典典/自闭症女生母亲

（3）创作类：视频内容进行过剪辑、虚构处理，旨在传达一个与自闭症相关的确切的主题。

标题：自闭症孩子不是傻瓜，虽然没有药，也没有方法治疗他们，但当他们接触音乐时，一切都不一样了！

用户 ID 与用户身份：冬呱视频/MCN 用户

（4）报道类：视频内容旨在呈现有关自闭症的有新闻价值的事件。

标题：4 岁自闭症患儿命殒康复中心#自闭症##情感#

用户 ID 与用户身份：法制剧场/媒体机构

（5）宣传类：视频内容多为自闭症干预机构对自身进行包装以招揽客源。

标题：自闭儿童激活人体自愈为家长减负，关注觅菲，关爱自闭儿童健康，给你不一样的医学体验

用户 ID 与用户身份：觅菲筋膜触疗师/自闭症干预机构

2. 自闭症短视频主题框架分析

对自闭症短视频进行主题归类后，可以得出视频数量由多到少排序为记录类视频 108 个、科普类视频 36 个、创作类视频 18 个（其中包括传递虚假信息的视频 12 个）、报道类视频 17 个、宣传类视频 16 个，各类视频占比如图 1 所示。

记录类视频在快手自闭症短视频搜索结果中占到了一半以上。这类视频记录患者的日常生活，在构建自闭症的群体形象上发挥了巨大的作用。相关科普类视频占比第二，在自闭症健康传播议题上发挥着重要作用。以自闭症为出发点进行宣传和报道的短视频仅占 16%。创作类视频的占比较低，仅为 9%，但有关自闭症的"伪命题"全部集中于创造类视频，甚至在创作类视频中占到了一半以上。这类视频传递了关于自闭症的错误的常识，如：自闭症是后天疾病，内心感到孤独、不愿与人交流等是自闭症的表现。这类视频虽然在总体视频中只占 6%，但容易导致大众对自闭症的错误判断。

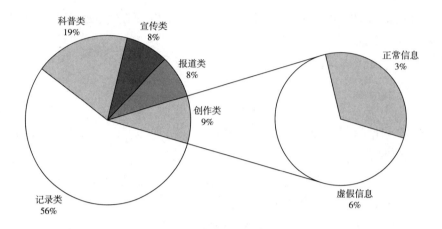

图 1　"自闭症"视频主题分布图

资料来源：笔者自制。

对自闭症短视频发布用户与视频主题进行交互分类后，可以得到表 1。

表 1　自闭症短视频发布用户与视频主题交互

	自闭症干预机构（个数/占比）	医学人士（个数/占比）	自闭症人群父亲/母亲（个数/占比）
科普类	20（55.5%）	9（25.5%）	1（2.70%）
记录类	18（16.7%）	7（6.5%）	75（69.4%）
创作类	2（11.1%）	0（0%）	0（0%）
报道类	2（10.5%）	0（0%）	0（0%）
宣传类	4（25.0%）	0（0%）	2（12.5%）
	媒体机构（个数/占比）	个人用户（个数/占比）	MCN 用户（个数/占比）
科普类	1（2.7%）	5（13.9%）	0（0%）
记录类	0（0%）	3（2.8%）	5（4.6%）
创作类	0（0%）	12（66.7%）	4（22.2%）
报道类	8（52.6%）	1（5.3%）	6（31.6%）
宣传类	0（0%）	0（0%）	10（62.5%）

如表 1 所示，第一，发布科普类视频的用户以自闭症干预机构为主，医学人士仅为前者的一半左右，这与"医学人士承担着自闭症科学信息传播

的重要任务"的假设不符；第二，在记录类视频目录下，自闭症人群父亲/母亲发布视频的个数与占比都远超其余五类用户；第三，个人用户与 MCN 用户致力于创作有关自闭症议题的短视频，他们在创作类视频中所占的比重大于其他四类用户；第四，媒体机构在报道类视频中所占比重较大；第五，在宣传类视频中，MCN 用户所占比重最大，远超其他五类用户。

根据以上对图表的统计描述，可以得出快手平台中自闭症短视频主题框架存在的特点：（1）"自我记录"框架较为显著，"社会报道"框架不足；（2）自闭症健康信息"科普"框架的短视频数量不足，一般仅流于自闭症干预机构的表浅介绍，缺乏专业医学人士的深层分析；（3）不与自闭症直接相关的个人用户与 MCN 用户更愿意发布创作类视频，但视频质量差别大，他们构成了传播自闭症虚假信息的主要参与者。

（三）场景、语言与包装方式：快手自闭症短视频中层次结构分析

戈夫曼的拟剧理论提出了"前台"与"后台"的概念，用以揭示社会互动中个体的自我呈现。其中，前台包括"舞台构成"与"个人前台"，前者指表演者使用的场景布置、画面颜色等，后者指表演者的表演内容、行为举止。后台则是表演策划的区域，如拍摄前演练，拍摄后的剪辑等内容。[1]结合短视频的构成要素，本文将短视频的中层次结构简要分为视频场景、视频语言、视频包装方式（字幕、配乐、特效）。通过视频场景与视频语言来展示用户的"舞台构成"与"个人前台"，通过视频包装方式来展示用户的后台行为。对中层次结构进行分析，能让我们更全面地了解用户发布视频的行为方式，探究快手自闭症短视频的实际构成框架。

1. 自闭症短视频中层次结构类目构建

通过对样本的观看与比对，本文整理出自闭症短视频中层次框架（如表 2 所示）。

---

① Goffman. E. , *Frame Analysis*：*An Essay on the Organization of Experience*，New York：Haper & Row，1974，pp. 19 - 25.

表2 自闭症短视频中层次类目构建及举例

场景	类目介绍	视频举例
生活类	视频内容与画面来源于日常生活，不属于观者可判别的人工搭建与设定	短视频《我的门，他的门》画面展示自闭症患者在家中与父母的对话，场景生活化
搭建类	视频内容与画面为精心设计，旨在搭建具体的场景传达用户意图	短视频《如何判断自闭症是否严重?》画面为自闭症干预机构特意搭建的拍摄台，场景为人为构建

语言	类目介绍	视频举例
无语言	视频只有画面，没有声音	短视频《都教出汗来了》画面上只有自闭症女生的背影，全程没有进行语言交流或声音传播
普通话	视频内叙述/对话均为普通话	短视频《知道要领，再学实操》画面上只有一名女性用普通话讲述自闭症干预的相关要领
方言	视频内叙述/对话均为方言	短视频《大龄自闭症:日常家务很熟练》展示了自闭症男生用方言与其母亲沟通的画面

包装方式（字幕/配乐/特效）	类目介绍	视频举例
无包装要素	视频未经过任何后期剪辑，即拍即传	短视频《自闭症女儿最近情绪稳定，各方面的进步很大》是自闭症女生母亲记录与其女儿对话的视频，没有字幕、配乐与任何剪辑效果
含一种包装要素	视频内只含有字幕、配乐、特效中的一种要素	短视频《哪有好看的自闭症孩子，所有的孩子对父母都是一种考验和成长》是一条带配乐的视频，不含字幕与剪辑
含两种及以上包装要素	视频内至少含有字幕、配乐、特效中的两种要素	短视频《孩子#自闭症#育儿#宝妈》含字幕、配乐、后期特效等多种要素

资料来源：笔者自制。

对195个有效样本进行编码统计可得，生活类视频108个，搭建类视频87个；无语言类视频98个，普通话类视频82个，方言类视频15个；无包装要素的视频49个，含一种包装要素的视频49个，含两种及以上包装要素的视频97个。

2.自闭症短视频场景、语言、包装方式框架分析

经统计，各项占比如图2所示。

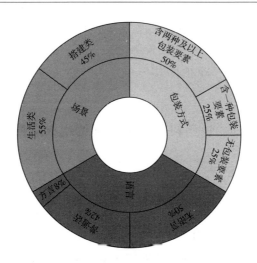

图 2　自闭症短视频中层次结构要素占比

资料来源：本研究样本。

快手自闭症短视频在中层次结构框架中各种表现方式较为均衡。生活类视频与搭建类占比相当，二者共同构建了画面感丰富、分布均衡的场景框架；在语言使用方面，无语言类的视频占比最大，一半的视频只用画面突出人物身体互动，更多突出"视频局内人"的互动行为，与"视频局外人"交流较少；普通话较大频率的使用让视频语言框架更加正式，视频的描述与解释能力更强，互动性更低；容易增加亲切感与互动性的方言的使用率最低；在视频包装方式方面，一半的视频内含两种及以上的包装要素，含一种或者无包装要素的视频占比较低，表明用户包装视频的行为变多，这与短视频 App 使用门槛降低、用户使用能力提高密切相关。

从用户个体的自我呈现来看，快手上以"自闭症"为关键词的视频用户不刻意追求特定场景来传播内容，用户的"舞台构成"形式多样，在"个人前台"的展示中互动行为较少，或自我互动，或以相对正式的方式展现。在自闭症视频背后，用户的后台行为十分频繁，如将加入包装要素看作用户的主动行为，无包装方式看作用户的被动行为。可以看出，大部分用户摒弃了"被动"后台状态，变得更加主动。

结合以上分析，可以得出中层次结构框架的若干特点：（1）短视频的场景丰富多样，用户在发布视频时的场景选择相对自由；（2）短视频的语言框架整体上呈现互动性低、亲切感弱的特征，与自闭症群体展示出的社交障碍、交流行为少的特征较为吻合；（3）短视频的包装框架多种多样，不再是简单的"即拍即传"，用户更愿意编辑与再构建，参与性较强。

（四）情感指向：快手自闭症短视频低层次结构分析

1. 自闭症短视频的情感指向分布

本文以笔者的情感体验作为该视频情感定位的判断标准，将自闭症短视频情感定位分为以下几种。

（1）情感正向：体现出正面、积极的态度，可能包含鼓舞、激动、暖心等多种情感与态度，易使观者在看完视频后对自闭症及患者产生正面的态度与情绪。

标题：自闭症女儿最近情绪稳定，各方面的进步很大，孩子继续加油

用户 ID 与用户身份：甜心儿圈圈/自闭症女生母亲

（2）情感中立：以描述客观事实为主，未掺杂明显情绪。

标题：自闭症判断标准 12：肢体语言异常#孤独症#发育迟缓#自闭症#关爱自闭症儿童

用户 ID 与用户身份：杨光明说/个人用户

（3）情感负向：含有焦虑、愤怒、紧张、悲伤等消极情绪，易使观者在看完视频后对自闭症疾病及患者产生偏见与错误的认知。

标题：无语问青天

用户 ID 与用户身份：加油小典典/自闭症女生母亲

经统计，样本中情感正向的视频有 108 个，情感中立的视频有 51 个，情感负向的视频有 36 个。各项占比如下：情感正向 55%、情感中立 26%、情感负向 19%。总体来看，这类视频以阐述有关自闭症的事实与展现自闭症患者积极向上——情感中立及以上——的视频为主。

以自闭症短视频的主题类目为分类标准，本文选出各个主题内互动量最高的短视频共 5 个，抓取评论，制作评论词频图，以探究视频观看者对不同内容的短视频的情感体验。

在对 195 个样本视频进行统计后，得到科普类、记录类、宣传类、报道类、创作类互动量最高的短视频。

（1）科普类。

标题：与大家分享家长不要轻易给孩子贴上自闭症标签

用户ID与用户身份：圆梦语言咨询中心/自闭症干预机构

内容：视频采用个人口述的方式，向观众科普自闭症孩子的特征，强调随意贴标签的危害。

评论互动总数：86条

（2）记录类。

标题：……

用户ID与用户身份：我有个自闭症儿子/自闭症男生父亲

内容：自闭症孩子强强又打碎家里一块玻璃，父母叫他承认错误。

评论互动总数：2643条

（3）宣传类。

标题：自闭症少年，却是医学天才！21年来最好看的医学剧#良医#影视金话筒

用户ID与用户身份：小超推理社/MCN用户

内容：视频主要为电影《良医》做宣传，对电影片段进行了剪辑，讲述了自闭症天才少年在机场救人的故事。

评论互动总数：1125条

（4）报道类。

标题：对男孩不断舔手指十分不耐烦，新加坡治疗师6分钟8次虐待自闭症患儿，抓住男孩的手强行塞进嘴巴

用户ID与用户身份：生活帮/媒体机构

内容：视频揭露新加坡自闭症治疗师虐待孩子，行为恶劣。

评论互动总数：866条

（5）创作类。

标题：为星星点灯，关爱自闭症儿童，保护身边弱势群休

用户ID与用户身份：锤子剪刀布哥/MCN用户

内容：自闭症女孩遭遇校园暴力之后，周围人对她施以援手，恶人得到惩罚。

评论互动总数：324条

在对上述短视频的评论抓取与评论词频分析后，可得到图3。

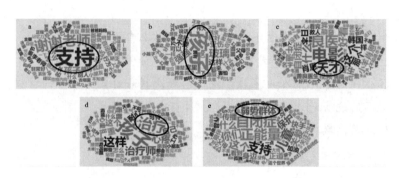

**图3　科普类（a）、记录类（b）、宣传类（c）、报道类（d）、
创造类（e）短视频评论词频**

资料来源：笔者自制。

短视频观看用户对于"自闭症"主题的视频整体呈现"正面""积极""关怀"的特点。图3（a）中，最典型的词为"支持"，代表了用户对于视频内容中"不要轻易给孩子贴上自闭症标签"观点的认可，如"支持老师观点""很难不支持"等；图3（b）中，最典型的词是"孩子"，用户大部分的关注点在视频中自闭症患者强强这个孩子身上，出现了诸如"不要凶孩子""好好跟孩子交流"等评论；图3（c）中，最典型的词是"天才"，用户对于电影中的自闭症青年的评价大多是正面的，如"自闭症里也有很多这样的天才"等评论；图3（d）中，最典型的词是"治疗"，大部分用户在面对视频里虐待自闭症患儿的情景时，也在思考自闭症治疗何去何从的问题，如"那么应该如何治疗自闭症呢""治疗自闭症真的很困难"等；图3（e）中，最典型的词是"弱势群体"，许多用户透过视频传递出的"关爱自闭症儿童"的正能量，关注到目前自闭症患者这一弱势群体，如"关注身边的弱势群体""给弱势群体多点包容跟关心"等。由此可见，自闭症短视频大多传递了"自闭症不可怕""关爱自闭症人群"等正面观念。

2. 主题类型、情感指向与传播热度的关系

快手对进入初级流量池的视频进行第一轮筛选与分发，固定时间内评论互动高的视频会被分发至二级流量池进行第二轮传播，以此类推。短视频得到的用户反馈越多，就越容易被更多人看见，即视频浏览量就越高，反之则

越低。某个领域浏览量高的视频会被系统精选，成为热门视频。[①] 总体来看，即便有平权算法，热门视频仍处于较高级的流量池内，更有机会接触更多的用户，从而更有机会达到更好的传播效果。综上，快手这种分发机制使视频热度可以通过视频浏览量展现。本文对自闭症短视频内每一主题类目下的视频浏览量进行统计，分别测量各个主题类目下短视频的热度，用以探究何种视频有机会产生更好的传播效果。

平均值是描述数据集中趋势的测度值。测量各大主题类目下短视频热度的平均值，可以直观地看出各类视频热度的差异。为避免极值的影响，在计算平均值时，去掉该类主题下热度最高与热度最低的视频数据。经计算，可得各主题下视频平均热度由低到高为（保留小数点后两位）：科普类0.39、记录类2.77、创作类5.47、报道类35.19、宣传类39.20。

从五大主题类目的平均值来看，自闭症短视频中，高热度视频为宣传类与报道类，低热度视频为科普类，记录类与创作类的热度差异较大，说明在快手自闭症视频的传播上，宣传类与报道类视频更有机会实现更好的传播效果。

标准差是反映一组数据离散程度的测度值。测量各大主题类目下短视频热度的标准差，可以便于我们简明地了解其中各个视频热度的分散程度，进而探究该类视频的热度是否存在两极分化的现象。同样，在计算标准差时，去掉该类主题下热度最高与热度最低的视频数据。经计算，可得各主题下视频热度标准差由低到高为（保留小数点后两位）：科普类0.44、记录类9.24、创作类15.08、宣传类61.98、报道类82.29。

由于各主题间高低热度的平均值相差过大，无法直接用标准差进行数据离散程度的衡量，此时需要引进变异系数来衡量各主题下视频热度的离散情况。变异系数即原始数据标准差与原始数据平均值之比。变异系数值越大，说明数据离散程度越高，高热度视频越容易集中在一小部分视频内。综上，可得各主题下视频变异系数由低到高为（保留小数点后两位）：科普类1.13、宣传类1.58、报道类2.33、创作类2.75、记录类3.34。

从各主题视频变异系数均大于1可以看出，快手自闭症短视频各大主题

类目中的视频热度普遍差异较大。其中，记录类视频的热度两极分化程度最高，只有小部分高热度的视频有机会达到更好的传播效果。科普类视频热度两极分化程度最低，其中各个视频的传播效果差异最小。

结合以上对快手上自闭症视频进行的低层次结构框架分析，可以发现低层次结构框架存在 3 个特点。（1）视频大多采用以正向情感为主的情感框架，但以理性为特点的中立情感框架较少；用户容易产生"感动"和"自我感动"，但较少客观看待自闭症疾病及患者本身。（2）对于自闭症视频，用户反应呈现"正面""积极""关怀"的情感特征，表现了极强的共情性，并展示出对"弱势群体保护"话题的思考，但对自闭症疾病具体的特征以及诊疗方面的响应程度较低。（3）宣传类与报道类视频的信息含量更高，这有利于健康传播的均衡化。

四　总结：短视频平台如何促进健康传播

由于"用户生产内容"（UGC）的总体逻辑，快手短视频平台在打破大众媒介对自闭症议题的"俯瞰报道"范式上的确发挥了显著作用。首先，与大众媒介描述的"天才型""悲剧型""戏剧型"等极化倾向的自闭症人群形象不同，快手短视频上展示了自闭症患者多元的生活形象：他们大多并不是天赋异禀；他们的父母并不都是一蹶不振；他们患病不是因为家庭教育不当或突遭生活打击；等等。这些生活形象更加真切地贴近了自闭症作为一种谱系性疾病所呈现的多元面貌。其次，快手为自闭症患者及其家属提供了一个表达自我、传递信息、宣泄情绪的平台，[①] 使得他们得以自由地在短视频平台上创造自己的文化符号。这是短视频关于健康传播的最突出的两个创新性表现。具体来说，本文认为快手短视频平台关于自闭症议题所生成的传播创新现象包括如下几点。

第一，主题呈现的生活化和多样化。快手视频在"自闭症"议题传播上更加贴近普通人的视角，以丰富多彩的方式展示自闭症患者及其家庭的日常生活，不仅弥补了大众传播媒介由资源有限而导致的报道空白，而且有助

---

① 高存玲：《短视频：视频生产力的"转基因"与再培育》，《新闻知识》2016 年第 12 期，第 3~6 页。

于消除普通公众对自闭症患者的认知隔阂。

第二，生产、叙事主体和患者的形象多元化。快手自闭症相关内容较多地呈现了"沉默"的自闭症患者形象，但也着重展示了自闭症患者由父母/老师引导发声并配合干预的过程，展现了积极生活的个体形象，有助于改善大众媒介再现机制所形成的刻板印象。

第三，除了家长、照护人自主发布短视频以外，还出现了自闭症患者对短视频的自主使用现象，轻症患者能自主使用快手发布自己感兴趣的内容。这突破了长期以来弱势群体近用媒介（access to media）的机构性惯例，[1]不仅体现出短视频新媒体的兴起为弱势群体的媒介近用权和表达权提供了可能性，也意味着自闭症核心人群通过参与新媒体实现传播赋权的可能。这种自主传播的互动赋权在本文对视频评论区的分析中得到了印证。

第四，互动情感色彩强烈，传播过程的情动（affect）性强。"情动"是指情感因为际遇或者同各种各样的对象接触而发生动态变化，[2]这种情感的变化或者运动既可以是某种感情的持续强化，也可以是从一种感情到另一种感情的运动变化。自闭症视频往往能激发强烈的情感互动，从评论互动来看，用户大都偏好情感反馈（情绪化发言），传递出对于视频内容的共情感，甚至那些关于自闭症知识与科普内容的互动也偏向情感互动，而忽视了视频原本想传递科学信息这一事实。

从整体上看，快手短视频体现了良好的健康传播潜能，它为健康议题的传播提供了平等的土壤，为弱势群体提供了社会"可见性"和自主发声的可能性，这在很大程度上得益于快手所提倡的平权算法。所谓"平权算法"，即引入基尼系数（Gini index）对快手平台内部的流量分配进行调控。"基尼系数"是指国际上通用的衡量一个国家或地区居民收入差距的指标。快手的算法框架将快手社区视为一个"国家"，将流量视作货币，算法决定着如何分配社区内的流量。当视频流量达到一定阈值后，它的曝光机会将不断降低。[3]根据快手官方的报告，快手只有30%的流量是分配给头部热门内容的，剩下70%的流量都分配给中长尾内容，这意味着快手算法具有平权

---

[1] Barron, J. A., "Access to Press: A New First Amendment Right", *Harvard Law Review*, Vol. 8, 1967, pp. 1641 – 1678.

[2] 汪民安：《何谓"情动"?》，《外国文学》2017年第2期，第113~121页。

[3] 余敬中：《快手：普惠+基尼系数的网络社区实验》，《传媒》2019年第5期，第19~21页。

性和赋权逻辑。因此快手可以解决部分社会群体传播渠道过少、信息获取困难等固有的传播不平等问题，更有利于社会弱势群体主动获取信息，并建立和培育出积极的社群。

但本文亦发现快手短视频在健康传播方面存在知识与情感发展不平衡的状况。用户对自闭症患者容易产生共情情绪，但对疾病科普信息的关注与响应程度始终处于较低水平。尽管有快手的平权算法调节，但有关自闭症议题的各类视频仍出现了热度分配严重不均的现象，情动性越强的视频越容易获得关注，甚至在用户"自我记录"这一类视频中，也存在这种现象。疾病知识的传播对于疾病的认知与诊疗具有关键作用，而情感关乎内容的呈现与受众的体验，可以创造出更好的传播效果，更好地实现传播意图。[①] 健康传播中的知识与情感同等重要。短视频平台的定位与用户的性质决定了视频创作不仅要通俗易懂，避免专业术语堆积，还要轻松有趣、平易近人，避免严肃生硬的教条式表达。[②] 在这种背景下，健康类短视频的创作更容易采用重效果、轻科普的表达方式，造成粗放式科普大规模产生，健康知识传播出现偏差和误读。有研究者通过对比抖音上不同职业声望的用户的内容选择，发现知识与情感在其中均出现扩散现象。[③] 而在快手的健康传播议题上，情况有很大的不同。以自闭症议题为例，有关自闭症的科学知识始终未能跳出"科普视频"的框架，且大都较为粗浅和表面化，用户评价中较少涉及知识，且科普内容的传播趋势多为同圈层的平行分布，并未有效扩散，而情感类的视频内容则可实现跨圈层的扩散分布。

因此，如何将知识传播与情感传播有机结合，利用情感的带动效应让知识跳脱圈层，进行更大规模的传播是提升短视频健康传播潜能的一个关键问题。本文认为，可以尝试在快手上建立健康传播的"情感＋知识"型短视频社区。首先，引入算法激励机制，增加优质内容曝光度，鼓励用户在视频中植入与疾病相关的科学知识，同时避免生搬硬套，注重视频话语的叙事性和创新性。其次，加强社区建设。以"健康传播"为专用标签形成社群聚

---

① 朱霜：《国内情感传播研究的范式演进》，《今传媒》2018年第3期，第74～76页。

② 王雪倩：《健康传播在短视频平台中的现状及发展探析》，《新闻采编》2019年第1期，第47～48页。

③ 陆晔、赖楚谣：《短视频平台上的职业可见性：以抖音为个案》，《国际新闻界》2020年第6期，第23～39页。

合，当社区内容趋于同质化时，应进行"外扩散与内创新"，即对于数据库同标签视频进行回收与二次审核，挑选出其中的优质内容，投入社区外部的流量池，将优质视频传递给更大的用户群，以实现后期社区发展的自循环和自优化。

本文基于快手平台一项特定议题展开研究，研究对象的局限性使得本文的研究结果未必能涵盖其他健康议题在快手中的传播实践。同时，短视频媒体发展日新月异，快手自身也处于动态的竞争过程之中，与其他更为娱乐化、商业化的平台相比，快手短视频（因注重平权传播）是较为特殊的类型，因此，本研究能否推广至其他短视频平台，短视频能否在整体上成为健康传播的创新性媒介，还需要我们进一步探索。

《传播创新研究》（2021 年第 1 辑）
第 110~124 页
© SSAP，2021

卫星新闻新探索

——基于新华社相关新闻报道的分析

李梦婷*

摘　要： 随着数据新闻的兴起，卫星技术在新闻报道中的应用呈现越来越多元的态势。本文在梳理国内外卫星新闻应用的相关研究和既有理论基础上，结合新华社卫星新闻的具体报道范例和已有实践成果，分析了卫星技术在主题新闻、突发新闻、调查新闻、数据新闻以及新闻互动产品等不同新闻体裁中的创新与融合应用。此外，本文对卫星新闻在融合新闻报道实践中的变革与挑战进行分析，得出卫星新闻已从"初创"阶段转向"经验可复制"阶段，应在专业、人才、产业等方面进一步拓展卫星新闻融合深度的结论。今后，卫星新闻应持续拓展报道空间，创新应用场景，进而延展出更多融媒体报道形式。

关键词： 新华社　卫星新闻　融媒体报道　创新应用

2019 年初，新华社开始系统化、规模化地将卫星技术运用在新闻报道中，是国内首家将新闻和卫星进行深度跨界融合的新闻媒体。经过两年探索，团队在卫星数据采集、处理及新闻应用上，积累了丰富的经验。如今，卫星技术已被应用在主题新闻、突发新闻、调查新闻等新闻报道领域，逐渐成为记者的报道工具，是记者的新闻发现力在太空的延伸。

一　卫星新闻国内外发展总体概况

西方媒体将卫星技术应用到新闻领域的实践可以追溯到 20 世纪 80 年

---

* 李梦婷，新华社新媒体中心编辑。

代。1986 年，美国广播公司（American Broadcasting Company，ABC）使用法国地球观测系统卫星（Systeme Probatoired' Observation de la Terre，SPOT）热红外影像，报道了切尔诺贝利核反应堆爆炸事故。[1]"9·11"事件发生时，美国国家航空航天局（National Aeronautics and Space Administration，NASA）宇航员从距离地面 400 公里的国际空间站拍到了一张烟雾从世贸中心所在地蔓延开来的照片，[2] 展现了俯瞰视角的惊人震撼力。2003 年，美国有线电视新闻网（Cable News Network，CNN）直播节目用 Earth Viewer 平台报道伊拉克战争，[3] 掀起了卫星遥感新闻的高潮。2015 年，《纽约时报》（The New York Times）引用李熙等使用美国国防气象卫星（Defense Meteorological Satellite Program，DMSP）夜间灯光数据的研究成果，[4] 报道了四年混乱后叙利亚各地区夜间的灯光比战前大幅缩减的情况，[5] 显示了遥感数据在战区收集可靠客观信息方面的优势，展现了卫星遥感对人道主义报道方面的时空洞察力。2016 年，美联社（Associated Press，AP）普利策公共服务奖获奖新闻[6]使用高空间分辨率遥感影像作为关键证据，报道了东南亚渔业普遍存在滥用奴工的现象。此外，Digital Globe 公司还成立了 Maxar 新闻局，[7] 向美联社等媒体合作伙伴提供卫星图像数据和分析服务，实现了卫星公司和媒体的跨界融合。

总体来说，国际卫星图像市场进入一个快速发展的时期，随着产业规模不断扩充、供应商产能提升与服务应用的细分和成熟，国际卫星图像产业已经在产业规模、产品供应、优质服务以及跨领域协作等方面呈现不断进化的

---

[1] Larry Gilman， "Chernobyl Nuclear Power Plant Accident, Detection and Monitoring"，https：//www. encyclopedia. com/politics/encyclopedias-almanacs-transcripts-and-maps/chernobylnuclear-power-plant-accident-detection-and-monitoring，accessed November 13，2020.

[2] "9/11 Remembered in Space Photos"，Staff Space. Com，September 11，2017，https：//www. space. com/12803-september-11-anniversary-attacks-space-photos. html，accesseol November 13，2020.

[3] 比尔基兰迪：《谷歌方法》，夏瑞婷译，北京：中信出版社，2019。

[4] Li Xi, Li Deren， "Can Night – time Light Images Play a Role in Evaluating the Syrian Crisis?" International Journal of Remote Sensing，Vol. 18，2014，pp. 6648 – 6661.

[5] Peçanha Sergio，White Jeremy，Lai K. K. Rebecca， "Syria After Four Years of Mayhem"，The New York Times，March 12，2015.

[6] "An AP Investigation Helps Free Slaves in the 21st Century"，Associated Press，July 12，2016，https：//www. ap. org/explore/seafood – from – slaves/，accessed November 13，2020.

[7] "Improving Life on Earth from Space"，Maxar，November 13，2020，https：//www. maxar. com/，accessed November 13. 2020.

趋势，从这一点也可以窥见中国卫星图像产业未来的发展方向。

国内，以新华社为代表的主流媒体积极探索遥感影像在主题新闻、调查新闻、突发新闻、日常新闻等方面的应用。《60万米高空看中国》系列报道①通过卫星遥感影像，展现中国34个省级行政单位的特点和历史变迁，为新中国成立70周年献礼，这是中国卫星遥感影像用于主流新闻媒体主题系列报道的首次成功尝试。《太空见证历史！"最高机位"瞰阅兵》②是卫星遥感应用史上第一次对阅兵现场进行实时成像报道，也是中国新闻史上第一次使用卫星实时拍摄重大新闻事件。

随着国家空间基础设施规划的实施，中国商用高分辨率遥感卫星技术正在迅猛发展。数据应用成效显著，卫星遥感领域的国际合作不断加强。中国已经成为遥感卫星、对地观测数据和技术的出口国，为国际用户提供了高质量的影像数据产品和技术服务。

二　卫星技术应用在新闻报道中的优势

卫星分为遥感卫星、通信卫星、导航卫星。目前，新闻报道中多用遥感卫星。遥感可以理解为遥远的感知，原理是电磁波与物体相互作用，使其载有物体的有关信息；对电磁波敏感的遥感器接收载有信息的电磁波，得到含有信息的遥感数据；再经过处理，反演和解译出物体所含的信息。③遥感卫星已被应用在农业、林业、海洋、环境监测、灾害管理、气象监测等领域，这些应用被"迁移"到新闻报道上，具有独特的优势。

（一）卫星视角"站得高，看得远"，能打破国内、国外的空间界限，过去与现在的时间界限，带来与众不同的新闻视角

随着技术的进步，新闻记者开始运用摄像机、航拍无人机等工具拍摄新

① 刘思扬、孙勇、汪金福等：《60万米高空看中国》，新华社微信公众号，2019年8月31日，https://xhpfmapi.zhongguowangshi.com/vh512/fasttheme/27774? channel = weixin，最后访问日期：2020年11月13日。
② 刘思扬、汪金福、陈凯星等：《太空见证历史！"最高机位"瞰阅兵》，新华社微信公众号，2019年10月1日，https://xhpfmapi.zhongguowangshi.com/vh512/share/6543259，最后访问日期：2020年11月13日。
③ 罗格：《感知地球——卫星遥感知识问答》，北京：中国宇航出版社，2018。

闻现场，创新新闻视觉表现形式，但这也有一定的局限性：一是高度有限，拍摄空间范围有限；二是记者需要第一时间赶赴现场进行拍摄。

相比之下，卫星轨道高、飞行速度快，不受国界和地理条件的限制，观测幅宽可达数千米甚至上千千米，能够在短时间内获得大量的数据，探测到地面遥感和航空遥感所不能涉及的区域。常见的遥感卫星分辨率在亚米到千米之间，不同的分辨率能呈现不同高度的视觉效果。目前，中国民用卫星最高分辨率是 0.5 米，这意味着从太空上能分辨出离地面 0.5 米的物体，这已能满足新闻报道需求。

1957 年，苏联发射世界上第一颗人造地球卫星，揭开了人类卫星发展的序幕。如今，世界各国发射的遥感卫星数量剧增，卫星技术发展迅猛。这些环绕地球的卫星"日夜不眠"地记录了这颗星球五六十年来的变迁。有了卫星的"加持"，记者能打破国内、国外的空间界限，过去与现在的时间界限，通过卫星查看全球新闻现场及历史影像，丰富报道内容。

（二）卫星能到达人无法到达的区域，第一时间呈现新闻现场

在日常采访中，记者需要到偏僻地方进行采访。出于路途遥远、交通不便等原因，记者需耗时耗力。但是，卫星不受地形影响，它能长时间监测一个地方的变化，全方位呈现一线情况，能为记者提供有效信息，辅助记者开展采访工作。

（三）卫星数据分析能拓展新闻报道深度

有的新闻报道需要数据支撑内容，遥感卫星除了成像外，其数据发挥着更大的作用，可提取区域分布、植被长势、夜光指数、热力分布等信息。

记者将采访信息与遥感数据信息相结合，能够加大报道力度、丰富报道内容、延展报道空间，这对调查记者而言是一个很好的尝试。

（四）卫星视角带给受众新体验，让科普更容易

如今，融媒体新闻报道的形式在不断丰富，给受众带来越来越多与众不同的新体验。以往，新闻报道局限于文字、图片、视频等形式上，而卫星新闻将新闻视角放大到太空，提供了更宏观、更震撼、更深入的新闻视角。卫星新闻推出以来，收到了很多受众的评论，他们称"从未想过新闻还能这

么玩，卫星视角这么酷炫"。

此外，卫星新闻还起到了科普的作用。我们发现，多篇新闻报道下会有一类相似的评论，如"一直知道我国航天事业在迅速发展，看到国产卫星拍的影像，特别骄傲"。高科技与普通老百姓之间经常有一道不可逾越的鸿沟，如何做好科普是令很多科研工作者头疼的问题，讲专业了，担心受众听不懂；讲通俗了，又可能无法解释科学原理，但新闻就是面对大众的产品，记者做科普有天然优势。记者将科技内容进行专业层面降维处理，将新闻内容进行科技层面升维处理，通过"一降一升"，受众能很轻松地了解卫星是什么、卫星能与我们生活的哪些内容结合起来等。这种做法也得到了很多科研工作者的好评。

三　卫星技术在不同新闻体裁中的应用

在了解卫星优势的同时，团队将卫星当成工具，对不同体裁的新闻进行探索，挖掘有效报道场景，达到了推一篇报道，探索一种报道新形式的目的。如今，近百篇卫星新闻报道证实，卫星在主题新闻、突发新闻、调查新闻、数据新闻以及新闻互动产品等新闻领域里都起到一定的作用。

（一）主题新闻：从太空视角展现中国力量

2019 年，在新中国成立 70 周年之际，新华社推出《60 万米高空看中国》系列报道，总浏览量 40 亿次＋，形成"刷屏"效应。该系列报道是新华社首次大规模将遥感卫星影像运用到新闻报道中，打造了"科技＋新闻"的媒体融合发展典范，具有代表意义。

要对新闻、卫星两个截然不同的领域进行跨界融合，必须要打破专业壁垒，实现报道、平台、人才的深度融合。为此，2019 年 5 月至 9 月，团队耗时 4 个月对卫星新闻的新闻立意、数据处理、视觉呈现进行了系列探索。

在新闻立意上，采用"一省一脉络，一地一经纬"的方式，团队梳理了祖国各地的地理、人文、历史特色，结合卫星视角和地面视角，展现祖国的锦绣河山、雄伟建筑、辉煌成就。例如，新疆"三山夹两盆"的地貌特征通过卫星图像上"畺"字形标识显现无疑；连接武汉三镇的 10 座长江大桥在卫星图像上依次闪亮，结合航拍镜头气势恢宏；安徽采用从太空到黄山迎客松、从太空到宏村一镜到底的镜头体现"山水人文"特色，展现徽风皖韵。①

在数据处理上，团队以人才融合带动专业融合。团队联动中国资源卫星应用中心等单位，调取我国历史卫星数据，在此基础上进行视觉处理，与新闻点进行深度融合。在制作过程中，团队深入学习卫星知识，合作单位员工了解新闻专业知识，双方从最初不懂彼此的专业知识到"升级"成"最懂新闻的卫星人、最懂卫星的新闻人"。

在视觉呈现上，结合卫星视角、航拍视角、地面视角，对视频素材进行甄选、拼接、编组、特效。《60万米高空看中国》系列报道最具特色的就是从太空贯穿至地面的"一镜到底"，大气磅礴，唯美震撼，为广大受众献上一场视觉盛宴（见图1）。同时，每篇报道都选用节奏感强、代入感足的背景音乐，配以富有科技感的音效，在不同桥段叠加不同的特效声，如贵州西江千户苗寨的天籁人声，"天眼"捕捉到的宇宙"心跳"等，给人视觉、听觉上的全方位冲击，引发情感共鸣。②

图1　新华社系列报道《六十万米高空看中国》

---

① 刘思扬、汪金福、陈凯星等：《60万米高空看安徽，是什么体验？》，新华网，2019年10月21日，http://www.xinhuanet.com/video/2019-10/21/c_1210319644.htm，最后访问日期：2020年11月13日。

② 刘思扬、汪金福、陈凯星等：《60万米高空看贵州，是什么体验？》，新华网，2019年9月12日，http://www.xinhuanet.com/video/2019-09/12/c_1210277393.htm，最后访问日期：2020年11月13日。

在此基础上，团队不断拓展卫星在主题报道中的空间。2020 年两会期间，团队联合甘肃分社、青海分社、云南分社发出主题为"穿越"的系列卫星脱贫报道，先后发出《卫星图鉴故事丨修路老汉"穿越"记》① 《卫星图鉴故事丨现代版"夸父追日"记》② 《卫星图鉴故事丨老村寨"消失"记》③ 三篇文图报道及一个《卫星微纪录片丨穿越》④ 短视频。该系列报道是新华社首次通过卫星视角报道脱贫故事，通过多重视角给出中国何以脱贫的答案。

此次报道更重视挖掘新闻内核，采用特写人物故事 + 卫星图解 + 微纪录片的报道方式深度展现我国近年来的脱贫成就。三个分社记者深入我国脱贫攻坚战主战场——"三区三州"等深度贫困地区进行一线采访，紧抓各地特色，通过一生修 200 余次路的甘肃老汉、现代版"夸父追日"的青海老汉、从靠山吃山到守山护山的云南一家人等讲述异地搬迁的贫困人群穿越命运之门迎来新生的故事。

卫星的优势是能通过高空视角一览地理地质特征。例如，在《卫星图鉴故事丨修路老汉"穿越"记》中，甘肃省临夏州积石山县 65 岁农民张登普，上半辈子住在山窝里，暴雨来袭，村里唯一一条通往外界的道路就会被冲垮。从卫星看张登普老家，地表山峦入海，一片焦黄红褐，一条条被雨水冲刷、山洪撕开的沟壑就像干瘦的肋骨，将一个个坐落在陡坡、悬崖边的小山村牢牢"裹"住。

因为国家易地搬迁政策，张登普的生活发生了"穿越式"的改变。从 2017 年开始，国家在积石山县投入巨资，将生活在偏远山村、灾害多发、不宜人居等地区的 1148 户群众搬出深山。白家沟村的 44 户群众搬下大山，

---

① 汪金福、任卫东、陈凯星、周亮等：《卫星图鉴故事丨修路老汉"穿越"记》，百家号新华网，2020 年 5 月 23 日，https：//baijiahao. baidu. com/s？id = 1667449470002710523&wfr = spider&for = pc，最后访问日期：2020 年 12 月 17 日。

② 汪金福、江时强、陈凯星、周亮等：《卫星图鉴故事丨现代版"夸父追日"记》，百家号新华网，2020 年 5 月 25 日，https：//baijiahao. baidu. com/s？id = 1667643199697943438&wfr = spider&for = pc，最后访问日期：2020 年 12 月 17 日。

③ 汪金福、陈凯星、周亮、李自良：《卫星图鉴故事丨老村寨"消失"记》，百家号新华网，2020 年 5 月 25 日，https：//baijiahao. baidu. com/s？id = 1667625112724328324&wfr = spider&for = pc，最后访问日期：2020 年 12 月 17 日。

④ 汪金福、任卫东、江时强等：《卫星微纪录片丨穿越》，新华网，2020 年 5 月 26 日，http：//www. xinhuanet. com/2020 - 05/26/c_ 1126036449. htm，最后访问日期：2020 年 12 月 17 日。

其中，包括张登普在内的 18 户群众搬到了县城安置小区。从卫星视角俯瞰，搬到县城的原因一目了然。积石山县城地势平坦、水源充足，如同夹在两山间的狭长绿洲。卫星记录了县城近年来的变化，高楼建起，区域扩大。山上村民们的陆续迁入，让这里成为全县境内最具活力的希望之地。

通过张登普旧家、新家的卫星图对比，能够清晰地看到张登普生存环境的变化。此时，两张卫星图就能代替"千言万语"，让人真切感受到张登普一家生存环境的变化，了解到国家扶贫政策给个体带来的巨大变化，使这篇报道有高度、有温度、有力度。

同时，团队还推出《卫星微纪录片丨穿越》短视频，进一步创新了新闻故事讲述方式、视觉呈现方式。该视频以微纪录片的方式，用新华社记者自述的方式，讲述大时代背景下三位农民脱贫的故事。视频以天、地、人三重视角，用太空影像展现主人公易地搬迁前后的地理环境变化，用地面特写镜头展现搬迁前生存环境的恶劣，用主人公朴实的语言讲述生活的改变，多重叠合带来震撼感受。有网友评论"仅看前后对比卫星图就足够震撼，都快看哭了"。

（二）突发新闻：突破时空限制，第一时间还原第一现场

随着报道的深入，团队发现，卫星在突发新闻领域也有很大应用空间。像火灾、洪灾、爆炸等发生在地表上的突发事件，卫星能跨越"千山万水"，捕捉到第一现场画面。

例如，黎巴嫩首都贝鲁特港口 2020 年 8 月 4 日傍晚发生剧烈爆炸，多处建筑损毁，现场升起巨大的蘑菇云，几乎整个城市受到波及。得知此消息后，团队立即与新华社国际部联系，一起结合卫星视角报道此事。

团队找出贝鲁特港口历史卫星影像，结合新华社前方记者发回的稿件信息，在卫星影像上标注贝鲁特港口的区域特征、爆炸点与中心区的距离等信息，供受众从宏观角度了解该事件。

爆炸发生后，出于爆炸区域危险、航拍高度有限等原因，爆炸区域面积、波及范围等信息依旧未知。团队联系相关单位，了解卫星过境贝鲁特港口的时间，试图通过高空宏观视角还原贝鲁特港口大爆炸第一现场。北京时间 8 月 5 日下午五点，团队拿到爆炸现场卫星影像，发出《卫星拍到黎巴嫩

大爆炸现场！核心区被炸出深坑》①报道。通过卫星影像能看到，核心爆炸区域散发着烟雾，有区域被炸出深坑，海水倒灌覆盖地基。爆炸点北部紧靠岸边停靠的船只被推离港口。港口附近约20个白色屋顶的建筑被损毁，现场满目疮痍。报道发出后引起强烈反响，这突破了空间限制，因为身处北京的编辑也能第一时间了解国际突发新闻事件，及时进行报道。

此外，在2020年的南方洪灾报道中，卫星也发挥了很大的优势。7月，江西、安徽等长江中下游地区遭遇洪灾。团队与中国资源卫星应用中心等单位合作，实时调取最新卫星影像，观测洪灾严重区域的地理变化。

在《洪水来袭，鄱阳湖区的稻子咋救？用卫星一看，一目了然!》②报道中，团队调取最新卫星数据发现，洪水导致鄱阳湖周边不少地方被淹，其中包括大片的农田。从鄱阳县昌洲乡的卫星影像可以看到，这个江中岛上大片规整的农田"消失"了。卫星影像直接显示出洪水淹没了哪些农田，为抢险救灾提供了依据。

除了遥感卫星外，团队还使用北斗卫星报道洪灾，发出《抗洪新"战术"！受灾点三维"CT"了解一下》③报道。2020年7月21日，恩施屯堡乡马者村发生山体滑坡，并在清江上游形成堰塞湖。搭载特殊装备的无人机、无人艇，结合北斗定位技术，上下协同，快速获得水上、水下一体化三维数据，在一个半小时内完成了对灾害点的三维"CT"检查，为后期救灾提供了精准数据。

通过三维立体图片，受灾区域一目了然，记者配以简单图说就能还原一线情况。网友评论"抗洪有术！为我们的高科技骄傲，点赞"。

（三）调查新闻："天眼"取证，数据助力拓展报道深度

在调查新闻中，记者往往需要抵达核心区域调取核心数据。卫星可成为

①　汪金福、陈凯星、周亮等：《卫星拍到黎巴嫩大爆炸现场！核心区被炸出深坑》，新华社微信公众号，2020年8月6日，https：//mp. weixin. qq. com/s/pAuc_ 5VYo4nI5g61P7NrKQ，最后访问日期：2020年11月13日。

②　汪金福、刘健、陈凯星等：《洪水来袭，鄱阳湖区的稻子咋救？用卫星一看，一目了然!》，新华社中国网事，2020年7月18日，https：//xhpfmapi. zhongguowangshi. com/vh512/share/9259770，最后访问日期：2020年12月17日。

③　汪金福、唐卫彬、陈凯星、周亮等：《抗洪新"战术"！受灾点三维"CT"了解一下》，新华社微信公众号，2020年7月27日，https：//mp. weixin. qq. com/s/rVkGCcFBd0wL6 _ YTXDAJYw，最后访问日期：2020年12月17日。

记者的取证工具，抵达记者难以到达的地方，捕捉记者难以获取的信息，使报道更具深度和说服力。

在对我国某内陆咸水湖变干涸的报道上，团队调取该湖近40年来的变化，通过专业技术手段提取湖水变化面积、区域。卫星数据充分说明，湖面面积近些年来逐渐缩减，湖面周边喷灌圈大幅度扩大，对水源造成影响。此时，卫星就相当于是记者的取证工具，解决了记者难以获取历史照片、难以找到关键人物真实讲述以往情况的问题。

同时，记者深入一线采访，将多个新源信息和卫星数据进行叠加，直观且深入地讲述湖水干涸背后的原因。该报道引起相关部门高度重视，产生了一定的社会影响力。

此外，在违规建筑、水源污染、古迹破坏等调查新闻上，记者调取卫星数据就可提前掌握相关线索，有针对性地深入一线进行采访，发出经得起推敲的优质调查新闻报道。

（四）数据新闻：挖掘卫星数据优势，客观呈现新闻事实

结合2020年年底中央经济工作会议上的主题背景，团队在2020年12月30日发出《卫星物联网新闻｜"胡焕庸线"以西为何越变越亮?》①报道，该报道在此前应用遥感影像的基础上，深度应用卫星夜光数据，叠加了路网数据、电网数据、互联网数据、经济数据等，实现了新闻＋卫星＋物联网的跨界深度融合。

1935年，著名地理学家胡焕庸通过数万个数据，一点一点发现了隐藏在中国地图上的一条"神秘线"。这条线不仅划分了我国东南半壁与西北半壁的人口密度，还与我国地势二、三级阶梯分界线，400毫米等降水量线基本重合，也在一定程度上成为我国经济地理的一条重要分界线，反映了近代以来中国经济空间的基本格局。这条线也被称为"胡焕庸线"，是最早由"大数据"得出的中国人口地理大发现。

1985年以来，中国发生了翻天覆地的变化。"胡焕庸线"西侧经济发展

---

① 张过、朱春阳、崔浩、刘宇涛等：《卫星物联网新闻｜"胡焕庸线"以西为何越变越亮?》，新华社微信公众号，2020年12月31日，https://mp.weixin.qq.com/s/XfJeHFnzuXMdwwMr _dLFrQ，最后访问日期：2021年2月17日。

一直是我国重点关注的话题。通过卫星，我们发现"胡焕庸线"以西区域的夜光越变越亮，这间接说明了这个地方的经济发展情况。卫星夜光数据显示，2013～2020年，"胡焕庸线"以西区域夜光面积增加了约55.3%，夜光总量增加了约42.7%。夜光总量增加最多的地区为四川西部和西藏，分别增加了约104%和97.6%。增加量超过50%的地区有西藏、四川西部、黑龙江西部、新疆、云南西部、青海。

通过卫星技术提取"胡焕庸线"以西乡级以上道路可发现，2015～2020年，道路长度增加了约64.38%。

据电网数据统计，2013～2019年，"胡焕庸线"以西方向覆盖省区的全区域用电量均有所提升。其中，完全位于西侧的西藏、新疆、宁夏、青海分别增长了153.2%、86.2%、33.6%、5.9%，西藏增长最为明显，全区域用电量持续多年保持全国前列。各地电网为各地社会经济发展提供了可靠的电力保障。

据淘宝统计，2020年1月1日至12月2日，"胡焕庸线"以西方向覆盖的区域，有7个省区在淘宝开店的新商家数量同比增幅居全国前十，同比增幅均超过200%。具体来看，入驻淘宝的新商家数量同比增幅前十名的省区分别为宁夏、云南、贵州、青海、甘肃、新疆、西藏、海南、内蒙古、广西。

从GDP数据能看到"胡焕庸线"西侧经济的发展。2013～2019年，完全位于"胡焕庸线"以西的西藏、新疆、宁夏、青海的名义GDP增长率分别为110.21%、62.64%、46.14%、41.17%。

除了数据的展现外，该报道还讲述了在新疆沙漠架电线的工人、扶贫车间负责人的故事，用人物故事"剖析"宏观数据，生动展现了西部经济发展给当地人生活带来的改变。接下来，卫星新闻报道将会更深入地探索卫星数据的内核，形成卫星数据＋新闻故事的报道新形势。

（五）新闻互动产品：卫星视角直达C端，新形式互动更有新意

2021年春节，全国多个省区市倡导就地过年。在此背景下，新华社客户端联合中国航天科技集团四维测绘技术有限公司推出"卫星大拜年"融媒体互动产品。该策划将新技术与中国传统习俗相结合，以"新玩法""新姿势"为报道"添温度""增亮点"。

　　用户使用该功能可定位国内任意一地点，增添祝福对象姓名、祝福语等信息，快速生成一张卫星拜年贺卡（见图2）。地点既可以是日思夜想的家、过往的特殊记忆点，也可以是还未去过的地方，这一功能成为最贴合网民心理的互动点之一。产品通过摸准受众的心理需求，让"卫星大拜年"成为一种时尚。

图2　新华社推出卫星明信片的拜年新方式

　　该产品主打"卫星拜年"概念，紧抓"最有高度的新年祝福""天降鸿福""硬核又温暖"等关键词，使得报道风格鲜明，易抓人眼球，极大地"激活"了用户参与度。2月9日、10日，相继在新华社客户端、新华社微信发出《牛了！用卫星给亲朋拜年，还能拿"天"降好礼》①文章，介绍了"卫星拜年"新方式，文字简洁精练却不失深度与创意。此外，为调动用户参与热情，中国航天科技集团四维测绘技术有限公司提供了高清卫星影像资源给点赞量前五的网友。这吸引了众多网友留言评论，语言质朴且充满温情。

活动推出后，全网浏览量超过 8000 万次，"卫星明信片"请求数量大幅上升，2 月 10 日当天推广效果明显，单日使用次数近 8 万次，春节期间整体使用次数近 14 万次。

广大网友纷纷对"卫星明信片"这个结合中国高科技的产品表示好奇，不少网友留言"这就下载玩一下"。受众从中感受到我国科技的进步，感慨"科技创新助力祖国繁荣昌盛"。网友纷纷留言称"卫星大拜年，硬核又温情！""在国外过年，谢谢新华社用卫星带我回到亲爱的祖国，祝福祖国繁荣昌盛，国泰民安！"

以往，卫星新闻仅停留在新闻报道层面，此次"卫星明信片"首次推出面向 C 端用户的互动产品，这也打破了卫星公司难以直接面对 C 端用户推出产品的僵局。新闻＋卫星技术的跨界破圈，整合了资源，提升了产品创意，将来一定还会发展出新的新闻报道形式。

四　卫星技术应用新闻报道实践的问题与挑战

在技术日新月异的今天，不论是科技领域还是新闻领域都处于一个剧烈变革的阶段。但是，从全球新闻业来讲，利用卫星图像及其衍生的信息进行多样化的新闻报道仍然处于起步和尝试的阶段，特别是在国内的新闻报道中，应用卫星技术进行多样化融合报道在题材适用、数据挖掘、人才融合等方面都受到一定局限。

（一）题材适用：不是所有新闻都可结合卫星技术

新闻报道的地理范围进一步缩小，卫星技术应用仍然大有可为，为

---

① 《牛了！用卫星给亲朋拜年，还能拿"天"降好礼》，新华社微信公众号，2021 年 2 月 10 日，https：//mp. weixin. qq. com/s/uG－b3tjR1n1－7fMt94msag，最后访问日期，2021 年 3 月 17 日。

新闻报道提供了一种全新的观察角度和调查渠道。然而，并不是所有的卫星图像都可以直接应用在新闻报道中，卫星图像出现在新闻报道中往往需要数据的重新组合以及可视化呈现。这种情况下，需要将新闻报道主题与卫星数据应用进行深度结合，判断哪类主题适合使用卫星技术，新闻报道不能为了用卫星而用卫星，否则将无法生产出高质量的卫星新闻报道。

（二）数据挖掘：新闻内容与数据分析结合能力有待提高

卫星技术具备的高科技、大数据、算法等特点，为新闻报道提供了很多可能。然而，卫星技术与新闻的融合尚处在不断摸索与尝试的初步阶段，单一卫星图像层面的简单应用难以适应新闻报道在"融合"与"深度"上的双重要求。新华社《卫星物联网新闻｜"胡焕庸线"以西为何越变越亮?》报道中对夜光、路网、电网以及互联网等数据的综合应用实现了"新闻＋卫星＋物联网"的深度跨界融合，对深入挖掘卫星数据内核，延展卫星视角做出了有益尝试。未来，如何深度挖掘卫星图像的新闻价值，如何在更多维度创新卫星应用视角，拓宽数据来源和信息渠道以呈现更丰富的应用场景，仍值得进一步思考。

（三）人才融合：专业壁垒导致跨界融合型人才匮乏

人才是新事物得以发展的基础。卫星与新闻的结合打破了传统新闻生产的逻辑，对参与采编过程的人员也相应提出了更高的要求。如何从翔实的数据和专业的图像中挖掘独到的新闻价值，如何让信息内容逻辑化，如何培养"最懂新闻的卫星人和最了解卫星的新闻人"的跨界融合型人才，成为当务之急。人才融合不是简单之事，还需要一个过程。

五　展望：拓展卫星新闻融合深度，让新华社卫星新闻经验可复制

实践证明，经过一年多的探索，让卫星成为记者的报道工具已成为趋势，卫星还可在更多新闻领域发挥作用。如今，卫星新闻已从"初创"阶段转向"经验可复制"阶段，期待越来越多的新闻单位能够参与进来，挖

掘卫星新闻的广阔空间，探索更多的融媒体报道形式。

具体而言，今后可做到以下几点。

（一）加强人才培养，打造跨界融合人才

卫星新闻不是卫星和新闻的简单叠加，需要将新闻故事与卫星数据真正结合，进而用通俗易懂的文字或可视化方式来进行呈现。这需要新闻人员加强卫星知识的学习，需要卫星专业人员加强对新闻的理解，双方人员在实践中可逐步达成"你中有我，我中有你"的合作效果，不断创新报道方式、视觉语言、呈现效果，以人才驱动卫星新闻深入发展。

（二）加强卫星新闻平台建设，让新华社卫星新闻经验可复制

目前，新华社卫星新闻报道还局限在部门内，如何覆盖全社记者乃至全国记者是一个值得思考的问题。可加强平台建设，整合卫星数据资源与卫星领域专业人才，科普卫星技术，让媒体人懂得如何使用卫星技术来报道新闻。此外，还可探索地方政府、企事业单位等相关单位的卫星数据应用场景，开拓新的应用空间。

（三）加强"遥感新闻学"交叉学科发展，进而延伸出更多新闻＋技术的新新闻报道形式

目前，武汉大学测绘遥感信息工程国家重点实验室与武汉大学新闻学院合作，探索"遥感新闻学"的理论研究。业界与学界的互动能为"遥感新闻学"的发展注入新的活力。在良性互动之下，一定会延展卫星新闻的内涵，实现可持续发展。同时，也可从中挖掘出更多跨领域的新闻报道形式，使卫星新闻成为国内新闻＋技术领域的领跑者。

《传播创新研究》（2021 年第 1 辑）
第 125～148 页
© SSAP，2021

老年群体数字素养提升意愿
及影响因素研究[*]

——以吉林省安图县为例

王润珏　张　帆[**]

摘　要： 2020 年初暴发的新冠肺炎疫情在一定程度上加速了中国社会数字化进程，也压缩了老年群体的数字化生存适应期。老年群体数字素养的提升是切实走出老年群体数字化生存困境的核心要素。本研究以中国吉林省安图县为例，从差序格局理论出发，将以"关系"为划分指标的圈层因素纳入分析框架中，探究县域内老年群体数字素养提升意愿及其影响因素，以期为激发老年群体数字素养提升意愿寻求实践路径。研究发现，对大部分老年人而言，文化程度和经济水平是影响其数字素养水平及提升意愿的显性要素，公共卫生安全事件等特殊情境会在短期内使老年群体的数字素养提升意愿明显增强，但可持续性较弱。生活方式、居住地与社交圈层则是影响更为直接、重要且长效的因素。为帮助老年群体适应未来可能到来的全数字化时代，可依托老年群体更为信任的传统媒体，妥善解决其更为关注的数字安全性与操作便捷性等问题，进一步培养与提升老年群体的数字素养。

关键词： 老年群体　数字素养　关系圈层　安图县

---

* 本文受教育部人文社科基金青年项目"智能化背景下中国传媒产业发展模式与路径研究：基于共生理论视角"（编号：20YJC860030）、中国传媒大学中央高校基本科研业务费专项资金资助。

** 王润珏，中国传媒大学国家传播创新研究中心副研究员，硕士生导师，研究领域为媒介发展、媒介经营与管理、国际传播；张帆，中国传媒大学传播研究院硕士研究生，研究领域为媒介发展、传播理论。

一　问题的提出

《2019年民政事业发展统计公报》显示，截至2019年底，全国60周岁及以上老年人口已达25388万人，占总人口的18.1%，其中65周岁及以上老年人口17603万人，占总人口的12.6%，[①]中国社会正步入高度老龄化阶段。与此同时，随着移动互联网的发展与普及，中国社会数字化程度不断加深，2020年新冠肺炎疫情的暴发更使得中国社会数字化进程在短时间内被提速。在此背景下，对于数字使用能力整体偏低、技能学习能力相对较弱、习得成本相对较高的老年群体而言，"数字媒介的使用"，特别是决定其使用能力高低的数字素养成为关涉他们基本生存状况的显性要素。2020年年末，国务院就解决老年人面临的"数字鸿沟"问题正式印发《关于切实解决老年人运用智能技术困难的实施方案》，将对老年群体数字素养、数字化生存问题的关注提升至国家层面。

长期来看，为关照老年群体适应社会数字化转型、数字化生存，老年群体是否、在何种程度上愿意提升其数字素养这一源头问题亟待解决。具体到中国语境，作为发展中国家，中国地区间现代化与发展程度存在较大差异。乡土性是中国传统社会的独特特征，而乡土社会所包含的社会关系结构也是中国在现代化进程中极为深厚的变革土壤。因此，相较于中国中心城市老年群体，探讨经济发展水平较低、地理位置较为边缘、乡土氛围更为浓郁的地区内老年群体数字素养提升意愿及影响因素，对于回应中国社会老年群体的数字化生存问题具有更突出的紧迫性、困难性及现实意义，也更有可能发现独具中国特色的解决方案。

考虑到上述因素，本研究尝试对地区经济、文化发展、数字化程度处于全国中等水平的县域老年群体的数字素养及提升意愿进行描摹和分析，选取吉林省安图县作为调研地点，并试图回答以下几个方面的问题：一是，县域范围内（城镇/农村）的老年群体数字素养水平、提升意愿如何，哪些因素影响着他们的数字素养水平和提升意愿，影响是如何发生的；二是，新冠肺

[①] 《2019年民政事业发展统计公报》，中华人民共和国民政部，2020年11月3日，http://images3.mca.gov.cn/www2017/file/202009/1601261242921.pdf，最后访问日期：2020年11月28日。

炎疫情对老年群体的数字素养、提升意愿是否产生影响，产生了哪些影响，影响的结果如何；三是，中国社会的数字化进程为建立老年群体数字素养提升的长效机制提供了哪些新的可能。

二 文献回顾

（一）老年群体的数字化生存

数字化生存的概念最初由美国学者尼葛洛庞帝提出，尼葛洛庞帝将其定义为人类生存于一个虚拟的、数字化的生存空间，在这个空间里，人们应用数字技术从事交流、学习、工作等活动。数字化生存是在网络系统中工作、学习和生活的一种全新方式。① 在数字化时代，信息的流动性空前增加，人类无时无刻不在使用数字技术，在生理机制、学习能力等各方面处于弱势的老年群体如何适应数字化生存模式引起学者的关注。其中，国内外学界的理论及实证研究表明，对数字媒介的接触与使用是老年群体适应数字化生存模式的第一步。

国外学者对老年群体媒介使用情况的调查多以问卷调查、入户访谈、邮件以及电话访问的形式进行。调查结果显示，老年群体的新媒体的使用率和使用时间为低频、短期，其中独居老人使用新媒体的比例比与其他人生活在一起的老人更高。但近几年的研究表明，老年群体的新媒体使用意愿正在发生变化：Christina Eira Buse 的研究表明，退休后的老年人在媒介信息和交流方面有着更强烈的需求。② Roger W. Morrell 是互联网与老年用户研究的代表人物，Roger W. Morrell 等人针对中老年群体对网络媒介的使用做了大规模的实证调查，指出与年轻群体和中年群体相比，老年群体对数字媒介使用的兴趣更小，接入互联网后主要触及的领域包括学习如何使用电子邮件以及访问健康和有关旅行的信息。③ Robert James Campbell 对低收入老年用户的研

---

① 尼葛洛庞帝：《数字化生存》，胡泳、范海燕译，电子工业出版社，2017，第82页。

② Christina Eira Buse, "When You Retire, Does Everything Become Leisure? —Information and Communication Technology Use and the Work/Leisure Boundary in Retirement", *New Media & Society*, Vol. 7, 2009, pp. 1143 – 1161.

③ Roger W. Morrell et al., "A Survey of World Wide Web Use in Middle-aged and Older Adults", *Human Factors: The Journal of the Human Factors and Ergonomics Society*, Vol. 2, 2000, pp. 175 – 182.

究显示，他们在使用新媒体特别是互联网时，更加关注健康类信息。①

国内学者注重从老年用户的基本情况和背景等个人因素出发探究老年人与新媒介的关系，主要围绕老年人对报纸、电视、广播、网络和手机的接触情况展开问卷调查，涉及接触时间、频率、动机、偏好，接触不同媒介的原因以及对不同媒介内容的满意度和信任度等。吴信训等人对410位上海老年人的调研表明，新媒体与传统媒体在上海老年人媒介使用市场中占据的份额相当；手机是上海老年群体普及率最高的新媒体终端。② 郑钊权提出，通过网络获得健康安全相关信息是老年人最为迫切的数字需求之一；影响老年人利用新媒体获取健康信息的因素主要包括其对传统媒体的满意度和倾向度、健康信息素养程度、家庭与社会的支持、使用网络健康信息的自信度和身体的生理条件程度。③

（二）数字素养与老年群体数字素养

数字素养（digital literacy）这一概念最早由以色列学者约拉姆·埃谢特－阿尔卡莱（Y. Eshet-Alkalai）提出，其构建出应包含图片图像识别与理解素养、再生产素养、分支素养、信息素养和社会情感素养五大要素在内的数字素养框架。④ 随后，欧盟领导人就促进欧洲未来十年的经济发展达成共识，形成"里斯本战略"（Lisbon Strategy），为进一步落实此战略，欧盟启动了"教育与培训2010计划"（ET 2010），提出八项核心素养，代表技术使用能力的数字素养便是其中之一，同时欧盟也视其为全球竞争的重要因素，数字素养被提升至国家战略的高度。

国内外关于数字素养的研究主要集中在数字素养内涵、数字素养框架与数字素养教育三个方面，与老年群体数字素养相关的研究目前多集中于数字素养教育领域。

---

① Robert James Campbell, "Internet-based Health Information Seeking among Low-income—Minority Seniors Living in Urban Residential Centers", *Home Health Care Management & Practice*, Vol. 3, 2009, pp. 195–202.

② 吴信训、丁卓菁：《新媒体优化老年群体生活方式的前景探索——以上海城市老龄群体的新媒体使用情况调查为例》，《新闻记者》2011年第3期。

③ 郑钊权：《老年人的网络健康信息需求研究》，《内蒙古科技与经济》2010年第12期。

④ Eshet-Alkalai, Y., "Digital Literacy: A Conceptual Framework for Survival Skills in the Digital Era", *Journal of Educational Multimedia and Hypermedia*, Vol. 1, 2004, pp. 93–106.

数字素养内涵研究方面，学者们聚焦于将数字素养与信息素养、计算机素养、网络素养等定义进行对比，以更好地界定数字素养所涵盖的范围。王佑镁等人提取了媒介素养、ICT 素养、互联网素养、媒体素养、信息素养等这些与数字素养相关的主要概念，指出它们共同构成一个概念连续体，并进一步在概念辨析的基础上指出数字素养是一个综合性、动态的、开放的概念，是经过媒介素养、计算机素养、信息素养、网络素养的流变形成的。① 学者们在对数字素养内涵进行研究时更强调其概念的包容性和多元性，而具体到现实环境中，就需要对其内涵维度进行较为细致的划分，因此，对数字素养框架制定和探讨的研究也是数字素养研究中较为重要的组成部分。

2012 年，Eshet-Alkalai 在原有内涵基础上增加思考技能，形成一个包含六大要素在内的数字素养框架。② 目前，欧盟委员会所制定的 DigComp 系列版本数字素养框架是全球范围内最为细致和全面的框架。该框架将公民数字素养框架需要具备的信息域、交流域、内容创建域、安全域和问题解决域五个素养领域，且在每个领域下形成更加细致的素养要求，共计 21 项具体素养列明，并联系现实案例提出水平等级的评定标准（素养制定及描述逻辑见图 1）。在此基础上，数字智能联盟（Coalition for Digital Intelligence，CDI）在第七届"全球教育和技能论坛"上发布了《2019 年 DQ 全球标准报告》（"DQ Global Standards Report 2019"），该报告首次尝试为教育和技术领域的数字素养和能力制定可实践的全球标准，还制定了包含数字身份、数字使用、数字安全、数字保密、数字情感、数字通信、数字素养、数字版权共计 8 个领域的数字智能框架，每个数字智能领域下设 3 个维度，形成一个包含 24 项内容的数字素养矩阵，该框架在借鉴近 30 个全球领先的数字能力框架的基础上聚合而成，具备了概念多元、适用性强和敏捷调整的特点。③

另外，随着数字素养在数字时代生存中重要性的不断提升，数字素养教育实践得到了高度重视，针对老年群体数字素养的研究也多集中于此方

---

① 王佑镁、潘磊、赵文竹：《数字公民视野中的数字智商：八大能力与三层目标》，《中小学数字化教学》2018 年第 11 期，第 27～30 页。

② Eshet-Alkalai, Y., "Thinking in the Digital Era: A Revised Model for Digital Literacy", *Issues in Informing Science and Information Technology*, Vol. 9, 2012.

③ "DQ Global Standards Report 2019", DQ Institute, July 21, 2019, https://www.dqinstitute.org/dq – framework, accessed November 9, 2020.

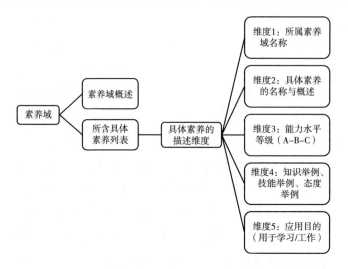

图1 欧盟数字素养框架制定结构

资料来源：任友群、随晓筱、刘新阳：《欧盟数字素养框架研究》，《现代远程教育研究》2014年第5期。

面。多项研究发现，数字素养是影响老年人适应数字化生存的重要因素，为更好地解决这一问题，通过教育或培训提升老年人数字素养成为研究热点。X Bo、JM Bugg 研究发现，老年群体数字素养可通过计算机培训得以提升，许多老年人对培训与接受信息教育持乐观态度，并产生积极使用行为，在搜寻信息的过程中数字焦虑显著降低，对数字媒介的兴趣和效能显著增加。[①]

在该方面研究中，学者多采用实验法、访谈法和问卷调查法等研究方法，发现老年人数字素养对其适应数字时代生活方式具有重要影响，而针对老年群体数字素养具体的影响因素研究较少，因此，本研究以吉林省安图县为例，对域内老年群体数字素养的影响因素进行研究，并基于中国乡土社会中"关系"的特殊性，结合差序格局理论，将以"关系"为划分指标的圈层因素纳入分析框架中，以期获得新发现。

---

① X Bo，JM Bugg，"Public Library Computer Training for Older Adults to Access High-Quality Internet Health Information"，*Library & Information Science Research*，Vol. 3，2009，pp. 155–162.

三 研究设计与研究对象概况

（一）吉林省安图县人口与经济发展现状

吉林省安图县是延边朝鲜族自治州下辖县，地处吉林省东部、延边朝鲜族自治州的西南部，南部与朝鲜民主主义人民共和国交界，北处"东北亚旅行圈"的中心地带和"东北亚经济联盟圈"的腹地。国境边界这样特殊的地理位置构成了安图多层次的文化氛围与语言环境，也在一定程度上推动了域内的经济与文化发展。截至 2019 年年底，全年全县城镇常住居民人均可支配收入实现 24730 元，比上年增长了 9.7%；农村常住居民人均可支配收入实现 11476 元，同比增长 14.7%。[①] 但整体来看，因单一的产业结构与人才流失等问题，东北发展较为落后，安图域内的现代化程度也处于较低水平，乡土性仍在社会结构中占支配性地位。

官方数据显示，2019 年末安图县户籍人口 195086 人，比上年末减少了 2393 人，呈现初步人口外流趋势。其中，城镇人口 115691 人，占总人口比重 59.3%，比上年末回落 0.2 个百分点，农村人口比重相对有所回升。安图县人口县域内 60 岁及以上老年人口共 30634 人，年龄段主要集中于 60 周岁到 75 周岁，其中 60 周岁到 64 周岁有 10181 人，65 周岁到 69 周岁有 7393 人，70 周岁到 74 周岁有 5964 人，75 周岁到 79 周岁有 3966 人，80 周岁到 84 周岁有 2047 人，85 周岁及以上有 1083 人，共占安图县总人口的 15.7%。其中少数民族占比 18.81%。[②] 安图县汉族人口共 152529 人，朝鲜族 34958 人，其他 7599 人（见图 2）。

---

① 《安图县 2019 年国民经济和社会发展统计公报》，安图县统计局，2020 年 4 月 27 日，http：//www.antu.gov.cn/sj_ 2368/tjgb/202009/P020200904324351013535.pdf，最后访问日期：2020 年 11 月 28 日。

② 《安图县 2019 年国民经济和社会发展统计公报》，安图县统计局，2020 年 4 月 27 日，http：//www.antu.gov.cn/sj_ 2368/tjgb/202009/P020200904324351013535.pdf，最后访问日期：2020 年 11 月 28 日。

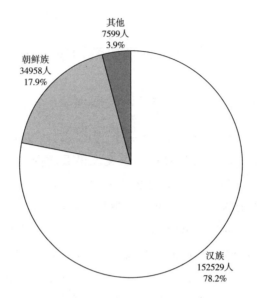

图2　安图县2019年人口民族构成

资料来源：《安图县2019年国民经济和社会发展统计公报》，安图县统计局，2020年4月27日，http://www.antu.gov.cn/sj_2368/tjgb/202009/P020200904324351013535.pdf，最后访问日期：2021年1月8日。

（二）抽样方式与样本结构

基于中国的乡土社会特征，本研究将老年群体所处的社会关系纳入影响因素的考察范围，因此以"户"为单位进行样本选择。研究团队于2021年1~2月走访了安图县城及下辖的乡镇社区、村委会以了解包含老年人的具体家庭户，并请社区及村委会与这些家庭沟通，选取愿意参与此次调查的家庭户。最终选取的调研对象尽量兼顾年龄、民族、性别及文化程度等多重因素，对样本进行开放式抽样，并以安图县人口分布结构为基础，结合设定的研究框架最终确定具体访谈对象50户，受访总人数148人（见表1），涉及安图县明月镇、安图县万宝镇、安图县松江镇、安图县亮兵镇古树村、安图县石门镇茶条村、安图县永庆乡、安图县新合乡。

其中，城镇受访户31户，乡村受访户19户，老年人91人。总受访人数中男性占比54.84%，女性占比45.16%，少数民族占比25%。受访老人年龄多集中于60~74岁，参与访谈的家庭成员年龄跨度较大，最小受访者为 11 岁，年龄最大为 51 岁，总体来看受访家庭成员年龄多为 30 ~ 45 岁。

表 1　受访户信息

老年人年龄及数量	老年人性别及数量	家庭成员及数量 （除老年人外）	受访户民族及数量
60 ~ 64 岁:25 人 65 ~ 69 岁:25 人 70 ~ 74 岁:20 人 75 ~ 79 岁:12 人 80 ~ 84 岁:6 人 85 岁及以上:3 人	男性:49 人 女性:42 人	子辈:37 人 孙辈:16 人 其他类型成员:4 人	汉族:38 户 朝鲜族:10 户 满族:2 户
总计	老年人共 91 人	家庭成员共 57 人	受访户共 50 户

资料来源：笔者自制。

（三）调研方法

由于县域内老年群体的年龄、民族及文化水平差异较大，其理解与语言表达能力的差异也较为明显。为避免沟通不畅造成主观判断的片面性，本文选择半结构式访谈、参与式观察与逻辑归纳推演作为研究方法，通过对县域内老年人、家庭成员的访谈，对老年群体生活方式、媒介使用情况的观察，收集一手资料，并借助 Logistic 二元回归模型和相关理论对老年群体数字素养的影响因素进行提炼、检验和逻辑归纳。

本研究的访谈过程由老年人与家庭成员同时参与，每次访谈时间为 20 分钟左右，主要包括但不限于以下四个方面的问题（见表 2）。

表 2　主要访谈问题

访谈维度	具体问题
个人情况	（1）您今年多大年龄？ （2）您是什么民族的？ （3）您的受教育程度是什么？
生活状态	（1）您是否有固定收入，月收入大概是多少？家里人是否给您经济或物质补贴？ （2）您跟哪些人生活在一起？交流最多的是哪些人？ （3）您有什么日常消遣？
硬件条件	（1）您家里是否开通了宽带？如果有，经常使用吗？如果没有，希望开通吗，为什么？ （2）您有没有智能手机、电脑和平板之类能上网的设备？如果没有，为什么不获得一个呢？如果有，您一天大概花多长时间使用这些设备？平常都使用这些设备的哪些功能？

媒介使用	（1）您平时会使用哪些媒体(终端)？ （2）疫情期间您主要通过哪些渠道获取信息？觉得方便吗？ （3）您知道健康码吗？会用吗？ （4）使用或不用这些新媒体/移动终端您觉得方便吗？您有什么担心吗？（隐私泄露、虚假信息、不明扣款……） （5）您平时使用数字媒介跟谁交流和学习比较多？ （6）您在使用这些设备时有什么困难？将来您会不会选择学习如何使用这些设备，或者说以后您觉得用不用、学不学这些都可以呢？

资料来源：笔者自制。

四　数据分析与调研发现

（一）老年群体的数字素养基本情况与影响因素

以既往影响因素相关研究中的逻辑框架为基础，为探究老年群体数字素养及其影响因素，本研究以性别、年龄、文化程度与经济水平等基本要素为控制变量，同时将数字素养与意愿呈现设定为控制变量中的定类变量，以对老年群体是否存在积极意愿与较高的数字素养做出区分。在对数字素养与意愿呈现进行定类评价时，研究进一步纳入媒介变量，并将媒介变量分为"媒介每日使用时长""媒介主要使用功能"，在访谈中细化为以下评价标准：问题围绕访谈对象的数字媒介每日使用时长和主要使用功能展开。同时，采用分级评分法，将每日使用时长按由低到高的顺序分别计 1～5 分；主要使用功能按功能使用层级由低到高的顺序分别计 1～4 分（见表 3）。得分在 2～5 分的为不积极使用者（即数字素养与意愿呈现较低），6～9 分的为积极使用者（即数字素养与意愿呈现较高），并结合受访者就此问题的自述对结果进行相应修正。

据统计，在 91 位受访老年人中，得分在 2～5 分的老年人有 21 位，在 6～9 分的共 70 位，平均得分 6.58 分。总体来看，当前安图县域内老年群体在使用数字媒介层面整体呈现较为积极的状态，且在包含城镇户与农村户的调查对象中，具有基本数字素养的老年人（即得分大于 2 分者）占比高达85.7%。其中，老年人数字素养的呈现主要集中于信息域、交流域与内容创建域，具体表现为借助数字手段获得信息、通过数字设备传播信息完成人际

表 3　模型变量汇总

	变量名	变量类型	编码范围	变量设定
媒介变量	每日使用时长	定序变量	1～5	分为无接触、1 小时以内、1～3 小时（不含 3 小时）、3～6 小时（不含 6 小时）、6 小时及以上[①]
	主要使用功能	定序变量	1～4	分为满足基本生存需求、沟通需求、信息需求、娱乐需求
控制变量	性别	定类变量	0、1	分为男、女
	年龄	定序变量	1～5	分为 60～64 岁、65～69 岁、70～74 岁、75～79 岁、80～84 岁、85 岁及以上
	数字素养与意愿呈现	定类变量	0、1	分为不积极使用者（即数字素养与意愿呈现较低）、积极使用者（即数字素养与意愿呈现较高）
	文化程度	定序变量	1～4	分为小学毕业及以下、初中毕业、高中（中专）毕业、大专毕业及以上
	经济水平	定序变量	1～4	分为 2000 元以下、2000～4000 元（不含 4000 元）、4000～6000 元（不含 6000 元）、6000 元及以上

资料来源：笔者自制。

交流、在数字平台上生产内容三方面的能力，几乎所有使用过数字媒介的老人都提到了微信、今日头条、快手、拼多多等这几项应用（详见表 4）。多数老年人有通过平台进行互动（含点赞、转发、评论等）的经历；还有接近 13% 的老年人已经具备一定的内容制作能力，曾经在移动应用平台上公开发布或给家人、好友发送过自己拍摄的照片和视频。结合受访对象的个人情况和基本信息来看，文化程度和经济水平较高的老年人在数字媒体使用过程中表现出的参与性、主动性更强，对新应用、新功能的接纳性也更强。

表 4　老年群体常用 App 及其主要功能

应用名称	主要功能				使用方式
	生存需求	沟通需求	信息需求	娱乐需求	
微信	√	√	√	√	看新闻、聊天（视频、语音）、发送图片和视频、发布朋友圈
今日头条			√		看新闻

---

① QuestMobile：《中国移动互联网 2019 春季大报告》，2019 年 4 月 23 日，https：//www. questmobile. com. cn/research/report－new，最后访问日期：2020 年 12 月 8 日。

续表

应用名称	主要功能				使用方式
	生存需求	沟通需求	信息需求	娱乐需求	
抖音		√	√	√	看新闻、发布视频
快手	√	√		√	看视频、发布视频、购物
拼多多	√				购物
糖豆		√		√	学习广场舞

资料来源：笔者自制。

为进一步验证上述结论，预设老年人的数字媒介使用年限、经济水平、文化程度可能构成影响老年群体数字素养的主要因素，将老年人性别、数字媒介使用年限、民族、文化程度与经济水平作为变量对样本数据进行处理并进行 Logistic 二元回归分析（见表5），以探析何种因素在影响老年人数字素养培养及提升层面存在明显效果。分析结果显示，在众多因素之中，文化程度与经济水平是影响老年群体数字媒介使用意愿的显性因素，且呈正相关关系，即数字素养较高且存在积极提升意愿的老年人大多数文化程度与经济水平较高。

表 5　Logistic 二元回归分析结果

		B	标准误差	瓦尔德	自由度	显著性	Exp(B)	EXP(B)的 95%置信区间	
								下限	上限
步骤1ᵃ	性别(1)	12.339	42092.463	0.000	1	1.000	228415.847	0.000	
	民族(1)	-0.889	63115.315	0.000	1	1.000	0.411	0.000	
	文化程度	7.568	7141.930	0.000	1	0.999	1935.014	0.000	
	经济水平	5.345	7395.551	0.000	1	0.999	209.600	0.000	
	媒体使用年限	1.546	24431.866	0.000	1	1.000	4.693	0.000	
	常量	-65.107	87632.988	0.000	1	0.999	0.000		

资料来源：笔者自制。

（二）两极分化的自我评价与相近的辨别能力

受访老年人对自己信息辨别能力的判断呈现两极分化的态势。数字素养较高、提升意愿强烈的老年人虽然对隐私泄露、网络暴力、虚假信息、网络诈骗等数字媒体的负面影响有所担心，但仍然相信自己可以凭借阅历、能力和自身的素养保护自己和家人不受侵害。数字素养相对较低、提升意愿不强烈的老人则会将自己代入从电视等大众媒介上获知的诈骗、个人资料泄露等案件中，认为自己根本没有能力应对花样繁多的骗术，也害怕因为资料泄露而背上莫名其妙的债务，从而对数字媒体的使用有抵触和抗拒心理。其中，有亲近的人遭遇过电信诈骗的老人，更加深信老年人使用数字媒体弊大于利。例如，有受访老人表示：

> 手机诈骗多厉害呀，之前新闻不是就报道了，点了个链接一夜之间钱全没了。

> 我家之前的老街坊，看手机上说自己中奖了，瞎点让人家把手机里的钱都骗了，我们本来就不太会用，这万一真让人骗了，都没法说理去。

但是，进一步调研发现，在居住地点、经济水平、文化程度、数字素养提升意愿等方面存在差异的老年人在网络信息辨别方面的实际能力却较为接近。例如，他们清楚地知道网络信息中存在大量虚假信息；对网络诈骗存有戒备心理；基本能够辨别新闻信息、广告信息；知道中奖、亲人被绑架等信息不能相信；对于养生方法、慢病偏方、名人故事或与乡镇生活密切相关的家长里短类信息，他们常常不加辨别地阅读、转发，有的还会参照实践。

其中，电视媒体的影响与老年人对不同信息的不同辨别度密切相关，他们经常在中央电视台和本地电视台的节目中看到有关网络谣言、网络诈骗等事件的新闻报道，对此类信息形成了一定认知；老年人爱看的养生类、历史类、地方民生节目又成为他们相信移动应用中或互联网上相关内容的铺垫。他们经常会点开以"××电视台已经报道了""再忙也要听××（知名主持人、学者、医生）说的这N句话"为标题的内容，且很少质疑内容以及来源的可信度。例如，有受访老人表示：

> 报纸上、法制频道都讲过，有些骗子冒充警察给我们打电话或者发短信说是普查人口，身份证号码都能给你报出来，然后一步一步地骗你，现在电话上的东西真不能相信了。

> 孩子总不乐意看我们转的微信，那医生说的（养生类信息）也不

骗你买东西，有啥不能信的呀，我们经常在吃饭时看的那个养生节目都说了，你们小姑娘多吃点银耳这些能补充胶原蛋白，那不比你们抹化妆品这些强多了嘛。

（三）"特例"的提示意义与影响因素的再探索

值得注意的是，在数字素养提升意愿较弱的老人中，有6位文化程度和经济水平中等偏上；在数字素养提升意愿较强的老人中，有9人的文化程度和经济水平较低，其中，还有2位不识字的汉族老人，不仅能够熟练使用数字媒介获取信息、进行人际沟通，还能够运用数字媒介在快手等短视频平台积极产出。这15位"特例"的情况表明，老年群体的数字素养和提升意愿情况通过文化程度和经济水平这两个变量并不能得到充分而有效的解释，还需要从老年人的生活环境、生活方式、社会交往等方面着手进行影响因素的探索。

"特例"中，有一位65岁的城镇老年女性未曾接受系统的教育，基本不识字，却是所有受访者中数字素养与提升意愿最高的，她平时使用的数字设备主要为智能手机，数字素养域涵盖信息、交流与内容创建，经常使用微信、快手、抖音、淘宝、拼多多、火山小视频、喜马拉雅等十余个移动应用。当被问及在不识字的情况下如何使用这些软件时，她表示，家人（孙子）、日常社交网络（邻居、朋友）在她学习软件的过程中发挥了重要作用，这些软件所设计的语音和视频功能也降低了她使用的难度：

> 一开始的时候是跟孙子学，他最先给我下载的微信，我就记住了绿色中间有两个圈是微信，发消息我就直接认准了语音和视频，总练总练也就会了，后面跟邻居和老姐妹们一起学的其他的，我没事儿就研究这些，别看我不识几个字，现在也是我们圈里最先进的。

由此，项目组将生活地点、社交方式假设为影响县域老年人数字媒介素养提升意愿的重要因素，对访谈资料和数据进行再分析。结果表明，尽管居住在农村和城镇的老年人在数字素养方面的差异不大，但在提升素养的积极性方面差异明显：93.5%的居住在城镇的老年人表达了明确的数字素养提升意愿，但仅有51.2%的居住在农村的老年人有较为明确的数字素养提升意愿（见图3）。

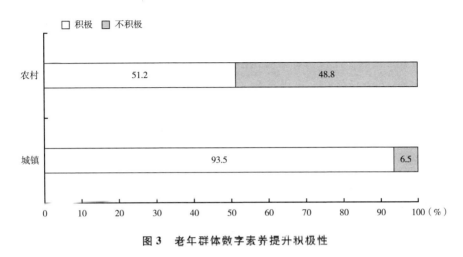

图3 老年群体数字素养提升积极性

从生活地点、社交方式的角度进一步分析，生活在农村地区的老年人日常活动范围较小，以所居住的村、屯为主；社交方式方面，由于农村地区人口结构较为稳定，几乎没有外来人员，农村老人的社交生活也就以熟人社交为主，主要通过"串门"完成，呈现近距离、小规模、家庭化的特征，生活方式较为传统。多数农村老人觉得已经掌握的视频聊天功能完全能够满足生活需求。例如，有受访老人表示：

> 没什么必要，屯里就这么大个地方，农忙的时候下完地回家恨不得直接睡觉，也没空想外面怎么了。
> 闲下来了也就是串串门，聚在一起打麻将聊聊村里这些事儿，也挺忙，顾不上用手机这些，有啥事儿打个电话或者走一趟就解决了。

生活在城镇地区的老年人则活动范围较大，除日常生活的小区周边外，还会到城镇的公园、商业区活动，不定期地跟家人或朋友到饭店用餐。由于交通方便，他们到县域范围以外的地方旅游、探亲频率也高于农村老人，因此社交活动呈现更加多元化的特征，其中经常参加集体活动（广场舞、旅行团）、非熟人社交的比例远高于农村老人，生活方式的现代化程度较高。

例如，有受访老人表示：

> 孩子总让我们带电话，平时出去溜达的时候，时间要是长了你不带电话，家里人找不着你也着急，有时候出去玩我们也喜欢拍一些山山水水的，你看我经常在家庭微信群里面分享照片和视频，给在外面忙的孩子也看看。

> 我们平时晚上出去跳舞都是在微信群里通知的，告诉我们几点集合，在哪儿跳，靠打电话通知多麻烦呀，还有，现在不是流行手机付款嘛，孩子们没事儿给我转点红包，我也学着花出去，随发随花，要不然被盗了怪心疼的。

生活在城镇但数字素养提升意愿不强的老人主要有两种情况：一是家庭整体文化程度和经济水平都不高；二是硬件条件不错但是子女在本地，日常生活范围以家庭为主，社交和娱乐方式都很简单。生活在农村但数字素养提升意愿较强的老人则有一个共同点——与城镇联系紧密。他们或居住地紧靠城镇，或在村里、镇上经营店铺，或多数亲友居住在城镇，因此经常往来于村、镇之间。

由此可见，在日常生活中，老年群体接触的人越多、集体活动越多、生活内容越丰富、活动的地理范围越广，其数字素养的提升意愿越强烈，即老年人生活内容的多元化程度与数字素养的提升意愿呈现正相关关系。从长期来看，农村城镇化进程和农村生活方式的现代化转型将有助于增强农村老年群体的数字素养提升意愿。

（四）特殊情境与意愿的显著波动

2020年初发生的新冠肺炎疫情造就了一段特殊的生活情境，与所有人都产生了紧密关联，也改变了老年群体的生活状态。《中国互联网络发展状况统计报告》显示，2020年上半年我国老年网民（60岁以上）在网民群体中的占比呈现快速增长态势（见图4）。[1] 这表明，在新冠肺炎疫情的背景下，老年群体的数字媒介使用行为发生了显著变化。

---

[1] 第46次《中国互联网络发展状况统计报告》，中国互联网络信息中心，2020年9月29日，http://www.cnnic.net.cn/hlwfzyj/hlwxzbg/hlwtjbg/202009/t20200929_71257.htm，最后访问日期：2020年11月28日。

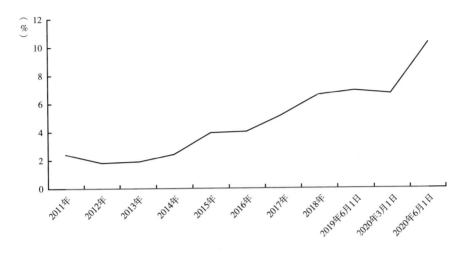

图 4　2011～2020 年中国老年网民（60 岁以上）占比走势

资料来源：中国互联网络信息中心。2011～2020 年各年度老年网民占比数据分别来源于中国互联网络信息中心（CNNIC）发布的第 37、38、39、40、41、42、43、44、45、46 次《中国互联网络发展状况统计报告》，https：//www.cnnic.com.cn/IDR/。

本次在安图县展开的调研中，笔者发现，几乎所有老人都表示 2020 年上半年使用手机上网的时长和频次有所增加，在微信中新增了关注的公众号，手机上安装了新的 App，其原因主要包括以下三个方面。

一是，过年期间与家人交流的需要。有的是因儿孙无法返乡，需要通过视频与家人联系，通过手机了解孩子所在地区的疫情信息；有的则是跟着因疫情滞留的家人学会了通过手机看本地直播、网上购物、使用健康码等。例如，有受访老人表示：

孩子不在身边，学会使用手机，想他们的时候还能（通过）视频看看脸，发个微信或者红包的也方便。

他们（儿孙）在家里的时候都在玩手机，就觉得我不会的话，跟不上潮流。正好他们都在，也可以帮我（下载、注册），教我（使用）。

二是，社会融入和话语权的需求。有超过半数（51.6%）的受访老人表示，他们明显感觉到，如果缺乏对本地、全国、全球范围内疫情相关的话题的关注，则很难融入邻里、朋友群体的交流；而如果能够较早地在朋友圈或者聊天群里发布新消息、重磅消息，则能够获得更多的关注（如"点赞"），并产生成为"意见领袖"的自豪感。例如，有受访老人表示：

> 我看得多了，知道得多了，跟别人说说，还有人夸我虽然年纪大还挺时尚呢。

> 我们平时出去溜达或者坐着唠嗑的时候，我看的新闻多，大家就都愿意围着我唠，平时讨论个什么事儿，也都问问我咋想的，我也愿意看完新闻出去跟他们唠这些。

三是，疫情防控走向常态化过程中基本生活的需要。其中，健康码查验、无现金支付和本地疫情防控政策是促进老年群体主动学习手机相关操作的三个主要方面。但是，大多数老人并不具备独立完成这些软件、小程序的安装、操作的能力，需要在年轻人的帮助下才行。在具体使用的过程中，他们还经常遇到忘记操作步骤、找不到程序入口、不会重新登录等情况，需要有人在旁边辅助。例如，有受访老人表示：

> 孩子不在身边，我们就去找小区志愿者或者物业的，跟着人家学，学完了出去不会了再问。

> 以前学不学都行，现在是没办法了呀，这出门干点啥都要有个码。现在出门就得随身带着（手机），要不饭吃不上，家也回不去。那逼到这儿了，就得学呗。

> 电视上你没法随时看安图或者吉林有没有什么新情况，有些事儿还是网上传的快，你一打开手机（今日头条、安图发布），里面就都出来了，手机肯定用得多了。

但值得注意的是，从2020年下半年开始，老年群体的数字媒体使用意愿明显下降。受访对象提及的主要原因包括：第一，随着疫情趋缓，线下生活逐步恢复正常，对疫情信息、在线社交的需求大幅降低；第二，他们在健康码、移动支付的使用过程中频繁遇到困难，经常需要求助他人，由此产生了挫败感和疲劳感；第三，老年人几乎没有信用卡，移动支付绑定储蓄卡后，他们始终存在对手机丢失导致银行存款被盗的担心和焦虑。许多老年人选择在出门时使用原来的老年手机，回家以后用智能手机跟家人交流、浏览新闻或是翻看朋友圈、抖音等作为消遣。例如，有受访老人表示：

> 本来我和老伴学着开始用这些也就是因为疫情，疫情慢慢结束了，也就不用再学这些了，我们俩打个电话，看个电视也就够了。
>
> 我不让孩子发多了钱（的红包），放在（微信）里面不放心。
>
> 能用钱（现金）肯定用钱好呀。用手机，掉了就好多钱啊。

五　研究结论

（一）陪伴、教育与连接：数字化时代传统媒体适老传播的创新需求

总体来看，数字媒介终端（智能手机）在老年群体中已有较高的普及率，有近91.2%的老年人拥有智能手机且接入了互联网；老年群体已经具备基础数字素养，能够独立完成信息获取、日常社交；48.9%的老人能够熟练使用3个及以上的移动互联网应用；接近13%的老年人已经具备一定的内容制作能力。

传统媒体对老年人互联网、新媒体认知和信息辨别能力的形成有着显著影响，其中以电视媒体的影响最为突出。一方面，电视、报纸、广播是老年人了解互联网等数字化发展前沿资讯的主要来源；另一方面，电视媒体播出的新闻、栏目也成为对老年群体数字化应用、网络信息的信任/不信任态度形成的主要依据。电视新闻中广泛报道的负面案例会引起老年群体的警觉，但也会导致他们对数字化应用整体信任度的下降；与养生、社会等电视栏目播出内容、形式相似的数字媒体推送内容很容易获得老年群体的信任。

这表明，在数字化时代，老年群体对传统媒体的依赖程度有增无减，对传统媒体提供的数字素养教育内容有着明确需求。从某种意义上来说，传统媒体在老年群体从传统生活方式向数字化生活方式过渡的过程中发挥着桥梁、拐杖的作用。在数字化进程不断加快的背景下，以电视为代表的传统媒体有能力也有责任在提升老年群体的数字素养水平方面发挥更加积极的作

用，需要在新闻、栏目的内容上针对老年群体的需求和理解逻辑进行更加深入的思考和设计。

（二）数字环境的安全性、操作的便捷性：新媒体适老服务的创新重点

尽管对数字素养提升持积极态度和消极态度的老年人对于自己抵御网络负面影响能力的判断呈现两极分化的态势，但他们对于数字环境安全性，特别是金融安全的担心是一致的。调研也表明，老年人表示能够识别的多为电信类诈骗，对以链接、弹窗、推送等形式出现的广告和其他引导类信息的分辨能力仍然不足。超过半数的老年人有过购买新闻客户端推送信息中"低价"促销产品的不愉快经历。因此，老年群体对信息、娱乐类应用的接纳程度、使用频率远高于涉及在线支付的消费、服务类应用。这一担忧也成为他们进一步体验远程医疗、健康咨询等数字化、在线化养老服务的最大障碍。

同时，对老年群体而言，目前主流的商业应用和公共服务类应用的设计都存在操作界面不够友好、操作方式不够便捷的问题。调研发现，不同文化程度的老年人无法通过自学掌握一个全新应用的使用方法，在使用过程中也经常需要他人的辅助。很多日常使用韩语和方言较多的老人、表达不太清晰的老人也无法顺畅地使用语音操作。"怕麻烦""记不住""看不清"是老年人放弃使用数字化应用或服务时最常提及的原因。这些不太愉快的新媒体接触体验使他们产生了被时代淘汰的挫败感，因而他们中的一些人更加倾向于选择理解和记忆有关新媒体的负面信息，从而不断加深对新媒体的畏惧感。

（三）从短期效应到整体提升：老年群体数字素养提升长效机制的创新期待

新冠肺炎疫情的暴发及疫情防控常态化的措施在短时间内大幅提高了对公众数字化生存能力的要求，也促进了老年群体智能终端普及率和数字素养提升意愿的大幅增长，加速了健康码、移动支付、在线社交等数字化生活方式与老年群体日常生活的结合。调研数据显示，新冠肺炎疫情暴发初期，约10% 的受访老人购买了第一部智能手机，38.7% 的受访老人注册了微信账

号，11.3% 的受访老人第一次使用移动支付。

值得关注的是，由重大公共事件带来的老年群体数字素养提升现象具有较为突出的暂时性、不稳定特征。例如，有受访的老年人表示，疫情缓解后，他们更倾向于使用"无码通道"、现金支付；疫情期间新购置的智能手机有的给了儿孙，有的只在家中使用或处于闲置状态；随着线下活动的重启，线上社交的使用频率也大幅降低。这表明非常态时期，老年群体提升数字素养的动机更多是满足基本生存需求和社会环境的刚性要求。这就意味着，他们的数字化需求必然随着疫情的趋缓而下降，其数字素养的提升意愿也会减弱。

从社会和国家数字化发展的整体趋势来看，虽然短期内为解决老年群体运用智能技术困难的问题，国务院小公厅及地方政府出台实施方案在交通出行、日常就医及消费等基础生存环节设置了无码通道，从而为老年群体适应数字化生存提供缓冲区域，但长期来看，随着社会数字化与老龄化程度的不断加深，为应对可能到来的全数字时代并能够实现数字化生存，老年群体生活方式的数字化转型成为必然趋势。因此，还需要建立起老年群体数字素养提升的长效机制，使之能够适应社会发展的节奏，从而共享数字社会的发展红利。

（四）社交圈层、生活方式：老年群体媒介素养提升意愿增强的创新路径

研究发现，老年群体身处不同的关系层会对其数字素养提升意愿产生不同层次的影响，大致可分为四个维度：亲密圈层（主要包括在本地或常联系的亲人与好友）、邻近圈层（主要包括在本地的邻里及外地与不常联系的亲属与好友）、地方圈层（主要包括社区、地方媒体及地方政策与举措等）与宏观社会圈层（主要包括省级媒体、国家性媒体、大众社交媒体及其他面向社会的政策与举措等）（见图5）。

不同时期、不同圈层对老年人的影响程度不同。常态时期，亲密圈层和邻近圈层是更为显著的影响因素，即在日常生活与交往中，老年人更多地同邻近人群交往，在家庭与邻里之间进行互动，也更易受身边亲人与好友影响。调研数据显示，42% 的老年人培养与提升数字素养的驱动力是身边好友，形成了亲密圈层内部数字媒介的"创新与扩散"。非常态时期，地方圈

层和宏观社会圈层的影响力则显著增强。此时，社会环境突发变化，疫情时期基于对疾病传播的恐惧，老年群体更加关注外部及当地社会的相关信息，同时他们也通过积极获取外部信息以便于与家庭成员沟通和联系，因此，大众社交媒体与地方、省级、国家性媒体所处的地方圈层和宏观社会圈层便成为老年群体主要关注的圈层。

此外，地理环境也对老年群体数字素养提升意愿产生影响，相较于生活在城镇的老年人，常年生活在农村区域的老年人受地理位置与生活习惯影响更大，生活圈层集中于村域内，信息的获取与传递也皆在村域内进行，且因农业环境影响，农村老年人日常生活更多侧重于农耕与邻里交际，故而相应缺少使用数字媒介的场景与需求，数字素养提升意愿较弱。

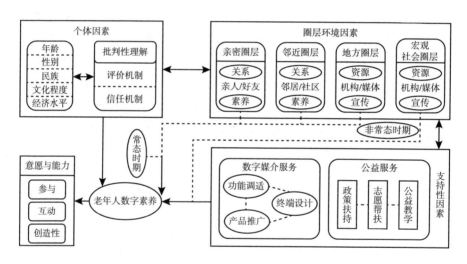

图 5　老年人数字素养圈层影响因素作用机制

资料来源：笔者自制。

（五）多圈层叠套：可供选择的老年群体数字素养提升创新策略

由于中国乡土社会环境的特殊性与数字化时代老年群体社会关系的多元化，在设计提升老年群体数字素养路径时，需要因"情"施策，因"地"布局，从具体的影响因素入手，构建多主体发力、多元政策帮扶、多情境落实的老年群体数字素养提升策略。结合影响老年群体数字素养的多重因素，可尝试通过以下路径维持和提升老年群体数字素养。

从宏观社会圈层出发，加大基础设施普及力度，帮助数字走进乡村，走进家家户户，进一步实现相对数字脱贫；大众媒体则可以加大数字化转型的必然性、必要性的宣传力度，通过增强对数字媒介正面功用的议程设置帮助老年群体调适对数字媒介的认知态度与接纳进程，以在老年群体中为数字媒介树立起客观全面的形象；技术研发层面上应进行适老化改造，在产品设计与接入终端层面将老年群体生理机能等条件的限制纳入考量，采用符合老年人阅读习惯的大字体设计以及易于辨识的视觉色彩设计，通过简化页面操作降低老年人的阅读难度，为老年群体提供更加便捷、易用的媒介产品。

从地方圈层出发，可以社区为基本单位，加强数字素养培训、普及数字化知识，为有需要的老年群体提供公益服务，并在社区内设立数字媒介使用帮扶点，招纳志愿者帮助老年群体学习如何使用数字媒介，在增强其数字技能的同时帮助老年群体建立起使用数字媒介的信心，以进一步提升老年群体数字素养；同时，地方媒体可以利用自身地方服务优势，基于县级融媒体在各平台开通老年服务专区，针对不积极者提出的使用难、程序复杂等问题，提供一键获取服务，加入更多适老化服务项目，缩减老年用户获取服务的操作步骤，激发其数字素养能力提升意愿。

（六）县级融媒体：具有探索意义的基层适老公共服务主体创新方向

当前老龄化和信息化在社会的发展趋势中形成叠加，因此，老年群体数字素养的提升将是实现中国公共服务均等化和共享信息化发展的必然途径，也是建设老年友好型社会的必要条件。从长期的社会发展来看，老年群体数字素养的提升问题理应被纳入适老公共服务范畴。

县级融媒体是我国广播电视体系中分布范围最广、与老年群体生活方式联系最紧密的传播主体，其突出的地方性特征决定了县级融媒体可能并可以为域内老年群体数字素养的提升塑造有利环境，因此，应积极在县域内进行线上线下宣传，并通过与县域政府、医疗、文化、交通等公共单位建立广泛联系，并提供与本地老年居民需求最匹配的、在地化的、与数字问题密切相关的公共服务，令域内老年群体充分享受数字红利与技术红利，使其不再"闻数丧胆"，为老年群体塑造良好友善的数字化发展环境，从而激发域内老年群体数字素养的提升意愿。

综上，本研究发现，当乡土性遇上现代化，涉及老年群体个体生活方式与日常交往的、包含不同程度亲密关系在内的圈层因素，是相比以往研究提出的文化程度与经济水平等因素更为直接、更具实效、更贴合中国社会情境与国情的影响因素。同时，对应不同圈层因素所提出的差异化解决方案，与通过县级融媒体塑造环境、激发老年群体数字素养提升意愿的在地化解决思路，也是研究解决老年群体数字素养提升意愿问题的创新性所在。

《传播创新研究》（2021 年第 1 辑）

第 149～161 页

© SSAP, 2021

数字化互融：参与传播视角下乡村传播与治理关系的嬗变

——以清远市"乡村新闻官"制度为中心的考察[*]

公丕钰[**]

摘　要： 以抖音、快手为代表的短视频媒体为我国乡村居民开通了媒介近用的入口，并借助资本逻辑迅速将媒介技术产能转化为商业产能，进而对传统的乡村治理结构产生深刻影响。作为一个理论范式，参与传播主张通过媒体赋权激活公众的主体性，引导公众参与到决策过程中，并通过各个关联主体的信息互动、利益协商，最终实现发展的平等、均衡和可持续。清远市"乡村新闻官"制度的实践显示，随着数字技术的持续介入，我国乡村已经逐渐形成多层次、多面向的立体化网络参与景观，而乡村传播与治理关系则呈现了一种建立在数字化基础上，以信息驱动、赋能促动、政经联动为特征的互融趋势。

关键词： 数字域　参与传播　乡村治理　清远

一　引言

在法国学者德布雷（Debray）看来，人类演进的历史可以用不断迭代

---

* 本文为广州市哲学社科规划 2020 年度课题"参与传播视域下我国网络非主流意识形态话语机制及其治理研究"（编号：2020GZGJ56）成果。
** 公丕钰，天津财经大学人文学院讲师、博士，暨南大学传播与国家治理研究院研究员，研究方向为参与传播、媒体融合及治理研究。

的媒介域（médiasphères）来区隔标注，先后经历了以文字为中心的"逻各斯域"、以印刷技术为代表的"书写域"和以视听为特征的"图像域"。媒介域是"以信息传播的媒体化配置（包括技术平台、时空组合、游戏规制等）所形成的包含社会制度和政治权力的一个文明史分期"。[①] 媒介域概念强调传播技术及其制度配置对于社会结构、秩序的影响是不可忽视的。随着互联网的普及，人类已经进入一个以数字技术为核心的媒体环境中，数字媒介成为建构社会的基础性、物质性因素。沿着德布雷的思路，我们可以说人类社会已经进入以数字技术为驱动力的"数字域"时代，而信息传递方式的升级将持续改变政治、经济、文化的组织结构、相互关联和运行方式。

从我国的情况看，"数字域"时代的日常传播结构中显著的变化之一就是自媒体的兴起。2005 年，博客（Blog）进入中国公众视野，仅仅 3 年的时间聚集的用户量就达到 1 亿之多；2009 年被称为中国的微博元年，直到今天，新浪微博仍然是我国自媒体的重要代表；随着智能手机的普及，微信在 2012 年推出了公众号平台，依托其社交功能优势迅速发展成为我国自媒体的翘楚；随着短视频技术的兴起，抖音、快手等更是以媒体近用的低门槛彻底激活了包括农村居民在内的我国公众参与传播的热情。值得提及的是，媒介域概念并非只是突出某一类媒介形式，而是强调新兴媒介"并不一定在物质形式上消除以前的媒介文本，只是改变了先前媒介文本所承载的社会地位和角色功能"。[②] 因此，包括自媒体在内的新兴数字媒体作为闯入者改变了传统的传播生态，进而以"制度性媒介"[③] 的姿态推动了媒体融合的进程。

在乡村振兴战略背景下，我国各级地方政府积极探索农村发展的新路径、新方法。广东省清远市于 2018 年 8 月 9 日推出了"乡村新闻官"制度，借助数字媒体对乡村居民进行赋能，激发乡村经济活力，让村民获得实实在在的物质收益，从而巩固了党在基层的政治影响力，为探索新时代乡村新闻

---

① 雷吉斯·德布雷：《普通媒介学教程》，陈卫星、王杨译，北京：清华大学出版社，2014，第 8 页。

② 陈卫星：《关于发展传播理论的范式转换》，《南京社会科学》2011 年第 1 期，第 104～110、117 页。

③ 黄旦：《媒介变革视野中的近代中国知识转型》，《中国社会科学》2019 年第 1 期，第 137～158、207 页。

宣传、基层治理模式，实施乡村振兴战略和打破城乡二元结构等做出了新的尝试。在笔者的调研中发现，"乡村新闻官"概念由当地宣传部门首先提出，并迅速形成工作制度介入地方治理结构中。毫无疑问，在新兴数字媒体环境下，传播与治理的关系正在发生深刻改变，而这种改变正是本文尝试回答的问题。

二　案例介绍及研究方法

清远市位于广东省中北部，东北接壤韶关市，东南紧邻广州市，2016年乡村人口达287.02万人，占其总人口的66.43%。① 清远市是广东省陆地面积最大的地级市，靠近广州的地区经济发达，而粤西、粤北偏远农村经济落后，呈现典型的城乡发展不平衡特征，因此，推进乡村振兴战略、破解城乡二元结构是该市长期以来的工作议题。"风起于青萍之末"，中国的改革创新多发生于基层。2018年8月，在策划一场主题为"百名农业局局长为食品安全代言"的新闻发布会时，清远市委宣传部负责人觉得发布会主题缺乏创新，考虑到乡村振兴战略、破解城乡二元结构离不开新闻传播，便临时决定在清远市乡村社区设立"乡村新闻官"，并作为新闻发布会的重要内容推出，迅速得到《农民日报》、中央电视台等各大主流媒体的关注。

按照"乡村新闻官"工作方案和工作规范，清远市在286个行政村中选取307名"乡村新闻官"。"乡村新闻官"实行聘任制，聘期三年，一般由各村村支书、大学生村干部和回乡创业的"新乡贤"担任，要求政治素养好、政策水平高、大局意识强、熟悉农村情况，有较强的语言表达能力和新闻宣传意识。"乡村新闻官"的主要职责是用灵活多样的形式传达好上级政策，讲好乡村故事，推介农特产品。具体工作包括：政事播报，传达中央、地方政策及相关惠农政策，弘扬中华优秀传统文化和本土特色文化；农事播报，传达最新农产品市场信息，引导广大村民及时掌握农产品市场最新动态，指导做好农产品种植；产品播报，通过短视频等数字媒体推介本地优质特色农产品、乡村旅游信息，拓宽农产品销售渠道，吸引更多的人走进乡

---

① 《清远人口（2016年）》，清远市政府网站，2017年6月5日，http://www.gdqy.gov.cn/jjqy/ljqy/qygk/rkqh/content/post_1008605.html，最后访问日期：2021年6月17日。

村、了解乡村。

笔者主要采用质性研究方法，走进"乡村新闻官"制度实践的现场，进行参与式观察、焦点小组访谈等。目前，笔者已经就"乡村新闻官"制度运行情况进行了 3 次实地调研，先后到访 12 个自然村，并与清远市委宣传部负责人、邮政局负责人、北京快手科技有限公司负责人进行访谈。长期以来，我国部分地方政府的基层宣传工作是为了宣传而宣传，并没有真正考虑到受众的需要，造成宣传与实际工作脱节严重。按照清远市规划，"乡村新闻官"的主要任务是"三传一助"，即"传思想、传文明、传文化，助农民致富"。清远市委宣传部负责人在接受笔者访谈时说：

> 我国农村的宣传资源配置呈现一种倒"金字塔"结构，出现"上面千条线，下面一根针""上热下冷""头重脚轻"现象。宣传思想工作与普通群众"隔着一条河"，宣传思想工作到不了岸，宣传思想工作的覆盖率、到达率、有效率较低，正所谓"沙滩流水不到头"。某种程度上，思想武装不了党员群众，政策掌握不了党员群众。在我们看来，解决问题就是最好的宣传。宣传工作不能靠三寸不烂之舌，一定要与解决问题结合，只有说到做到才能赢得群众的信任。从文化逻辑来看，我们的宣传工作也要虚实结合，有形式更要有内容，这样更符合人的文化心理。

三　数字媒体技术推动参与传播理论变迁

二战后，配合杜鲁门的"第四点计划"①，以丹尼尔·勒纳（Daniel Lerner）、威尔伯·施拉姆（Wilbur Schramm）等为代表的美国学者将现代化视为大众传播的直接后果，提出了发展传播理论。总体来看，发展传播理论经历了"从强调媒介传播效果的功能主义模式逐渐过渡到重视社会主体

---

① 1949 年 1 月 20 日，美国总统杜鲁门在就职演说中提出美国全球战略的四点行动计划，并着重阐述了第四点计划，即对亚、非、拉美不发达地区实行经济、技术援助，以达到在政治上控制这些地区的目的。"第四点计划"又称"开发落后区域计划"。（前三点计划是：支持联合国、战后欧洲经济复兴计划即"马歇尔计划"和援助自由世界抵御侵略。）

参与性质的社会属性模式"① 的过程，先后形成了现代化范式、依附范式和以参与传播为主导的多元范式。② 美国中心主义主导下的现代化范式在理论、实践和政治上皆遭遇失败，以政治经济学为基点的依附范式亦未解决"中心—边缘"关系问题，反而导致第三世界国家对发达国家更深的依附。参与传播正是在反思现代化范式、依附范式基础上提出的，强调传播的过程导向、内生性驱动、重视对话、文化特性、协调行动、地方知识和利益相关者参与等因素。从理论旨归上看，参与传播主张从普通人视角出发，把媒介和人际传播相结合，关注公众参与过程，以促进不同利益群体之间的对话，并通过实施一系列行动来促进问题的解决。

　　20 世纪 70 年代以来，参与传播理论在亚、非、拉等一些第三世界国家得到推广和运用，并形成了"乡村发展传播评估模式" 和"乡村信息传播模式"。③ 联合国教科文组织（UNESCO）、美国国际开发署（USAID）、联合国粮农组织（FAQ）、联合国开发计划署（UNDP）、联合国儿童基金会（UNICEF）等组织以各类援助项目的形式将参与传播理论和方法运用到落后地区的社区发展上。2009 年，世界银行组织专家学者编写了《参与传播实用指南》（*Participatory Communication：A Practical Guide*），梳理了发展传播的理论脉络，重点论述了参与传播理论的概念框架，总结了在发展项目中运用参与传播理论的具体方法。应该说参与传播在理论层面上的设想是符合逻辑的，但传统媒体时代公众"媒体近用权"④ 的匮乏使其在实践中并未达到理论的预期。在我国，韩鸿从媒介传播偏向的角度专文探讨了参与传播理论及其中国价值，并通过考察四川古蔺具桂香村"夫妻广播"来探讨我国广播"村村通"工程如何借鉴参与传播理论与方法。⑤ 亦有论文从参与传播

---

① 陈卫星：《关于发展传播理论的范式转换》，《南京社会科学》2011 年第 1 期，第 104～110、117 页。

② 韩鸿：《参与式传播：发展传播学的范式转换及其中国价值——一种基于媒介传播偏向的研究》，《新闻与传播研究》2010 年第 1 期，第 40～49、110 页。

③ 韩鸿：《参与式传播：发展传播学的范式转换及其中国价值——一种基于媒介传播偏向的研究》，《新闻与传播研究》2010 年第 1 期，第 40～49、110 页。

④ 郭庆光：《传播学教程》，北京：中国人民大学出版社，1999，第 179 页。

⑤ 韩鸿：《参与式传播对中国乡村广播发展的启示——基于四川古蔺县桂香村"夫妻广播"的调查》，《当代传播》2009 年第 2 期，第 93～95 页。

视角对农村留守儿童媒介素养①、乡村社区媒体②、乡村振兴战略③、国家治理④等议题进行过探讨。

在传统媒体时代，公众作为信息接受者处于传播流程的被动端，而互联网技术所引发的传播模式革命使传统受众获得了前所未有的"逆传播"能力。但是，对于广大农村居民来说，以文字、图片信息为主要内容的新媒体并未打开"逆传播"的大门，因为普及的微博、微信公众号等自媒体的信息生产仍然有知识性门槛。直到 2016 年，以快手、抖音等为代表的短视频技术真正为广大农村居民带来了高效参与媒介的机会，涌现出大量活跃在视频传播场域的小镇青年、农村网红。信息网络一方面通过现实社会的投射，构成了自己虚拟的网络社会；另一方面通过信息网络的渗透，融合了各种已存的社会实体网络，使网络社会成为整个现实社会的结构形态。⑤ 网络技术不断释放公众积蓄已久的传播能量，在政治、经济、社会和文化等各个层面持续呈现与过去时代的信息特征决裂的姿态。

数字革命之所以被称为革命，是因为其本质与权力相关。通过技术赋权，互联网使得传统受众掌握了主动传播的媒介手段，意味着他们在一定程度上具备了向公共空间输送信息的权力。"数字域"时代的网络参与实践远比传统媒体时代的媒介参与实践内容丰富和广博，公众网络参与已经成为社会治理中的必然变量。参与传播理论诞生于电视兴起的大众传播时代，其实践基础依托于"媒体赋权"这个前提，即媒体近用权的获得是关键环节。媒体近用权的实现和公众主体性的激活往往需要第三方机构提供诸如摄像机拍摄、剪辑等媒体技术支持才能完成。随着互联网技术对传播结构影响的深入，各类新兴数字媒体从技术层面已经解决了媒体近用的被动性问题，形成多层次、多面向的网络参与传播景观。在互联网时代，数字媒体技术因素的

① 郑素侠：《参与式传播在农村留守儿童媒介素养教育中的应用——基于河南省原阳县留守流动儿童学校的案例研究》，《新闻与传播研究》2014 年第 4 期，第 79~88、127 页。

② 赵璐、祁鹏程：《参与式传播范式下社区媒体在乡村传播中的应用》，《传播力研究》2019 年第 15 期，第 225、227 页。

③ 刘蒙之、许梦颖：《关于乡村振兴战略背景下的参与发展传播学思考》，《声屏世界》2018 年第 9 期，第 11~14 页。

④ 公丕钰、张晋升、詹扬龙、迟浩男：《参与传播：国家治理研究的新向度——瑞典乌普萨拉大学尼科·卡彭铁尔教授访谈》，《国际新闻界》2018 年第 7 期，第 163~176 页。

⑤ 裴伟廷：《"网络社会"概念刍议》，《宁波广播电视大学学报》2005 年第 1 期，第 1~5 页。

介入已经使得参与传播的实践主体、结构和关系发生了有利于普通公众的变化。

四 乡村传播与治理关系的数字化互融

信息技术历来是形成公共行政变革的重要因素。2013 年 8 月 19 日，习近平在全国宣传思想工作会议上首次公开提到关于媒体融合的想法与概念，阐述了融合发展的政治逻辑。[①] 从我国当前县域传播情况看，被动性传统受众已经转变为能动性的数字用户，传、受边界进一步消融，而县级融媒体建设作为基层治理的抓手上升为国家战略。"乡村新闻官"制度在理论上着眼于数字媒体环境下传播与治理关系的嬗变，在实践上从传播创新入手，引导乡村居民使用抖音、快手等短视频媒体，将媒介技术产能转化为商业产能，进而对传统的乡村治理结构产生深刻影响。

（一）信息驱动

传媒的信息生产和行政权力的管制之间，始终存在一种相互追击的逻辑。[②] 在一个媒介化的世界当中，我们的日常生活乃至政治参与都与媒介信息技术相关。参与传播理论亦将信息的获取、使用和互动作为实现发展的手段，强调发展进程中媒体的作用。作为建构社会的基础性力量，媒体处于社会各主体的中间地带，在社会历史发展进程中发挥着独特作用。特别是短视频技术引发的日常生活信息生产的勃兴，乡村场景史无前例地涌入整体的社会传播结构中，持续改变着过往主流媒体、城市场景的垄断状态。从内容上看，我国乡村居民的网络参与呈现野蛮生长状态，许多以搞笑、夸张甚至软色情为主题，偏离社会主流意识形态，对乡村的文化舆论环境产生负向影响。这种媒介参与状态很难内生出公共性，而且可能成为乡村社会治理的对象，亟须地方政府的积极引导。

在这个背景下，清远市及时把握住短视频技术所激发的乡村居民网络参

---

① 林如鹏、汤景泰：《政治逻辑、技术逻辑与市场逻辑：论习近平的媒体融合发展思想》，《新闻与传播研究》2016 年第 11 期，第 5～15、126 页。

② 陈卫星：《传播与媒介域：另一种历史阐释》，《全球传媒学刊》2015 年第 1 期，第 1～21 页。

与动能，将这些乡村网红纳入乡村自治秩序中，把信息驱动力和政府公信力融合到乡村治理的进程中。"乡村新闻官"制度首先在推介农产品和乡村旅游上取得了很好的效果。连江口镇连樟村党总支书记陆飞红的一条短视频在短短一个星期带动了1.2万斤番薯的销售；石潭镇水西村村委主任刘逢明借助短视频宣传推荐当地旅游使得游客流量增加了40%；粤北深山的瑶族姑娘唐莹敏通过短视频为红衣花生代言，一个月内销售1.5万斤；英德长岭村的肖立鑫在短短五天时间内帮助村民销售因新冠肺炎疫情滞销的174万斤冬瓜。

为进一步引导、发挥视频媒体的传播动能，清远市政府与新媒体技术公司展开合作，与抖音、快手等短视频主流平台合作，打造展示清远形象的移动短视频窗口；制作播报各地乡村微信推介产品和抖音短视频，推出对外推介名片，如乡村基本情况、乡村农特产品信息，讲好乡村故事，展现乡村美丽风貌；开通"清远乡村新闻官"政务号，建立政府与乡村新闻官之间的子母号，打通数据、共享信息；在清远发布"微发布"板块设置"乡村新闻官"菜单栏，集纳乡村新闻官播报内容。以下三种数字信息传播技术将乡村传播、发展和治理关联在一起。

（1）乡村新闻官·游美景。VR互动沙盘采用虚拟现实全景技术，全方位地展示乡村的真实面貌以及未来规划场景，使用户看到乡村的空间场景，感受到乡村的人文温度，极大地提升了使用兴趣。同时，增加了乡村民宿、景点等概况介绍，并发布了旅游服务资讯、招商引资资讯、乡村公共治理等信息。

（2）乡村新闻官·看村史。虚拟村史馆通过虚拟现实技术，为每个乡村量身定制了一个乡村历史文化和发展概况的全方位在线展示平台，包括乡村历史及现状介绍。同时，将相关的乡村新闻官个人信息、政策宣讲、乡村发展实时动态发布、产品推介资讯等内容整合到一起，形成综合性的乡村资讯发布平台。该平台有助于凝聚乡村归属感、促进乡村宣传推广、提升对外招商引资效率等。

（3）乡村新闻官·逛小铺。乡村小铺不仅包含当地的各种乡村美食，还建设了在线商品交易大厅，通过自主开发的手机交易平台，全方位地销售乡村土特产品、人工智能文化衍生品，实现了便捷的"一键下单"在线电子商务交易功能，并开设了物流配送服务。同时，该平台具有乡村小额信用贷款等服务功能和乡村公益功能，让有意做公益的企业或个人公益认领乡村小铺项目，推进线下乡村小铺的建设工作。

（二）赋能促动

赋能的英文表述为"Empowerment"，在中国大陆亦被译为赋权、增权、增力等，中国台湾有学者将其译为培力。在我国学界，"Empowerment"首先是被翻译为"赋权"进入学术话语体系的。郑永年认为，"互联网作为一种新的权力来源，它对于个体与自组织群体的激活，更多地为社会中的'相对无权者'进行赋权，使权力和垄断资源从国家行为体向非国家行为体转移"。[①] 近十年来，随着互联网技术对于社会结构变迁影响的加深，赋权概念一直是我国学界研究的热点。我国学者丁未总结了赋权理论的三个取向：赋权的对象是无权群体；作为互动的社会过程的赋权与传播行为有着天然的联系；赋权是个具有强烈实践性的概念。[②]

赋权既是参与传播理论的重要概念，也是参与传播实践的重要方法，而世界银行就曾经将赋权参与作为最高层级的参与形式。参与传播理论将参与视为一个赋权过程的目标，作为实现参与的关键步骤。从理论层面看，"赋权通常体现在个人、人际、社区三个层面：个人维度涉及个人自尊和自信的增长；在人际层面上体现为大胆说出自己的观点，获得批判思考的能力；在社区层面，赋权意味着在社区决策过程中发挥积极的作用"。[③] 在一些项目实施过程中，参与传播方法要求专门设计社区赋权方案。随着媒介技术的发展，"有些传播系统（如音频和视频录制、复制，无线电广播，尤其是互联网）已经变得很便宜，而且如此简单，以至于集中调节和控制它们的基本原理和这样做的能力已经不再紧要"。[④] 特别是随着各类数字媒体的兴起，媒体赋权为参与传播实践的丰富性提供了无尽的想象力。

近年来，赋权概念首先在我国商业领域被转述为赋能。从赋权到赋能，并未违背"Empowerment"英文的原意，以更为中性的话语姿态被学界、业界接受。不可否认，媒介技术客观上能够赋权公众，但这种赋权的实现需要

① 郑永年：《技术赋权：中国的互联网、国家与社会》，邱道隆译，北京：东方出版社，2014，第55页。
② 丁未：《新媒体与赋权：一种实践性的社会研究》，《国际新闻界》2009年第10期，第76~81页。
③ 韩鸿：《参与式传播：发展传播学的范式转换及其中国价值——一种基于媒介传播偏向的研究》，《新闻与传播研究》2010年第1期，第40~49、110页。
④ 瑟韦斯、玛丽考：《发展传播学》，张凌译，武汉：武汉大学出版社，2014，第146页。

所在地区统治力量的认可才能具有实际效能，即传播的民主化不能替代政治的民主化。互联网时代，新兴媒体技术具有更强的赋权价值，但其赋权效果同样需要与政治文化相契合。"乡村新闻官"制度是在短视频技术深刻改变我国乡村传播结构的背景下提出的。在上升为"一把手工程"后，清远市为保障"乡村新闻官"制度的实施，专门与短视频媒体公司、金融机构、邮政物流、高校等机构合作推出了媒体技术培训、物流保障、贷款服务、教育培训等十大赋能项目。正是看到了"技术赋权"的力量，清远市以"全面赋能"的方式将乡村居民自发的媒介参与行为引导到乡村振兴、打破城乡二元结构等主流话语体系中，既确保了参与的方向，又实现了发展治理的目的，达到了借力打力的效果。2018年，快手发布"幸福乡村战略"，旨在通过快手的技术、产品，挖掘和连接中国乡村的人与山货。北京快手科技有限公司副总裁在接受笔者采访时说：

> 三年内，快手计划在全国发掘至少100位有能力的乡村快手用户，通过为他们提供商业和管理教育、产业资源和品牌资源等，进一步促进乡村经济发展，为中国乡村振兴与社会全面发展而努力。快手会继续深入探索新闻官与电商带货、乡村旅游方面的结合。目前，陆飞红和刘逢明运用快手后，当地的农产品销售有很大的提升，如陆飞红一条短视频发到网上，短短一个星期就带动了1.2万斤番薯的销售。水西村也因为刘逢明的短视频宣传，其游客人数增加了40%。快手会帮助清远进一步推广"乡村新闻官"模式，将其作为优秀的乡村振兴模式参考，纳入"快手大学"的培训课程中，以清远为蓝本，为其他地区培养更多的短视频村干部，带动乡村发展。

（三）政经联动

党的十九大报告强调："发展是解决我国一切问题的基础和关键"，"必须坚定不移把发展作为党执政兴国的第一要务"，而"实施乡村振兴战略的总目标是农业农村现代化，总方针是坚持农业农村优先发展，总要求是产业兴旺、生态宜居、乡风文明、治理有效、生活富裕，制度保障是建立健全城乡融合发展体制机制和政策体系"。乡村振兴内涵丰富，既包括经济振兴，也包括政治稳定基础上的文化振兴。参与传播源于发展实践，既是理论也是方法。相对于发展传播理论现代化范式的一元主义和相对主义，参与传播的哲学基础是多元主义，在实践上表现为重视通过媒体近用确立受众的主体性，主张通过对话互动达到理念共享，进而实现发展的目的。"乡村新闻官"制度正是从打破城乡二元信息结构入手，指向如何打破城乡二元结构中政治、经济、文化壁垒，助力乡村振兴战略。

从身份角度看，按照"乡村新闻官"制度，要求"乡村新闻官"一般由村主任、大学生村干部、农村致富带头人、农村退伍军人以及由城返乡的乡贤等担任。相比普通农村居民，这些"乡村新闻官"多数为共产党员，普遍有定的文化知识和社会交往能力，被视为"乡村能人"。从政治角度看，"乡村能人"由政府聘用，确保其在乡村社区的话语权，便于与普通乡村居民对话沟通、开展工作。从经济角度看，"乡村能人"具有一定的市场意识，特别是由城返乡的乡贤更是具有带头致富的能力。从文化角度看，"乡村能人"本身就是村民共同体的一员，可以借助乡亲、宗族等文化资源聚合力量，调解利益冲突。"乡村能人"的身份具有多重价值，其作用不仅在于对话沟通、提供问题解决方案，而且是官方承认的"乡村新闻发言人"和乡村振兴的宣传员、情报员、营销员，其发挥作用的潜力很大。

2020年9月，清远市借助区块链技术推出了"乡村新闻官"农货链，实现了农产品信息可见、可追溯，将主观信用和客观信用结合在一起，支持本地农民开拓农产品市场。按照清远市政府的要求，"乡村新闻官"的工作任务是"三传一助"，即传思想、传文明、传文化，助农民致富。"乡村新闻官"制度正是通过助农民致富达到传思想、传闻民、传文化的效果。"助"实现了经济发展层面的效能，而"传"则是实现政治、政策、治理层面的效能。"助"的经济性与"传"的政治性在这里实现了因果关系的逻辑自洽，而正是这种符合发展需求的政经联动使得"乡村新闻官"制度能够在实践中取得实效，成为地方治理的重要抓手。在与笔者的访谈中，清远市政府宣传部主要负责人也强调了"三传一助"的关系。

"三传一助"是我们对"乡村新闻官"提出的要求，有其自身传播逻辑。我们党重视思想政治工作，同时也真正在帮助群众解决问题。我们必须在基层宣传中寻找最贴合人性的传播模式。所谓"三传一助"，

"助"为因，"传"为果。"一助三传"是我们的逻辑，而"三传一助"是群众的逻辑，他们会觉得政府说到做到。"乡村新闻官"是村民共同体的一员，通过为村民办事，帮助村民通过电商渠道卖农产品，增加了村民收入，"乡村新闻官"的公信力自然就有了。有了话语能力，有了公信力，他们做宣传工作一定有效果。

五　结语

政府治理走向"善治"的过程，就是政府行政行为不断与公众参与相互调适的过程。在西方学者看来，作为发展中国家，中国的公众参与仍然面临着更大的压力与挑战，甚至有可能变成一种社会危机。① 当前，我国部分基层政府治理能力不够，加之没有形成应对当前复杂环境的治理机制，随着网络社会的崛起，日益勃发的乡村居民媒介参与行为极有可能会进一步加大乡村治理的难度。短视频连接人与人，未来将在人与产业之间建立更多连接，从赋能于人到赋能于产业，推动乡村产业的振兴。短视频在未来将不仅供用户休闲娱乐，也能够促使普通人拥抱数字经济工具，成为让地区、乡村和个人改变命运的载体。在数字媒体技术的驱动下，传播与治理之间的关系从来没有如此相近、相向和相融过。

发展是解决我国一切问题的基础和关键，而实践中正向的传播与治理关系也是实现发展的关键环节。埃弗雷特·罗杰斯（Everett M. Rogers）曾言"唯一认真对待发展传播理论的地方就是中国，因为在那里他们有意图地推动整个人口实现现代化"。② 作为发展传播学理论范式，参与传播的实践追求是实现发展的目的。在西方语境下，实现发展的逻辑前提是通过参与决策过程分享原本属于精英统治阶层的权力。发展传播学者瑟韦斯（Jan Servaes）等也承认"参与理论威胁了目前的统治阶层，这是它不被接受的根本阻碍之一"。③ 参

---

① 王维国：《公民有序政治参与的途径》，北京：人民出版社，2007，第 18 页。
② 沈国麟：《国际传播理论范式更替和全球传播秩序——与斯巴克斯教授的对话》，《新闻记者》2013 年第 9 期，第 43～47 页。
③ ［比］瑟韦斯、［泰］玛丽考：《发展传播学》，张凌译，武汉：武汉大学出版社，2014，第 138 页。

与战略容易引发"方法的暴政"，① 因此，在西方语境"权力框架"下的理论和实践也成为许多参与传播项目没有达到预期效果的原因。

在中国语境中，发展被视为公众的一项基本权利。在我国广大的农村地区，经济发展仍然是农民关心的关键议题。"乡村新闻官"制度将传播与治理建立关联，用经济实惠带动宣传工作，将农村居民的网络参与行为引导到治理体系中，成为基层治理的重要节点。从社会视角看，"乡村新闻官"制度是借助短视频媒体实现致富之目的；从国家视角看，"乡村新闻官"制度是推进乡村振兴战略、打破城乡二元话语体系实现平衡发展的抓手。作为发展中国家，我国的乡村居民、地方政府在脱贫致富、实现发展、提高乡村治理质量的目的性上实现了高度统一。

互联网时代，乡村传播与治理呈现的数字化互融趋势，正是"乡村新闻官"以传播角色出现，进而成为基层治理抓手的较为合理的理论诠释。"乡村新闻官"经过政治思想的教育培训，特别是通过实践的培育以及传统文化、本土文化的滋润，成为乡村振兴的关键力量。同时，借助数字赋能，"乡村新闻官"制度也提升了基层群众的自我发展能力，为乡村振兴培养了符合新时代治理要求的"数字农民"。"乡村新闻官"制度是数字媒体时代我国地方政府为推进乡村振兴战略进行的一次传播创新和治理创新，由此所折射出的传播与治理关系的嬗变仍然值得学术界持续观察。

---

① Tufte T. , Mefalopulos P. , "Participatory Communication: A Practical Guide", The World Bank, 2009, p. 27.

《传播创新研究》（2021 年第 1 辑）
第 162～178 页
© SSAP，2021

媒介使用与多民族乡村生活研究*

——以哈日莫墩村为例

任洪涛　　任雅仙**

摘　要： 在新时代乡村振兴战略的背景下，如何确保相对落后的多民族地区如期全面建成小康社会，成为民族工作中的头等大事，而多民族乡村地区又是该工作中的重中之重。随着社会的发展，大众传播已成为促进新疆乡村发展的重要环节，同时也对新疆多民族语境下乡村大众传播功能及其对新疆乡村振兴作用的发挥提出了新的要求和挑战。本文以新疆哈日莫墩村为例，运用民族志的研究方法考察其间的多民族居民日常生活中媒介使用的情况。研究发现，多民族乡村日益体现出媒介融合的优势和特征，各族村民媒介使用行为体现了大众传播的社会经济功能，媒介嵌入与普及影响和改变着各族居民原有的文化生活方式，各族村民信息接收范围和政治参与视域有了巨大拓展。

关键词： 媒介使用　多民族　乡村生活　媒介融合

一　研究背景

在中国乡村发展的历史进程中，大众媒介成为重要环节，它给生活在相

---

* 本文为新疆维吾尔自治区高校科研计划人文社科青年项目（编号：XJEDU2020SY002）成果。

** 任洪涛，新疆大学新闻与传播学院副教授、博士，新疆大学新疆形象传播研究中心副研究员，研究方向为文化传播、媒介发展、区域形象传播；任雅仙，四川师范大学传媒与影视学院副教授、博士，研究方向为新媒体传播、信息传播与社会治理。

对闭塞环境中的乡村居民所带来的不仅仅是商品经济信息的传递，更是对现代文明的传达，这些潜移默化地影响着他们的观念走向现代化，从而推动了中国乡村政治、经济、文化生活的进步。

新疆是地处中国西北边陲的多民族地区。当前，随着社会媒介化程度的不断加深，新疆各民族交流、交往、交融程度进一步深化。新疆的某一乡村或微型社区空间内，经常会呈现多个民族高密度混杂居住的独特社会景观。除了汉族外，其他民族大多数有本民族语言并习惯本族语言媒介，同时又是汉语媒介传播的对象和使用者，由此他们具备了使用两种或多种语种媒体的需求和条件，同时也产生了使用各种媒介的客观行为。那么，在新时代及乡村振兴战略的历史背景下，新疆乡村作为体现新疆乃至国家多民族特色的一个多元文化的交汇区，生活在其中的各族居民是如何共同生活的；大众传播在其中会呈现怎样的景观；各类传播媒介究竟在其日常生产生活中扮演着何种角色；呈现哪些媒介使用的特点；他们的媒介使用行为对自身、对周边社会生态会产生怎样的影响；等等成为本研究需要探讨和解答的问题。

二　研究方法与研究样本

（一）研究方法

有学者指出，调查研究"采用何种方法取决于研究者提出的课题"。[①]本文以多民族乡村受众为指向，从其日常生活中分析其媒介使用行为，这决定了本研究是情境的、微观的、动态的、持续的。传统的受众研究长期以来受量化实证主义范式支配，研究过程往往是"将受众从社会和文化系统中抽离出来"，[②]而民族志研究方法使学者深入某个特定地区受众的总体生活情境中，将所研讨的问题延伸至受众日常生活的整体面，从而能较理想地实现研究之目的。据此，本文使用以民族志为主的研究方法。

民族志（Ethnography）被看作完整地表现田野调查的观察、记录、阐

---

① 郭建斌：《传媒与乡村社会：中国大陆 20 年研究的回顾、评价与思考》，《现代传播》2003年第 3 期。

② 金玉萍：《日常生活实践中的电视使用——托台村维吾尔族受众研究》，博士学位论文，复旦大学，2010。

释和反思的人类学学术规范和研究方法。根据有关学者的阐述，民族志的发展阶段可以分为古典民族志、科学民族志和反思（实验或批判）民族志三个阶段，[①] 而从民族志的写作方式来看，民族志则相应经历了"浅描"、"深描"以及"批判和反思的描述"等三个标志性阶段。[②] 我们从中发现，不同时代的民族志体现了其自身的时代特性，而且民族志的写作方式是在累积中不断进步、不断深入的理念。但是，无论民族志范式如何演变，其传统的二元结构，比如主观与客观、主位与客位、中立与介入、实证与阐释、科学与艺术等，始终未发生根本性改变。有学者指出，好的民族志，不是完美的科学发现，达致真知的较优方法才是目的。[③] 而就中国而言，从早期实践的成果如费孝通的《江村经济》[④] 和林耀华的《金翼》到陈佩华等的《当代中国农村历沧桑：毛邓体制下的陈村》，再到王铭铭的《社区的历程：溪村汉人家族的个案研究》、阎云翔的《礼物的流动：一个中国村庄中的互惠原则与社会网络》等，都秉承了这种研究方法，但仍不免步西方范式的后尘。中国的学者应用自己的"知识主体"去思考、分析、表述自己的民族志，从而在中华文化自觉中建构属于中国的"民族志"。

在具体的应用类型上，本文依据研究需要和对象特性，仍然认同"反思民族志"方法的价值，并在本文中沿用这一研究方法和思路。研究过程中，根据研究对象的特性，注意将"深入访谈""参与式观察"等方法运用到研究过程中，同时辅之以文献分析（比较）等其他方法，以期较好地达到本文研究的目的。

（二）研究个案——哈日莫墩村概况

就研究实践而言，确定"社区"（community）是民族志研究应首先考虑的问题。一般而言，研究的社区选定应着眼于小规模的且有一定历史深度

---

① 高丙中：《民族志发展的三个时代》，《广西民族学院学报》（哲学社会科学版）2006年第3期。

② 文苹、李银兵：《从描述、解释到批判：嬗变中的民族志写作方式》，《思想战线》2009年第3期，第13~16页。

③ 李银兵、甘代军：《试论戏曲艺术研究的人类学转向》，《戏曲艺术》2008年第4期，第13~16页。

④ 原为费孝通1938年在英国伦敦大学学习时撰写的博士学位论文，原题为"开弦弓，一个中国农村的经济生活"。1986年，江苏人民出版社出版中文本时沿用原书扉页上的"江村经济"一名。

的完整社会单元，因为这类社会有物质的基础，结构简单，易于被整体观察，是处于某一狭小地域和空间的人们实际生活的完整区域。就中国而言，村落这一"微型社区"一般是相对独立的、封闭的空间，可以回答"中国乡村社会生活的本质"这样的"大问题"。

众所周知，由于新疆的地区性差异，人们在媒介技术普及过程中的不同阶段所使用不同媒介带来的影响也不尽相同。要想在社会发展的语境下考察传播媒介与受众的关系，笔者认为应该把研究的"社区"选定在各民族传统文化具有代表性并富有张力、现代传播尤其是新媒介技术相对发达、经济发展相对较好的村落内进行。其中，经济发展相对较好暗含其传播媒介普及率较高的假设。

哈日莫墩①村又名四乡（道）六七村，俗称"八大队"，位于新疆维吾尔自治区博尔塔拉蒙古自治州境内，包括哈日莫墩村和查干洪夏尔村两个自然村落。村委会位于小营盘镇政府向西约 12 公里处，S304 省道和 X202 县道从村中穿过，交通便利。全村辖区面积 11.88 平方公里（17820 亩），共有耕地 9600 亩，林地 900 亩，是一个多民族聚集杂居的农业村队，全村居住着汉族、维吾尔族、蒙古族、哈萨克族、回族等 5 个民族。哈日莫墩村对外的公示显示，全村有户籍的人口共有 375 户 1356 人。其中汉族 259 户 859 人，占全村人口总数的 63.3%；少数民族 116 户 497 人，占全村人口总数的 36.7%。在少数民族村民中，维吾尔族 57 户 312 人，占全村人口总数的 23%；蒙古族 37 户 97 人，占全村人口总数的 7.2%；哈萨克族 16 户 64 人，占全村人口总数的 4.7%；回族 6 户 24 人，占全村人口总数的 1.8%。在性别人数及比例上，全村男性 650 人，占全村人口总数的 48%，女性 706 人，占全村人口总数的 52%。② 全村各族村民形成了独特的交往习惯和多元文化现象。

三 从大众传播到媒介融合：并不落后的媒介发展进程

哈日莫墩村大众媒介的起步大致可以追溯到 20 世纪 50 年代末。1957

---

① 蒙语意为"榆树林"。
② 近年来，随着村民收入的增加和生活水平的日益提升，村民在市镇购房的意识普遍增强，由此出现了大量农户外流的现象。实际上，现有村里五个民族的住户只有 256 户 738 人，其中汉族 158 户 341 人，占 46.2%；少数民族 98 户 397 人，占 53.8%。

年 7 月，博乐县为落实自治区人民政府《关于自治区试建农村有线广播站的指示》相关要求，建立了广播站。1958 年，哈日莫墩村有了有线广播。由此算起，随着有线广播的广泛使用，其他大众媒介如报纸（20 世纪 60 年代开始）、电视（20 世纪 80 年代开始）等，也逐渐触及哈日莫墩村，并日益深入各族村民的日常生活中。75 岁的维吾尔族村民 YLHM 这样评论：

> 很多人认为我们新疆太远太落后，其实我们发展并不比口里（即内地）慢多少。拿电视来说，（20 世纪）80 年代初的时候，我们县镇的领导有时到北京什么地方的出差呢，到了那个地方看见刚出现的电视很稀奇，他们有文化、见识多、路子也广，就弄回来了。

1998 年，为支持农村广播电视事业发展、扶持民族自治地方和边远贫困地区广播电视事业，党中央正式启动了名为"村村通"工程的国家农村文化建设"一号工程"，以解决当时广播电视信号覆盖"盲区"农民群众收听广播、收看电视难等问题。2000 年 9 月，国家又开始实施致力于提高新疆、西藏等边疆少数民族乡村地区广播电视覆盖率的"西新工程"。此后，在类似一系列国家政策的持续扶持下，哈日莫墩村成为受益者。广播、电视、报纸等传统大众媒介在哈日莫墩村得到了较快的发展。这些工程的实施，有效缓解了哈日莫墩村各族群众收听广播、收看电视难的问题。

从 2011 年 5 月开始，国家广播电影电视总局决定开展"户户通"工程，利用直播卫星为有线网络未通达的农村地区提供精细化、数字化、多方式、多业态的广播电视公共服务，进一步提升水平，提质增效。2012 年初，新疆自治区党委和政府按照"统一规划、分步实施、试点先行、整片推进"的原则启动"直播卫星 + 地面数字电视"接收模式的"户户通"工程。[①]从 2013 年起，博乐市开始实施"户户通"工程，[②] 而小营盘镇哈日莫墩村于 2014 年实现"户户通"全覆盖。通过"户户通"设备，村民们不仅能收

---

① 海拉提、李雷雷：《新疆"户户通"工程技术试点探索》，《广播与电视技术》2012 年第 8 期。

② 博乐地区直播卫星和地面数字电视双模接收设备（约 400 元/套）所需资金采取由中央、自治区、地州市、受益农户个人分级投入的办法解决。其中，受益农户个人所出费用由湖北对口支援资金担负，用户无须负担，受益农户常年免费收看。

听、收看到从中星九号卫星①上传送的中央及省区市的卫星广播电视节目，还能收听、收看到当地的广播电视节目。此外，随着互联网的发展及其在新疆乡村的延伸，哈日莫墩村自2014年起可以办理"手机套餐 + 网络宽带② + 网络互动电视"的"融媒体"一体化业务，村民在办理宽带业务的同时，每月只需多交10 ~ 20元的费用，便可以同时享受到内容丰富的网络互动广播电视服务。

不仅如此，在媒介融合的趋势下，新媒介进入哈日莫敦村并逐渐普及，其中最为突出的是大屏幕智能手机的使用。大致从2013年开始，4G网络的出现，催生了哈日莫墩村移动上网的新一轮热潮，如移动网游、3D导航等适用于大宽带移动网络下的应用在哈日莫墩村也逐步成为现实。

四　日常生活中日益频繁并多样化的媒介使用

当前哈日莫墩村大众传播环境得到了极大的改善，大众媒介已深入哈日莫墩村各族村民日常生活中，成为村民们生活离不开的日常伴随体，各族村民日常生活中对"媒介"的依赖较为明显地体现出来，即各族村民日益表现出依赖现代大众媒介手段进行传播、交流、互动。

（一）媒介使用中的经济功能日益凸显

传播学者威尔伯·施拉姆最早提出了大众传播的经济功能理论，主要表现在：关于资源以及买和卖的机会的信息；解释这种信息；制定经济政策；活跃和管理商场；开创经济行为等。

哈日莫墩村的经济生产是以农业种植为主、以畜牧养殖业为补充的共有式经济生产形式。从2016年开始，村里个体农业种植的经济发展模式实现了向土地流转模式转变。从哈日莫墩村的客观现实看，土地的全面流转不仅消除了自然灾害影响农民收入的风险，保证了农民的基本收入，也让有劳动能力的农户从土地中彻底解放出来，可以有更多时间和精力就近转移就业，

---

① 目前我国直播卫星技术系统传输标准属于自主研发，机顶盒只能接收到国内直播卫星信号，其他任何信号接收不到，传输安全。

② 宽带互联网服务从2009年进入哈日莫墩村，到2017年实现了光纤接入，宽带速率达到12M。

这无疑推动了村民职业的进一步分化，能够帮助他们进一步提高家庭收入，提升其生活质量。

从调研中发现，由于受到受教育水平、民族语言、民族文化等因素的制约，哈日莫墩村村民对媒介产品经济功能的使用受到了一定程度的限制，但从总体上看，哈日莫墩村村民的媒介使用对促进哈日莫墩村经济的发展还是起到了一定的辅助作用，然而这一作用的发挥，基于村民不同的职业类型和民族属性有着不同的呈现。

1. 以汉族为主的种植人员的媒介使用——谈生意和交流经验

土地整体流转以后，哈日莫墩村的种植人员是以汉族为主的种植大户和本村少数留有口粮地的种植户，这些人在本村只占很少的比例。对于种植大户而言，他们主要是陕西等地的外来人员，本地种植大户不多。这些种植大户们以种植花葵、玉米等经济作物为主，他们在经营过程中的媒介使用情况主要表现在：一是利用媒介联系工人并与工人结算，降低人为风险，提高劳作效率；二是通过关注资讯和市场等信息，及时了解或掌握各方动态，做到有的放矢；三是利用微信等新媒介联系生意和进行经验交流，可以降低经营活动中信息沟通时间成本以及农产品交易费用；四是借助媒介学习相关种植经营技能。

2010年后，随着移动互联技术的普及，网络逐渐成为这些种植大户谈生意和交流经验的新时尚。村里种植大户YZZ回忆说：

> 以前收粮食的时候，我们通常是白天晚上在外面跑，寻找合适的买家，有时迫不得已还得跟中间商交易，他们从中联络并赚取中介费，这一下子增加了费用，提高了成本，赶上年景不好，还有可能赔钱，确实辛苦……后来，我们用上了QQ、微信，还建了群，平时聊聊天，到谈生意的时候，可以同时和几个人聊，主要是比较价格，最后选择一个合适的出手就成了，省事又方便，许多成本也省下来了。

2. 以维吾尔族为主的养殖人员的媒介使用——交流并获取牲畜买卖、养殖等信息

在哈日莫墩村，养殖人员以维吾尔族村民为主，此外也有少数哈萨克族、汉族、蒙古族村民兼顾从事一些牲畜家禽的养殖。

哈萨克族和蒙古族在历史上就是游牧民族，他们对牲畜养殖具有天然的优势，而且代代相传，即使没有多少文化知识也能较为轻松地把牲畜养好。不过近年来，随着经济的发展和社会的变革，人们的观念也逐渐有了变化，哈日莫墩村的哈萨克族和蒙古族家庭中乐意进行牲畜养殖的年轻人越来越少。在他们看来，干这个就意味着要在农村扎根，与马、牛、羊打交道，而他们的汉语说得很好，所以更愿意去外面打工。

村里的维吾尔族村民本来世代以农耕为主，后来他们完全适应了养殖牲畜的这种生活方式并很快掌握了牲畜养殖的技术。与蒙古族和哈萨克族不同，维吾尔族村民在家里养殖牲畜的规模普遍更大，搞养殖的维吾尔族年轻人更多。日常生活中，他们比较注重电视、手机等媒介的使用，尤其重视借助智能手机建立生意朋友圈（群），随时交流并获取牲畜买卖、养殖等相关资讯，甚至借助手机完成牲畜交易。村里维吾尔族养殖大户 TLH 谈道：

> 现在有了这个手机（网络功能），赚钱更容易了，我经常上网了解各行的市场行情，（在移动互联网）上面嘛找一些机会，打算做一些其他的投资或生意。

3. 以汉族为主的个体工商人员的媒介使用——促销与支付

村里的个体工商人员主要是商店经营者。哈日莫墩村一共有 7 个商店，其中有 5 个汉族家庭商店和 2 个维吾尔族家庭商店，这些构成了个体工商户的主体。与之前一些研究所描述的"店主喜欢将电视放置在商店经营空间"的情况不同，哈日莫墩村的经营空间都没有电视。这里的商店往往连接着 1~2 间房屋，作为半开放的客厅（休闲的空间），而电视往往被摆放在休闲的空间内，供来此歇脚、聊天或打牌的村民观看。至于这样摆放的好处，他们普遍表示，"能吸引更多的人在这里休闲娱乐，更重要的是还能增加商品的销售"。而随着网络、手机等新媒介的普及，一部分个体工商户迅速成长为新媒介工具的尝试者并将其应用到经营活动中，其中年轻店主的媒介应用意识更强一些。而且，不管是汉族家庭商店还是维吾尔族家庭商店都用手机开通了微信支付的功能，有的还将微信收款的二维码打印出来贴在柜台上，便于顾客扫码支付。

4. 不分民族的外出务工或经商人员的媒介使用——联络、交流、获取商机与结账

哈日莫墩村土地整体流转出去以后，解放了村里大量的青壮年劳动力。这时，普通话的好坏成为这些村民能否远离家乡，甚至能否有更好工作或生意的重要影响因素。普通话好的村民就到市里、自治区内其他地区乃至更远一些的地方务工或者经商；如果普通话讲得不好，就只能在村里及周边干活或工作，"离土不离乡"。在村附近务工的维吾尔族村民 AEK 表示：

> 我们嘛，汉语（普通话）说得不好，好多话不会，有的也听不懂，出去找工作也没人要。

这些外出务工经商的村民往往比较年轻，文化水平更高，学习和接受新事物的能力更强，思想也更灵活和开放。因此，这些人在传播媒介尤其新媒介经济功能的使用上意识更为强烈，且其对媒介使用较集中地表现在加强联络、交流、获取商机与结账，以及提高劳作效率上。此外，他们大都有多个用于务工经商交流或者获取相关咨询的微信群，从中可以随时获取一些相关信息或者进行经验交流。

（二）文化生活中的媒介化特征日益显著

哈罗德·英尼斯曾指出，村庄的生活从传统文化发展为媒介文化之后，就以空间而不是以时间、以将来可能怎样而不是以过去怎样为中心了。[①] 然而人类"文化背景和他们所生活的文化情境的差异决定了他们所采用的传播方式和传播行为会有所差异"。[②]

哈日莫墩村自建村以来，多民族的文化就不断地交融和传递，不同民族间结下了深厚的兄弟友情，而村边的博尔塔拉河和阿热勒托海牧场便成为多民族文化交融和传递的历史和现实见证。长久以来，随着耕地的不断扩大和牧场的日益缩减，生活在一起的各民族也都在逐渐调整本民族固有生活和生

---

① 威尔伯·施拉姆、威廉·波特：《传播学概论》，陈亮、周立方、李启译，北京：新华出版社，1984，第17页。
② 大卫·莫利：《媒介理论、文化消费与技术变化》，《文艺研究》2011年第4期。

产方式的过程中进一步交融，而哈日莫墩村的媒介化文化生活主要体现在家庭文化生活和公共文化生活两个方面。

1. 家庭文化生活——观念趋向现代化与民族身份认同强化的杂糅

社会情境是解读媒介文本的基础和前提，它决定受众拥有的可支配话语权的范围。[1] 由于不同读者用来理解文本的话语（包括知识、偏见、抗争）不同，所以建构出不同的文本意义。[2]

就哈日莫墩村而言，不同民族的家庭实际上就代表着不同的社会情境，他们在各自微小的家庭社会情境下构建起不同的媒介文本意义，而这一过程构成了其家庭文化生活的一部分。哈日莫墩村的家庭文化生活的内容很丰富，比如在家中看电视、听广播、上互联网，这种文化生活既是娱乐，也是学习，是普及范围最广的家庭文化生活。在媒介的家庭嵌入和陪伴下，各民族家庭中多了一些闲谈的话题，日常生活日益丰富了起来。而这一现象在汉族、回族混合家庭 LZQ 家更加深刻地体现出来，他谈道：

> 到了晚上，热闹啦，干什么的都有。我岳母失明了嘛，听她的收音机，我岳父看电视，主要看《动物世界》《人与自然》什么的，我不感兴趣又不好意思换台，干脆就玩手机，主要聊个微信、打个游戏、看个电影什么的，儿子嘛，周末的时候回来用电脑学习，我老婆在一边陪着，怕他干别的事情。

然而，大众传播媒介尤其是新媒介技术在家庭的使用，并非必然意味着使用者的观念更趋向现代化，对于一些少数民族村民来讲可能恰恰相反，他们使用新媒介技术往往基于自身民族语言系统的传承和内卷，寻求本民族的文化传统，他们在媒介选择、使用行为上反映出其价值观，进一步讲是为了实现其民族身份的认同。比如在维吾尔族和哈萨克族家庭中，他们较多考量的是媒介内容本身是否符合本民族传统文化、是否符合本民族的文化传统或宗教信仰、是否维持了本民族身份的边界等。而且，这一特征和趋势，年龄

---

[1] 金玉萍：《日常生活实践中的电视使用——托台村维吾尔族受众研究》，博士学位论文，复旦大学，2010，第109页。

[2] 戴维·莫利：《电视、受众与文化研究》，史安斌译，北京：新华出版社，2005，第98页。

越大的村民表现得越突出。

2.公共文化生活——利用媒介资源惠民生、聚民心

伴随着农民的经济生活水平显著提高，农村公共文化服务体系建设不断加强，农村的公共文化生活日益丰富。当前，哈日莫墩村村民的公共文化生活与媒介的使用有着紧密关系，集中体现在村阵地文化生活之中。

2007年1月1日，国家正式启动"东风工程"，以进一步加强农村公共文化服务体系建设，丰富农村的文化生活。从2007年3月起，博州对该工程进行积极宣传和实施，先后扶助包括哈日莫墩村在内的部分村队设立"东风工程"阅报室、存报柜、管理员、阅报栏、阅报夹等，并免费发放《人民日报》《新疆日报》《今日新疆》《新疆科技报》《博尔塔拉报》等维吾尔语、汉语、哈萨克语、蒙古语四种语言的党报党刊，以后逐步扩展至各类书刊。从2008年起，博州地区又在"农家书屋"工程的推动下，结合结对帮扶、社会捐款捐赠等形式，推动各乡镇村队农家书屋的建设发展。同年底，农家书屋进入哈日莫墩村。① 2015年10月，哈日莫墩村村委会搬入了占地约5亩的文化办公阵地，其中设立了专门的文化活动中心，里面有阅览室、活动室（原图书室升级）、棋牌室等，用以丰富村民日常的文化生活。村民HDH讲：

> 2015年10月份吧，大队（村委会）搬到了新阵地，然后把大家都请去了，组织我们进行一些活动啊什么的，我们看书读报啊、下棋啊、跳舞啊，挺热闹的。

自2017年9月30日起，哈日莫墩村在"访惠聚"驻村工作队的积极协助下，开办了农牧民夜校，以进一步普及村民的科学文化知识，提升少数民族村民双语能力。夜校开设了汉语和民族语两个班级，按天交替开班进行教学。夜校每天晚上8点上课，每次上课时长约1小时，地点在村文化办公阵地一楼的文化室大厅，这里场地宽敞，配有联网电脑、投影仪、扩音设备等现代化多功能的设备，可以满足多媒体教学的需求。

---

① 《博乐市群众文化生活丰富》，《博尔塔拉报》，2008年9月1日，http：//wangshangwanbaijialedewangzhan. kf. xjboz. gov. cn/info/1114/88393. htm，最后访问日期：2020年12月20日。

　　此外，对有着多个民族的哈日莫墩村而言，民族团结是全村最大的文化生活。每逢重要民族节日和国家节假日，村委会大多会邀请各族村民聚集到文化阵地开展丰富多彩、健康向上的文体活动，让大家活跃起来、高兴起来、团结起来。即便是在冬季，村委会在组织大家参加农牧民夜校学习之余，偶尔也会穿插放些民族舞曲，让各族村民玩起来、跳起来，借以丰富学习形式和内容。对此，村民们普遍表示欢迎，特别是对开展与本民族相关的节庆联欢活动表现出较强的意愿。每当村里有集体文化活动的时候，村民们都会录像或拍一些照片发给亲友或者上传至（微信）朋友圈，同大家一起分享喜悦。年轻的维吾尔族村民 DLXT 在全村古尔邦节联欢的时候不仅用手机拍了照片，还录了像，他表示：

　　　　说实话，跟以前比，现在难得有活动一起唱唱跳跳的，在我们大队，不管哪个民族的节日，都是大家一起过，都很开心。每到这个时候，我就拍照片、录像，然后拿回去给家里人，也让他老人家高兴高兴。我也经常把这些（照片、短视频等）分享到（微信）朋友圈里，让外面的人都了解一下我们大家（各民族）生活在一起究竟是什么样的，这个活动是最真实的。

（三）媒介使用提升政治生活质量

　　有研究表明，西部乡村地区的大众传播媒介已成为乡村政治社会化、由意识形态的纯政治化参与转为更多的利益型参与的重要信息中介和推动力量。[1] 当前，大众媒介已广泛地深入新疆广大乡村地区，并对当地的生产生活产生了日益重要的影响。而哈日莫墩村大众媒介与政治生活的关系是在新疆特定时空条件下发生的，具体来讲就是，这一关系离不开哈日莫墩村所在区域的多民族历史及现实条件的影响。

　　1. 媒介使用提升政策信息传播效率

　　有学者指出，对政治信息的了解与掌握，是少数民族农村村民积极参与

---

[1]　仇学英：《传播学跨学科发展的探索性研究报告——西部乡村的大众媒介传播和农民政治参与》，载《2003 中国传播学论坛暨 CAC/CCA 中华传播学术研讨会论文集（上册）》，2004，第 48 页。

国家政权建设、实现农村民主管理的前提和基础，是村民知晓权落实的具体体现。从实际情况看，哈日莫墩村的政治信息的传播主要表现在对各类政策信息的传播与运用上。

一方面，表现为村委会对各类媒介的使用。虽然大众媒介已经普及并进入各族村民的家庭中，但村委会在传播政策信息的过程中，仍然以组织传播和人际传播为主，只不过在传播过程中更加注重对各类媒介的利用。首先，利用标语、公告等传统媒介方式进行传播，比如大街小巷悬挂的"各族人民像石榴子一样紧紧抱在一起""高举中国特色社会主义伟大旗帜，决胜全面建成小康社会"等标语。其次，携带宣传册分类入户进行分发、讲解和翻译。这些宣传册分为两类：一类是博乐市一级单位印制的，如环保局制作的《新疆维吾尔自治区环境保护条例》、博乐市政府印制的《新疆维吾尔自治区民族团结进步工作条例》；另一类是小营盘镇政府印制的，如中共博乐市小营盘镇委员会制作的《学习贯彻党的十九大精神》宣传手册。再次，运用微信等新媒介工具进行传播。为顺利开展各项村务工作，进一步提高工作效率，哈日莫墩村委会建立了两个微信群，一个是哈日莫墩村党员群，另一个是哈日莫墩村全体村民群。这两个群都有专职的村干部负责管理，并根据需要发布一些信息，同时也为大家提供了日常交流的网络平台。

另一方面，表现为各族村民对大众媒介的使用。随着现代大众媒介在哈日莫墩村的普及，电视、广播、互联网（手机、电脑）、报纸等成为村民们生活中习以为常的媒介形式，这也使得村民们在获取政策信息的渠道上有了诸多不同的选择。概括而言，主要表现在两个方面。一是村民习惯通过微信等及时通信工具获知贴近生活、与自身利益相关的权威政治信息。比如，"2016 年底村上给精准扶贫户免费发放生产牛羊""2017 年初村上要依据《新疆维吾尔自治区环境保护条例》进行环保整治，村里的家禽牲畜养殖可能会受影响""2017 年初给困难户建盖抗震安居房"等。二是通过电视和网络直接获知相关政策信息。在哈日莫墩村，通过以电视为主的大众媒介获取国家政策信息已成为各族村民的首选。而随着宽带和移动网络服务在哈日莫墩村的全覆盖，使用手机和电脑上网获取政策信息日益成为受哈日莫墩村各族中青年村民青睐的新选择。

2. 媒介使用拓展了个体政治参与渠道

所谓政治参与是指"公民自愿地通过各种合法方式参与政治生活的行为"。① 有研究指出,参政扩大化是实现政治现代化的一个重要内容。生活在哈日莫墩村的 5 个民族中有 4 个是少数民族。近年来,新疆各地州各族群众的经济生活水平也得到了明显的提高。他们"通过政治参与来影响地方自治机关公共决策的行为及结果,努力争取、实现和维护自身利益"② 的期望逐步增强。在哈日莫墩村,各族村民借助媒介的政治参与主要表现在两个方面。

一是日常村务中的媒介使用。哈日莫墩村是市里的重点扶持发展村,伴随着当地经济的发展、传统媒介"户户通"的全覆盖以及新媒介的逐步普及,各民族村民的政治参与情况有了较大改善,这一点在 2016 年因村上土地整体流转而召开的村民代表大会中就较明显地表现出来了。哈日莫墩村的农业生产在 2014 年和 2015 年歉收,凡是种地的基本都赔了,引起部分村民的紧张情绪。为妥善解决这一问题,村"两委"与"访惠聚"驻村工作队反复开会讨论解决方案,推动土地流转成为当时村领导们的主要工作方向。为此,2016 年初哈日莫墩村先后召开村民代表大会和村民大会。在此过程中,各族村民都积极行动起来,借助网络、电视等媒介自发了解更多与之相关的政策信息。

二是常态化的仪式传播与组织化的政治参与。在哈日莫墩村,各族村民的直接政治参与较多地体现在对文化活动和政治仪式的共同参与上。文化活动的参与方面,不仅有村镇组织的国家及各民族重要节日的庆祝表演活动,如村组织的节庆集体联欢活动,还有州市组织的下乡文艺会演活动,这些既是丰富的集体文化活动,又是各族村民日常政治大众化参与的活动,而各类媒介从中起到了重要的宣传作用。除此之外,哈日莫墩村常态化的升国旗、听宣讲仪式便是令人印象更为深刻的政治参与活动。从中不难发现,哈日莫墩村各族居民的政治参与已经有了很大发展,参与途径不断扩大,参与意识不断增强,而多民族政治参与的公共仪式以及大众媒介的典型报道也为我们了解和掌握这一情况提供了帮助。

---

① 《中国大百科全书·政治学卷》,北京:中国大百科全书出版社,1992,第 485 页。
② 于春洋:《略论利益分化对民族地区政治稳定的双重影响》,《学术论坛》2008 年第 7 期。

五　研究发现

　　总体来看，现代大众传播媒介尤其新媒介的嵌入与普及对哈日莫墩村日常经济、文化、政治生活及现代化进程都产生了日益广泛而深入的影响。虽然哈日莫墩村的媒介使用及其影响不能代表整体多民族社会，但本文认为，哈日莫墩村所遇到的多数情况，在其他多民族的乡村中也是有迹可循的。

（一）多民族乡村日益体现出媒介融合的优势和特征

　　库利（Charles Horton Cooley）曾指出，传播在社会学视角下包含两个方面的内容，即信息在时间上的传承（仪式观）和在空间上的扩散（传递观）。[①] 哈日莫墩村现代大众媒介的发展与普及，也大致是沿着这两个维度进行的。一方面，随着社会的发展和科学技术的进步，大众媒介的种类日益丰富，其媒介中的技术含量也日益增加，村民们使用媒介的自主性和便捷性不断增强，其媒介使用的仪式感和满意度也不断增强；另一方面，改革开放以后，伴随着地区报纸、广播、电视等大众媒介蒙古语（文）、维吾尔语（文）、哈萨克语（文）等少数民族语言媒介的发展，村里的少数民族村民可以借助带有民族情感的多种媒介方式来获知信息和进行多样化的传播，尤其近年来以互联网技术为特征的新媒介逐渐深入各族村民的日常生活中，融合媒介崭新体验和应用对当地居民产生了日益广泛的影响，由此也为各族村民的日常生产生活提供了良好的媒介环境，而媒介化社会所描述和呈现的媒介环境和社会结构在当地正在形成。

（二）各族村民媒介使用行为体现了大众传播的社会经济功能

　　长久以来，哈日莫墩村形成了以农业生产为主、以畜牧养殖业为补充的经济生活生产模式。随着大众媒介在哈日莫敦村的普及与融合发展，发挥大众媒介经济功能的条件逐渐具备并不断完善，这推动了媒介经济功能在哈日莫敦村的逐步实现。尤其在全村实现土地流转整体实现以后，越来越多的村民从土地劳作中解放出来并逐渐实现了就业和收入的多元化，媒介的经济功

---

① 〔美〕詹姆斯·W. 凯瑞：《作为文化的传播》，丁未译，北京：华夏出版社，2005。

能也日益在村民日常经济生活中体现出来。具体而言，大众媒介的使用加速了哈日莫墩村经济发展模式的转变，同时也加速了各族村民职业的转型，进而使不同民族村民产生了以特定职业为指向的、对不同媒介产生不同的经济需求的媒介使用行为，而这些从不同角度体现了大众传播的社会经济功能。不仅如此，从哈日莫墩村推进全村生态养殖的环境治理实践中也可以看出，媒介已成为促进当地经济社会可持续发展的重要辅助手段。

（三）媒介嵌入与普及影响和改变着各族居民原有的文化生活方式

哈日莫墩村多民族的文化生活是特殊地域下多民族文化交融的历史延续，而以电视为代表的传统媒介和以互联网技术为核心的新媒介嵌入与普及在一定程度上影响和改变着各族居民原有的文化生活方式。因传统媒介和新媒介进入哈日莫墩村的时间不同，其发挥的作用存在差异，而其程度也受到年龄、性别、民族、家庭模式等结构性因素的影响，其中也反映了因性别差异而存在媒介使用行为上的不同，这因民族和文化背景的不同而有所区别。然而，电视和互联网等现代媒介的进入，并不必然带来传统文化的消减或毁灭，我们不应忽视媒介给乡村文化生活带来现代化发展的可能性；但是，也不能武断地宣称所有的影响或改变对所有村民都是积极的。此外，相对于其他民族而言，维吾尔族和哈萨克族村民的文化生活中对新媒介技术的使用并非必然地意味着使用者的观念更趋向现代化，他们在使用新媒介技术上普遍表现了寻求族群文化传统、实现民族身份认同的倾向。

（四）各族村民信息接收范围和政治参与视域有了巨大的扩展

电视、网络等大众传播媒介上的新闻已经成为村民们经常收看的节目，其内容也普遍成为他们茶余饭后谈论的一些话题。即便在村里各处商店里的休闲室内，打牌、聊天的村民也不时地会聊一些电视上的新闻报道等内容。其中，维吾尔族和哈萨克族村民观看新疆台各自民族语言频道新闻节目的情况比较普遍，除了自身较强的民族文化认同倾向外，电视频道的丰富也为其提供了更多的选择。由此可见，大众媒介将这些生活在较为偏僻封闭的各民族村民带到全国乃至全世界的舞台上，开阔了他们的视野。共同的地域、对历史的集体记忆、民族间的交往、打工的生活等因素的交织促使他们在更广泛的时空中思考自身的命运并建构新的关系，而这些恰恰成为诱发人们结成想象共同体的因素。在此基础上，电视等大众媒介带给各族村民的是和谐、民主与开明的主旋律，而各民族也在潜移默化中构建了一种新型的政治关系——政治共同体。这一过程表现为：各民族以普通话（国家通用语言）为共同的语言，通过媒介使用形成了共同的意志，由此贯通了基于各民族"地方性语言"和道德准则所决定的内心情感，形成了对中华民族共同体的政治想象以及对民族"多元一体"的民族认同，进而提升到对国家的认同。由此可见，各民族对国家和中华民族的大认同与大众媒介的宣传报道分不开，借助大众媒介尤其是新媒介开展和参与政治生活成为维系哈日莫墩村各族村民国家认同和中华民族共同体想象的重要途径，并产生了日益广泛的影响。

六　研究局限与展望

本文借鉴和应用民族志的研究方法，以哈日莫墩村为例，全面探讨了多民族乡村日常生活中的媒介实践。哈日莫墩村是一个生活着蒙古族、汉族、维吾尔族、哈萨克族、回族等 5 个民族的多民族村队。由于土地整体流转、以汉族为主的年轻村民外出务工或搬离等，村里的各族村民以中老年为主。相比较而言，少数民族村民家庭中的年轻村民较多，这使得调查结果在代表性和准确性上难免有些偏颇。也正是这些不足，促使笔者对未来的相关研究产生了兴趣和期待。若干年后，当年少或年幼的哈日莫墩村村民尤其是维吾尔族、哈萨克族等少数民族村民在不断强化的国家双语教育环境下成长起来以后，他们的媒介实践会有怎样的变化；这些媒介实践又会给其乡村生活带来哪些不一样的影响或变化；等等成为笔者头脑中挥之不去的新问题，至于答案，则有待于在条件允许的情况下进行深入发掘。但不管怎样，从一定程度上讲，本文的研究发现为多民族视角下探讨本土化媒介传播理论与实践提供了有益的理论借鉴。

《传播创新研究》（2021 年第 1 辑）

第 179～202 页

© SSAP，2021

2020：品牌传播智能生产
与智能服务的新趋势

姚　曦　李　娜　任文姣　贺林艳　赵冀帆[*]

摘　要： 品牌传播智能生产与智能服务系统可被视为在一定的环境和组织机构中形成的复杂的人机协同系统，由智能设备和智能技术的创新与开发系统、智能生产决策系统、智能生产执行系统、智能生产管理系统以及智能服务与智能产品五个子系统构成。文章分析了腾讯广告、蓝色光标和深演智能这三个典型案例，发现 2020 年品牌传播智能生产与智能服务的新趋势包括在品牌传播各个环节全面使用智能技术，形成全链路营销闭环；基于营销数据中台的人机协同决策指导品牌传播智能生产与智能服务；品牌传播内容创意的数智化与程序化；基于区块链技术保障数据安全与透明，防止隐私泄露；品牌传播服务的软件化与产品化。

关键词： 品牌传播　智能生产　智能服务

　　随着数字革命向 5G、人工智能技术等领域的持续推进，机器正越来越具有自主性能力，能够更迅速和有效地替代人类的部分功能，完成通常需要人类智慧甚至是人类智慧无法完成的复杂任务，参与人类的生产、决策与交往，促成人类社会经济及文化的根本改变。库兹韦尔在《奇点临近》一书

---

[*]　姚曦，武汉大学新闻与传播学院教授、博士生导师，武汉大学媒体发展研究中心学术委员会委员，研究方向为品牌传播、广告与媒介经济、公共关系；李娜，通讯作者，武汉理工大学法学与人文社会学院讲师，研究方向为品牌传播、广告与媒介经济；任文姣，武汉大学新闻与传播学院 2020 级博士研究生，研究方向为品牌传播、广告与媒介经济；贺林艳，武汉大学新闻与传播学院 2020 级硕士研究生，研究方向为品牌传播；赵冀帆，武汉大学新闻与传播学院 2020 级硕士研究生，研究方向为品牌传播。

中预言，21 世纪末，人机智能将比人类智能强大无数倍。[①] 在此种情境下，品牌传播的生产机制和服务过程越来越表现为人机一体化——以数据、算法和平台为支撑，从消费洞察、创意制作与投放再到效果监测，形成实时反馈和调整的营销闭环体系。

一 关于品牌传播智能生产与智能服务的界定

品牌传播是基于品牌信息的传播。品牌传播智能生产与智能服务即指将智能技术和智能设备应用于品牌传播的决策、执行与管理过程中，提升品牌信息生产的效率，自主、高效、安全地实现品牌传播的精准匹配、深度互动与品效合一，最大化品牌传播的投入产出比。[②] 品牌传播智能生产与智能服务系统可被视为在一定的环境和组织机构中形成的复杂的人机协同系统。人在机器的辅助下进行决策、创造和系统设计等，机器根据人所设定的目标负责具体的实施、控制与反馈。从结构上来说，品牌传播智能生产与智能服务系统由以下几个子系统构成（见图 1）。

1. 智能设备和智能技术的创新与开发系统

智能设备和智能技术的创新与开发系统是品牌传播智能生产系统的物质基础，由硬件层、系统软件层、算法应用层、应用控制层与交互接口层构成。硬件层是智能设备进行数据运用、计算和处理的核心固件，作为满足操作系统所有上层工作的底层技术支撑，包括 GPU（Graphics Processing Unit，图像处理器）、CPU（Central Processing Unit，中央处理器）、Coral USB Accelerator（机器学习模型推理加速器）等；系统软件层负责管理智能设备系统的各种独立硬件，使它们协调工作，以"调度者"与"整合者"身份存在，具体包括 IPFS（Inter Planetary File System，分布式储存和共享文件系统）、HDFS（Hadoop Distributed File System，硬件的分布式储存系统）等，

---

① 雷·库兹韦尔：《奇点临近（1）》，李庆诚、董振华、田源译，北京：机械工业出版社，2011，第 10～11 页。

② 姚曦等人在《2018：技术与创意驱动的中国品牌传播创新》一文中，结合熊彼特的创新理论，提出：品牌传播创新可被视为将一种从来没有的关于品牌传播要素和传播条件的"新组合"引入品牌传播体系中，以实现对品牌传播要素或传播条件的"新组合"。本文结合智能技术应用于品牌传播的现状和品牌传播运作模式的特性中，进一步对"品牌传播智能生产与智能服务"进行了界定。

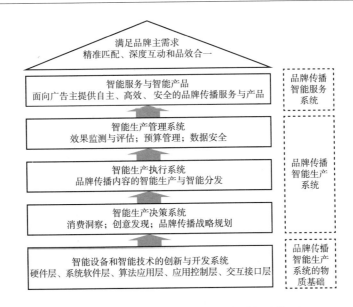

图1　品牌传播智能生产与智能服务系统

资料来源：该图为笔者根据对品牌传播智能生产与智能服务系统的理解自制而成，以勾勒品牌传播智能生产与智能服务系统的组成部分、各个子系统之间的关系以及系统最终所要达成的目的——满足品牌主对精准匹配、深度互动和品效合一的需求。

硬件层与系统软件层共同决定了"算力"的实力；"算法应用层—应用控制层—交互接口层"以系统方法描述和解决问题，并实施决策，基于"数据—检测—识别—标签"的工作模式，指导品牌传播的用户洞察、品牌信息个性化投放与全链式效果监测等，涉及的关键技术包括视频关键帧处理技术、场景与物体识别技术、生物特征识别技术与动态视觉、动作捕捉技术等。

2. 智能生产决策系统

智能生产决策系统依托大数据管理和分析平台，完成相关数据和信息的采集、加工、分析和处理，进行问题诊断，确定品牌传播目标，完成品牌传播战略的总体部署与规划。一方面，技术赋能传播服务，开拓超出人的经验的新方向，如帮助预知话题热度、挖掘被忽视的冷门话题等，这意味着新的内容生产主体——机器——可以帮助人获取更新的创意发现。另一方面，用户洞察由"互联网—物联网—体联网"的转向，不断借用认知神经学的进展，以具身化的交互方式全方位地洞察消费者，机器似乎比用户更了解自己。品牌传播服务商在开发用户显性需求的同时深耕用户潜在需求。

3. 智能生产执行系统

智能生产执行系统是在品牌传播战略规划的落实阶段，包括品牌传播内容的智能生产与智能分发两部分。品牌传播内容生产在信息系统的赋能下经历了从经验性、限量化生产向精准化、批量式生产的变革，品牌服务商不再完全依赖于人为经验的开发，而是通过数据植入与算法学习开发创意新形态，自动生成具有信息空间特点的批量化、个性化内容。智能分发具体表现为执行系统的精准与互动。品牌信息投放在"用户需求—算法推荐—场景匹配"的技术逻辑下，精准勾勒出目标消费者画像，以此实现信息、场景和个人的全方位匹配。

4. 智能生产管理系统

智能生产管理系统以数据为连接线，是实现"技术—决策—执行"的全链路闭环，将品牌传播效果监测、评估与协调由延时跨越至实时。而且，在全链路数据闭环的机制下，品牌服务商可全面把握程序化广告交易中的数据安全与预算管理，提高整个生产系统的透明度、可视化程度以及品牌传播的科学性，更好地解决"数据孤岛""数据安全""流量造假"等问题。

5. 智能服务与智能产品

品牌服务商基于智能技术面向品牌主提供更加自主、方便、快捷和安全的品牌传播服务和产品，来满足品牌主对品牌传播精准匹配、深度互动和品效合一的需求。如腾讯广告为广告主提供数据策略与洞察、用户触达与影响、用户转化与运营；创意智能资产管理及决策优化平台筷子科技所提供的服务包括程序化创意平台、创意元素测试服务、SEM（Search Engine Marketing，搜索引擎营销）落地页智能匹配系统和云制作工具等。

二 典型案例分析

目前，依托互联网平台资源的广告经营组织、综合性的数字整合营销公司以及具有鲜明技术特性的广告技术公司在品牌传播智能生产和服务领域始终处于最前沿。为了更全面地探索当前品牌传播智能生产与智能服务的新趋势，本文选取三个典型性案例作为研究对象——腾讯广告、蓝色光标与深演智能。腾讯广告依托腾讯系海量流量产品，拥有丰富的数据资源，在人工智能算法和学习技术的开发和应用上具有天然的技术优势和得天独厚的大数据基础，AI被应用于营销目标制定、广告精准定向、一站式投放管理等方面。因此，本文将腾讯广告作为互联网公司广告经营的典型代表。蓝色光标成立于1996年，以提供公关、广告、调研等整合营销传播服务见长，在大数据和社交媒体时代正逐渐发展壮大，转型为数据和算法驱动的营销科技公司。蓝色光标在广告营销领域深耕多年，依托其广泛的客户资源，蓝色光标布局数字营销领域，在2020年度中国数字营销公司排行榜中凭借线上营销能力、创新能力、广告技术、广告主口碑和团队能力荣登第一。[①] 因此，本文选择蓝色光标作为综合性数字整合营销工作的代表。北京深演智能科技有限公司，原名"品友互动"[②]，是国内领先的一站式人工智能决策解决方案平台。它以"AI赋能决策"的理念助力品牌增长，以深度学习、自然语言处理、知识图谱等人工智能技术为核心，驱动企业营销智能化、消费者运营数字化，为品牌主提供"数据中台＋业务中台"全栈式解决方案。

基于对品牌传播智能生产与智能服务的理解，本文将从智能设备和智能技术的创新与开发系统、智能生产决策系统、智能生产执行系统、智能生产管理系统以及智能服务与智能产品五个方面对这三个典型性案例展开分析，具体如下。

（一）腾讯广告

1. 智能设备和智能技术的创新与开发系统：智能技术赋能品牌传播全过程

相比于百度和阿里，腾讯在人工智能方面的起步较晚，但在智能技术的开发和应用上始终走在前列。2017年腾讯提出"AI in all战略"，以使用场景为核心，让人工智能赋能生活的方方面面。在广告营销领域，对机器学习、深度学习、人脸识别等多项人工智能技术的开发成为腾讯广告发展的重要驱动力，包括如下几类。

---

① 《2020年度中国数字营销公司排行榜出炉（附全榜单）》，百家号国际在线，2020年2月28日，https：//baijiahao. baidu. com/s？ id = 1659740437055629329&wfr = spider&for = pc，最后访问日期：2021年3月8日。

② 2019年8月，"品友互动"品牌升级为"深演智能"，"品友"成为深演智能旗下专注于营销技术领域（MarTech）的业务品牌。

Angel 机器学习平台。Angel 机器学习平台主要用于腾讯视频、腾讯社交广告及用户画像挖掘等精准推荐业务。它是腾讯面向机器学习推出的第三代高性能计算平台，具备特征工程、模型训练、超参数调节和模型服务等机器学习功能特性，能够进行稀疏数据大模型训练以及大规模图数据分析。

腾讯云神图·人脸识别（Face Recognition）。腾讯云神图·人脸识别具有人脸检测与分析、五官定位、人脸搜索、人脸比对、人脸验证、人员查重、活体检测等多种功能，能够提供高性能、高可用度的人脸识别服务，主要应用于智慧零售、在线娱乐、智慧楼宇、在线身份认证等多种场景。

腾讯云自然语言处理。腾讯云自然语言处理深度整合了腾讯内部顶级的自然语言处理（Natural Language Processing，NLP）技术，依托千亿级中文语料累积，提供 16 项智能文本处理能力，包括智能分词、实体识别、文本纠错、情感分析等，主要应用于用户评论分析和资讯热点挖掘。凭借 NLP 情感分析、智能分词、文本分类、自动摘要、关键词提取等关键技术，腾讯支持从微信朋友圈、QQ 说说、微博评论等内容社区进行分年龄、分职业的情感分析和用户关注度热点分析，为消费者洞察与创意发现提供依据。

腾讯云智天枢人工智能服务平台（TI Matrix Platform）。腾讯云智天枢人工智能服务平台是基于腾讯云和腾讯优图技术能力的全栈式人工智能服务平台。该平台可以帮助企业将 AI 结构化需要和其他线上数据融合，提高与已有业务系统的集成能力，实现企业的数字化转型。场景应用分为线上场景和线下场景：线上场景侧重于提供 AI 创意营销解决方案，即为企业主、广告商打造一站式 AI 创意营销解决方案，帮助从 0 到 1 轻松实现"H5/小程序"的线上开发；线下场景侧重于提供 AI 互动体验展解决方案，即为大型展馆、会场、商城、主题公园等线下场景提供人脸特效、人脸签到等 AI 互动服务及搭建制作，辅助线下场景的活动营销。

2. 智能生产决策系统：依托腾讯数据协作平台辅助营销决策

在智能生产决策方面，腾讯广告依托腾讯云平台上的诸多数据产品，为品牌主提供更加自主安全的大数据存储、分析和应用等服务，为消费洞察、创意发现与品牌传播战略的整体规划奠定技术和数据基础。

其中，数据协作平台（Data Sharing Platform，DSP）是腾讯云提供的数据管理服务，品牌主可基于 DSP 轻松构建自己的数据集，也可以搜集和下载第三方数据，如行业报告、大数据测试样本等，并将大量数据集存储于平台中，以便随时分析和处理数据，实现对自身所需数据集的高效管理。腾讯云平台上的文智公众趋势分析（Public Opinion Analysis）能基于腾讯搜索和自然语言处理能力，为用户提供全面、快速、准确的全网公开数据分析服务，帮助用户解决舆情分析、品牌监测、竞品分析、数据营销等问题。它可以快速获取全网数据，通过机器学习自动过滤歧义、广告等无效信息，形成高质量的数据集合，提供多维度的分析报表，包括热度、情感情绪、热词、热点事件和画像等；它也可以自动生成数据报告，帮助使用者快速分析。其在品牌传播中的应用表现为分析消费者评价，追踪产品或者是服务的质量、物流、售后等方面的用户反馈等，提高产品和服务的竞争力。

3. 智能生产执行系统：动态创意广告、创意定制服务与智能化内容分发网络

在品牌传播内容创意的智能生产方面，自 2019 年 8 月起，腾讯推出了智能创意产品——动态创意广告（见图2），它能自动将创意素材组合，精准定位目标人群，提供最佳创意，大幅提升创意内容的投放效果。只需广告主一次上传多个图片、视频、文案等，系统即可快速生成所有创意组合，并在兼顾竞争环境、目标人群特征、点击率和成本等多种因素下，实现千人千面的展示效果，而且能自动关停效果不佳的创意。同时，广告效果和创意数据的积累能指导之后的创意生产和优化。针对品牌主视频创意制作需求，腾讯广告还进一步升级了创意定制服务（Tencent Custom Creatives，TCC）（见图3），高效连接广告主与视频制作方，针对不同行业及流量场景推出统一定价的定制化视频套餐。广告主通过"建立需求订单—选择制作方—确认脚本及视频"的流程操作便能自主完成视频素材的制作。从需求沟通、协议签订、视频制作到推送投放效果监测，均可在腾讯创意定制一站式完成。所有的产品操作都能实现标准化、自动化。

在品牌传播内容创意的智能分发方面，腾讯内容分发网络（Content Delivery Network，CDN）提供了快速、稳定、智能、可靠的全球内容分发加速服务，支持图片、音视频等多元内容跨平台分发。目前，腾讯广告平台支持根据用户的地理位置、年龄、性别、行为兴趣意向、操作系统版本、联网方式以及自定义人群等来选择投放人群。其中自定义人群功能还可以让广告主在腾讯广告数据管理平台中创建和管理自己的定义类人群，包括广告主自行上传的号码包人群、被授权人群、标签广场中使用标签组合得到的人群、

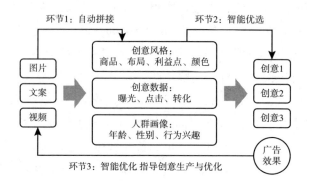

图 2　腾讯动态创意广告工作流程

资料来源：《腾讯广告自动生成创意组合给广告主带来哪些便利？》，搜狐网，2019 年 8 月 5 日，https://www.sohu.com/a/331608236_120096993，最后访问日期：2021 年 3 月 17 日。

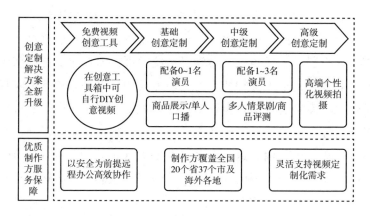

图 3　腾讯创意定制服务工作原理

资料来源：《腾讯创意定制服务全新升级，助力广告主高效布局视频广告》，搜狐网，2020 年 2 月 18 日，https://www.sohu.com/a/373921362_313745，最后访问日期：2021 年 3 月 17 日。

回传的行为数据提取出的人群、投放广告产生的点击等。自定义人群除了可精准锁定人群实现广告的精准投放外，还可以排除非目标人群，提高投放的精准度，有效节省广告投放成本。

4. 智能生产管理系统：腾讯灯塔驱动数据流量精细化、安全化评估与管理

在效果监测层面，腾讯灯塔作为基于腾讯海量大数据开发的移动应用智能数据分析平台，通过多渠道广告的全面覆盖，为广告主、代理商提供第三

方广告监测数据，实现全链路效果的完整追踪。从广告的点击、用户的跳转到用户的启动，腾讯灯塔广告监测可多维有效地评估投放的转化漏斗，精准量化投资回报率（Return On Investment，ROI），实现全链路最细粒度监测。

在流量反欺诈和反作弊层面，腾讯灯塔依托海量数据，建立了集"查""杀""验"模型于一体的多维反作弊识别方案，可对移动设备 ID 和行为路径数据实现精准分析与识别。其中"查"模型负责寻找黑产界的新型作弊方式，提升整体模型的覆盖率；"杀"模型负责精准识别广告投放场景下的虚假设备、虚假用户、虚假行为、注水曝光、注水点击和注水激活等；"验"模型通过多业务交叉验证，保证"查"和"杀"模型的准确率。目前，腾讯灯塔已经拥有 12 个反作弊专利，App 推广接入业务数 40 ＋，日校检终端数量 5 亿 ＋，还与秒针、尼尔森等平台共同成立广告反欺诈大数据实验室，构建反作弊特征数据库，不断优化和更新针对作弊行为、完善虚假流量的检测规则。

5. 智能服务与智能产品：平台化管理覆盖用户理解、触达与转化全过程

从全链路广告营销的各个环节来看，腾讯广告平台为广告主提供了用户理解、用户触达与影响和用户转化与运营三个层面的服务。

在用户理解层面，腾讯广告依托自有 DMP 数据管理平台可帮助广告主进行数据资产管理，提供全链路数据服务，以便广告主灵活、便捷、安全、深度地挖掘数据价值。

在用户触达与影响层面，腾讯广告提供的服务包括购买模式、定向广告、创意、投放管理和服务管理。在购买模式上，广告主通过腾讯广告实时交易平台（Tencent Ad Exchange，Tencent ADX）可以灵活地选择交易模式，透明、自动、高效地采买媒体曝光，精准触达目标人群。在定向广告上，腾讯广告主要有两种定向：行为兴趣意向定向和智能定向。行为兴趣意向定向以标签形式提供，用于圈定目标广告受众。智能定向则是基于当前账户的历史数据、商品信息、转化行为等数据自动智能地寻找适合人群，有效降低广告成本，提升广告效果。在创意上，腾讯广告提供从参考、制作、投放到分析的全方位创意支持，包括创意中心、创意定制、创意参考。创意中心聚集了优质广告创意，打造了集案例课堂、智能工具、预审分发和高效投放于一体的一站式服务平台；创意定制为企业提供定制化的全方位的创意解决方案；创意参考精选热门创意、视频、咨询和热词等，提供创意洞察分析。在

投放管理上，腾讯广告拥有 ADQ（ad.qq.com）投放端全流量一站式投放管理平台，可充分挖掘腾讯平台全流量价值。在服务管理上，腾讯广告推出了商务管家，即面向广告主构建统一管理账号、数据、用户、多类型资产等的腾讯广告账号管理系统，方便广告主管理、优化自身账户。

在用户转化与运营层面，腾讯广告平台从后链路转化和后链路运营着手，推出了枫页落地页（服务于直营电商广告主）、蹊径落地页（面向 App 落地页及网站落地页）和原生推广页（适用于投放微信流量）等免费落地页建站工具。

（二）蓝色光标

1. 智能设备和智能技术的开发与创新系统：小蓝机器人家族构建智能营销全链条

自 2018 年 8 月起，蓝色光标上线了智能营销产品矩阵——小蓝机器人家族，以构建智能营销全链条，其系列包括 iDataBot 营销数据平台、撰稿机器人"妙笔"、发布机器人生花、鲁班一站式电商营销平台、麦集客等 14 款产品，贯穿从消费洞察、创意生产、媒介投放到效果评估与优化的全过程。比如，iDataBot 能够从产品定位、消费者洞察以及投放计划等环节帮助企业决策预判。撰稿机器人"妙笔"则能在 1 秒钟内改编出数千篇分别适合微博、微信、头条、新闻网站等不同媒体平台风格的稿件。BlueMC 营销捕手一键式满足营销人在找大号、受众分析、制定策略、新媒体运营、数据监测等多方面需求。

2. 智能生产决策系统：iDataBot 营销数据平台辅助营销决策

在品牌传播生产决策方面，蓝色光标主要依托 iDataBot 营销数据平台，辅助品牌营销人员进行营销策划案的制定与撰写，其官网上称之为"业界首款营销传播策划案助手"。iDataBot 营销数据平台基于超过数万小时的营销策划业务实践经验，提供人群洞察、策略制定以及媒介规划等全方位的数据支持。其特点包括：融合多方数据源，实现数据可视化，直观展现洞察报告；进行人机互动，提升创意产出效率；快速生成营销草案，辅助营销人员制定营销方案。

从各模块的营销模型和算法逻辑看，该系统主要分为三个部分，A（Analysis Foundation）分析模块、I（Insight Hub）洞察模块以及 I（Idea

Concept）创意模块。首先，在 A 模块中分析撰写营销方案的客观影响因素，即宏观市场判断、品牌竞争态势及目标人群画像，从数据角度全方面地还原市场样貌。其次，得出的所有结论和数据会导入 I 洞察模块，结合产品特点、消费者诉求和品牌定位得出营销的核心洞察（Big Idea），制定整体营销传播定位。最后，围绕"核心洞察"产生内容创意。该模块辅助用户确定创意主题、内容创作方向以及媒体投放。其中创意主题环节基于模拟创意大咖的思维来辅助用户思考，以实现用"科学"辅助"艺术"的生产。

3. 智能生产执行系统：蓝标在线一站式营销平台驱动品牌传播执行

蓝色光标旗下拥有众多智能营销产品，各产品功能叠加，往往难以发挥很强的协同作用，造成品牌主的使用困难。2020 年蓝色光标正式推出了蓝标在线体验版，其特点在于通过平台化的方式为企业提供营销规划、数字内容创作、社会化媒体传播、多渠道活动推广和营销数据管理的一站式全饰略营销服务。依扎蓝标在线，品牌主可自行使用该平台上多样化的营销产品，实现创意内容的智能生产与分发。

在创意内容智能生产上，蓝色光标超过 20% 的创意可由智能服务机器人完成。基于知识图谱和自然语言处理技术，图片、语音、视频识别和生成技术以及以机器学习为基础的营销服务模型等可自动匹配素材，生成创意。比如蓝标在线上的产品"文案易"，可基于 iDataBot 营销数据平台，汇集行业最全、最新品牌标语，协助企业创造独具一格的品牌标语，通过一键改写、灵感库搜索以及一键生成的方式，让更多文案灵感和创意变为现实；方案只要用户输入品牌信息、营销需求和传播目标，即可结合营销传播模型和人群数据库，智能生成营销传播策划方案，内容包括竞品分析、人群画像、传播定位、传播标题、项目计划等。

在智能分发上，蓝色光标通过不停地投资并购数据技术公司来增加技术基因，并持续加大技术研发投入，孵化出 CRM（Customer Relationship Management，客户关系管理）业务、自媒体智能投放业务、Data + 精准用户画像投放等系列数据产品。其中蓝色光标旗下的多盟 Data + 数据营销系统"罗盘"基于多特征支持和效果反馈，建立了创意/产品评分模型，结合产品卖点与目标人群需求，可实现动态商品广告（Dynamic Product Ads, DPA）优化和智能投放。蓝标在线上的产品"发布宝"可以整合蓝色光标线下发布及线上营销经验，助力企业通过线上直播、微信运营方式快捷地开展品宣、推广、卖货等营销工作，帮助企业解决疫情期间"品宣难、卖货难"等实际困难。

4. 智能生产管理系统：构建在线透明和全量的智能化体系

在效果监测、预算管理和数据安全等方面，蓝标在线建立了实时在线透明和全量的智能化体系。蓝标在线平台实时展现蓝色光标在移动端投放广告的情况，包括用户广告请求次数、部分营销机器人自动产生的营收及数据流量等信息，实现了移动端实时在线透明和全量的智能化体系，成本及效果全程智能可控。

同时，蓝色光标还推出 DATA 项目，解决了数据欺诈和数据隐私安全问题。该项目以区块链技术为基础，基于以 AI 技术和 P2P 移动存储架构为驱动的去中心化终端数据信用协议，解决了全球数字生态中数据作假、信任缺失所导致的合作效率低下、生态资源浪费、价值分配不均等严重问题。例如，其旗下移动智能营销整合服务公司多盟（Domob）专注移动端品牌广告、效果广告及 App 分发，拥有一站式程序化广告平台。通过结合 DATA，多盟不但可以进一步完善自身的流量反作弊系统（Anti-fraud System），优化服务流程，提升营销效率，还可以成为 DATA 生态认证节点和生态合作伙伴，共同治理生态。另外，蓝色光标正在探索更多区块链技术落地应用场景，通过区块链的共识引擎、智能合约等核心机制，在营销联盟链研发、智能化营销、结算支付、数据隐私安全等方面持续发力。

5. 智能服务与智能产品：营销服务、数字广告和国际业务的在线化

根据蓝色光标官网上所显示的资料，蓝色光标的核心业务内容主要包括营销服务、数字广告和国际业务。[①] 基于蓝色光标强大的技术、数据和产品开发能力，依托蓝标在线一站式营销平台，其在营销服务方面能够自主、高效地为品牌主提供消费者洞察、内容创意、活动管理、CRM 服务、自媒体智能投放、场景营销等全渠道应用以及企业销售促进解决等全价值链服务。在数字广告方面，蓝色光标本身拥有移动手机屏和智能电视屏两大智能投放业务，能为品牌主提供全方位媒体购买服务。在国际业务上，蓝色光标为北美、西欧等众多全球 500 强品牌以及"出海"的中国品牌提供国际化传播服务，旗下产品"跨境宝"可以一站式满足中小出海电商商家的出海营销

---

① 蓝色光标官网，http://www.bluefocusgroup.com/marketingservices/。

和广告投放需求，帮助商家绑定和管理 Facebook 和 Google 账号、快速创建广告、自动优化投放素材等，助力商家和企业在家管理跨境生意。从当前发展来看，蓝色光标的核心业务业已实现了"营销在线化"，在 2020 年艾瑞咨询发布的《2020 年中国企业级 SaaS 行业研究报告》中，蓝色光标凭借其营销技术能力和一站式整合营销能力居业务垂直型"营销"区域首位。

（三）深演智能

1.智能设备和智能技术的创新与开发系统：AI Lab 促进营销智能技术开发

针对智能营销技术的开发问题，深演智能建立了以 AI 技术为主导的 AI Lab，聚集了全球数十位人工智能科学家，开发人工智能商业决策技术。

AI Lab 具体的研究内容包括：通过监督式或无监督式机器学习，实现分类、聚类等分析能力；分析处理自然语言以增强人机互通，实现内容的自动认知和生成；分析处理图像图形，包括人像识别和图像创作；通过机器学习深度分析受众行为数据，还原每个受众的真实画像。智能技术被应用于广告营销中的智能决策、销售预热、受众模型、媒介分析等各个环节，推出了中国数字广告人群类目体系（Digital Advertising Audience Taxonomy, DAAT）、优驰智能投放引擎、自动海量实验算法平台等多种应用成果。

2.智能生产决策系统：一站式智能企业数据管理平台辅助营销决策

深演智能推出的一站式智能企业数据管理平台，采用"数据中台 + 业务中台"模式赋能企业实现数字化、智能化转型，帮助企业实现人群策略、媒介策略、创意策略、个性化营销活动、数据沉淀闭环等，其功能架构如图 4 所示。

该平台的核心优势包括如下。一是全数据治理。有效打通第一方用户数据、第二方媒体数据和第三方外部合作伙伴数据，帮助企业整合利用私域、公域各方数据，形成更全面的洞察和分析。二是全智能分析。平台具备人群聚类分析、预测分析、媒体智能分析、创意分析等多种模型算法，实现企业经营决策的智能化。三是全链路闭环。以用户为中心，帮助企业构建从数据源到数据采集、清洗、打通、标签体系建立、人群分类管理等再到数据激活使用后再采集回流的闭环系统。四是基于高度开放的产品设计，允许对接外部工具和企业的自应用。

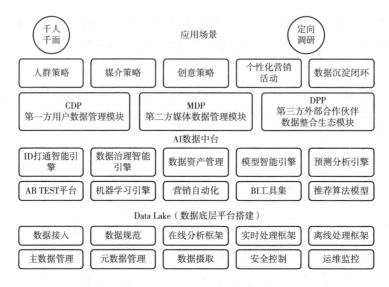

图4 深演智能一站式智能企业数据管理平台工作原理

资料来源：笔者整理自深演智能官网，http：//www.deepzero.com/zhinenjuecepingtai/。

3. 智能生产执行系统：基于实时数据洞察，实现创意内容的智能输出与分发

深演智能所拥有的智能内容管理平台（Content Management Platform, CMP），是基于人工智能技术和用户模型驱动架构的企业级快速内容管理平台。该平台能够基于实时数据洞察和自然语言处理技术实现创意内容的智能输出与分发。

首先，在创意内容的生产和投放层面，CMP类型丰富的内容资源，不仅整合了多方线上源头内容数据，还积累了庞大的广告投放数据及交易平台基础数据，能够高效科学地管理图片、音频、视频等数十种素材类型，为创意内容生成提供优质丰厚的基础素材；其次，在素材内容的应用方面也具有较强的适应能力，经过多次实际投放验证的预测模型，可以有效帮助品牌方进行合理预测，利用大数据及实际投放数据系统建立科学的分类逻辑及模型算法；最后，多任务处理能力使得CMP可以对接及处理多个内容源，提高广告内容生产的效率。

4. 智能生产管理系统：一站式智能营销管理平台实现全智能、全透明和全触点流量管理

深演智能旗下的一站式智能营销管理平台基于机器学习算法、模式识

别、点击预测、转化预测模型等 AI 核心技术，管理保价保量（Programmatic Direct Buying，PDB）、优选购买（Preferred Deal，PD）、实时竞价（RealTime Bidding，RTB）等流量采买形式，对每一次广告的曝光进行决策。

该平台在数据管理方面拥有六大维度保障和三大机制标准，分别是收费模式透明、流量透明、人群数据透明、定向透明、第三方功能透明、投放数据透明和度量透明、机制透明、数据透明，充分保障数据安全。凭借多年的投放数据积累以及运营商数据，深演智能建立了主动防作弊机制——擎天柱，引入了 IAS、Grapshot 等第三方环境验证公司，为广告主提供真实的流量和高级别的广告可控环境，确保广告可见度、品牌安全性和内容相关度，把"黑盒子"变成了可人工设置的"白盒子"，让数字广告重回安全的边界内。

5. 智能服务与智能产品：AI 营销、AI 政务和 AI 金融

自 2019 年品友互动正式宣布品牌升级为"深演智能"后，深演智能的业务场景从原来的数字广告营销领域，拓展到公共决策、疫情预测、商业预测等更广泛的智能决策领域。

深演智能针对品牌主所提供的智能服务，包括 AI 营销、AI 政务和 AI 金融。AI 营销涉及新零售、汽车、电商、移动开屏、OTV（Online TV，线上视频）全媒体和动态创意等领域。以动态创意为例，其能够了解深演智能的解决方案逻辑原型，通过动态创意、原生流量和智能算法三个应用来生成创意内容，根据不同程度的访客浏览行为自动生成创意，并在智能技术的加持下实时动态推荐时机、出价、形式、具体商品/服务和场景，为不同行业的品牌方推荐个性化算法。AI 政务涉及智慧旅游和政务云平台，基于大数据中心的大数据资源，采用大数据技术开展数据驱动的社会管理，将政府的各项职能程序化、标准化、数据化，实现社会管理从粗放式向精细化的转变。AI 金融对口反欺诈，通过对个人客户进行特征分析，结合金融数据维度和品友标签维度共同建模，在个人客户中甄别可能发生不良金融行为的用户并及时进行预警干预；利用大数据分析技术建立信用风险评估模型，分析各变量间的相关关系，提高风险分析和决策的准确率。

三　品牌传播智能生产与智能服务的新趋势

（一）智能技术深入品牌传播生产与服务各环节，形成全链路营销闭环

在大数据与人工智能技术的驱动下，广告产业遵循从数据到智能的逻辑，由核心业务的智能化走向全面智能化。[①] 随着人工智能技术在品牌传播实践中的全面渗透和落地，品牌传播生产与服务的效率大幅提升，品牌信息的精准匹配、深度互动以及品效合一等方面出现了更优化的解决方案。基于人工智能技术平台，从对消费者的全方位精准洞察，创意内容的个性化、规模化生产与高效审核，到对品牌信息的精准投放以及实时的效果监测、评估与策略优化，各个环节有机联动，形成全链路营销闭环，为广告主提供更加自主、高效、安全的品牌传播服务。其中用于品牌传播生产与服务场景的核心人工智能技术，包括机器学习、知识图谱、自然语言处理、生物识别技术以及 AR 与 VR 技术等（见图 5）。

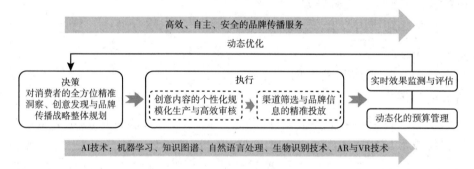

图 5　基于 AI 技术的全链路营销闭环

资料来源：笔者自制。

机器学习的核心是使用算法解析数据，从中学习，然后对世界上的某件事情做出决定或预测。在品牌传播实践中，机器学习可使品牌从大量历史和

---

① 马二伟：《数据驱动下广告产业的智能化发展》，《现代传播（中国传媒大学学报）》2020 年第 5 期，第 144～149 页。

现状数据中获得实时洞察，面向目标消费者投放个性化的品牌内容或推荐相应的产品或者对该产品采取个性化和差异化定价。依靠超强的计算力，未来基于智能推荐的用户数据处理效率将大大提高，品牌与数据方的响应时间更短，机器学习模型将驱动算法用于用户未来行为和需求预测，目标消费者可获得到既是意料之外又是情理之中的品牌内容。并且，通过机器学习分析技术，品牌还可以基于营销活动相互之间有效性比较的实时数据，来重新分配营销预算，降低营销成本。

知识图谱是一种用图模型来描述知识和建模世界万物之间关系的大规模语义网络。通过对海量结构化和非结构化数据进行抽取、融合、加工、存储等形成网状知识结构，对概念间的关系属性进行联结和转换，支持非线性的、高阶关系的分析，使机器能对物理世界生产生活行为进行推理、预测和判断。自然语言处理是知识图谱的核心关键技术，主要用于对自然语言中信息的初步认知和抓取，通过分词、词性标注和句法分析产出计算机可识别的语料库，以便后续需求调取。在品牌传播实践中，知识图谱和自然语言处理可用于消费洞察和消费需求预测，还可对创意内容和创意素材进行自动化、标签化管理，并自动生成相应的创意内容，最终实现"场景—用户—品牌传播创意内容"的精准化、个性化匹配。同时，知识图谱技术还可用于对创意内容合法性和真实性的审核，对营销效果进行双重保障。

生物识别技术通过计算机与光学、声学、生物传感器和生物统计学原理等技术结合，利用人体固有的生理特性和行为特征来鉴定个人身份。[①] 随着生物识别技术与多种智能设备的结合，数字身份将成为人的第二张身份证，通过数字身份建立对消费者心理和行为的深度洞察，并向其推送他们喜欢和需要的品牌信息。

不断发展和成熟的 AR、VR 技术为品牌传播创意呈现带来了极大的想象空间。AR 和 VR 技术都是虚拟现实技术，其原理是通过计算机技术建构三维场景并借助特定智能设备（如智能手机、头套、手套、眼镜等）让用户感知并能够进行交互操作。其区别在于前者是在屏幕上把虚拟世界套入现实世界；后者则能够直接创建和体验虚拟世界，使用户能够沉浸到该环境

---

① 人工智能学家：《一篇文章了解生物特征识别六大技术》，搜狐网，2018 年 4 月 11 日，https：//www.sohu.com/a/227976900_ 297710，最后访问日期：2021 年 3 月 17 日。

中。两者与品牌传播相结合，可为消费者带来沉浸式的虚拟体验，吸引消费者的注意力，加深消费者的品牌记忆和品牌体验。

（二）基于营销数据中台的人机协同决策指导品牌传播智能生产与智能服务

当前，大数据已被广泛应用于企业品牌传播实践的各个领域。但是，在基于大数据的精准营销传播中还存在一些关键问题，严重阻碍了其在品牌传播中的应用，如数据来源单一、数据孤岛问题严重、数据获取缺乏监管、数据安全性差和数据隐私泄露等问题亟待解决，[①] 其使大数据的应用效率和应用价值大大降低。从以上典型案例中可以发现，无论是拥有海量数据资源的互联网公司，还是历经转型的大型数字营销公司或者是新兴的广告技术公司，都在积极寻求解决办法，充分挖掘大数据的价值。

营销数据中台[②]正是在这一背景下兴起和发展的。营销数据中台是全领

---

① 姜智彬、马欣：《领域、困境与对策：人工智能重构下的广告运作》，《新闻与传播评论》2019 年第 3 期，第 56～63 页。

② "中台"，现代企业术语，在互联网行业被广泛使用，目前学界尚无明确的定义。"中台"概念是相对于"前台"和"后台"而言的。"前台"就是用户最直接接触的产品部分，"后台"是企业通用的管理系统，负责企业的运营管理和资源支撑，如产品系统、客户管理系统、财务系统以及技术基础设施等。"中台"就是将企业的通用化能力打包整合，以接口的形式赋能外部系统，从而达到快速支持业务发展的目的。该概念最早由阿里巴巴在 2015 年正式提出。2014年马云考察了芬兰的一家游戏公司 Supercell，发现对方不是按项目划分团队和运营团队，而是所有团队共用开发，每个前端团队依托共用开发平台实现灵活机动的创意生产。这个共用的开发平台被称为"中台"。马云受此启发在 2015 年正式提出中台战略，推动"大中台，小前台"的组织和业务架构变革。到 2018 年下半年，腾讯、百度、京东、字节跳动等互联网巨头相继开启以中台为核心的组织架构变革，"中台"概念在业界变得炙手可热。"中台"概念产生的根源在于：随着企业发展规模的扩大，不可避免地产生了针对不同业务的多个前台和多个后台，造成了业务线之间相互独立、数据不共享、业务不拉通，人力资源重叠浪费，制约了企业发展。"中台"通过制定标准和机制，可大大降低沟通成本，提升协作效率。根据不同企业的业务特点，分化出了不同的中台架构，如业务中台、数据中台、组织中台等。其中"数据中台"是当前互联网企业乃至传统企业最重要也最容易实现标准化建设的一个中台架构。它通过数据技术，对海量数据进行采集、计算、存储以及统一的标准和口径的处理，形成标准大数据资产，为企业所有业务线客户提供高效、一致的服务。该部分资料主要参考了网上电子文献中关于"中台"的论述，包括《中台的中场战事》，百家号虎嗅 App，2020 年 7 月 23 日，https：//baijiahao. baidu. com/s? id＝1672965923580811865&wfr＝spider&for＝pc，最后访问日期：2021年 3 月 23 日；《建中台，现在才是一个开始》，百家号钛媒体 App，2020 年 8 月 8 日，https：//baijiahao. baidu. com/s? id＝1674412652247988146&wfr＝spider&for＝pc，最后访问日期：2021 年 3 月 8 日。

域数据的共享能力中心，能够提供多数据源对接、数据治理、数据存储和运算、数据可视化和数据输出等全链路一站式产品、技术、方法论服务的平台。其介于数据源和前端的业务应用层之间，在快速敏捷的前端应用需求和相对缓慢的核心数据变化及复杂烦琐的数据维护之间提供适配，通过实时API（Application Programming Interface，应用程序接口）服务业务应用场景。相比传统数据管理模式，营销数据中台的技术革新在于如下几点。一是打破数据孤岛，实现多数据源对接。数据类型包括广告主自己系统上产生的第一方数据，广告主外部系统上生成的第二方数据，如电商数据、微信公众号数据以及第三方数据，即广告主直接获取的外部数据资源。二是在数据治理上，通过数据标准化、ID打通和异常数据甄别等方式对网络爬虫、无效流量、无效浏览等多种无意义异常数据进行清洗以获取最真实的数据分析结果。三是数据分析方式发生了根本变革。在连接外部数据标签后，基于知识图谱的自建标签，可实现对目标消费者更加全面而精准的洞察，生成业务侧能够看懂的"图谱"。四是能够满足数据输出的实时要求。传统的从大型数据库提取数据需要数分钟甚至数小时，数据中台能达到毫秒级别的技术响应。总体而言，相比于传统的数据库和大数据分析平台，营销数据中台为消费洞察、创意生产和投放等业务应用场景落地提供了更加统一的精细化的数据输出与数据分析能力支持。

通过以上典型性案例的分析，我们还可以发现，目前营销数据中台正处于建设发展阶段，各广告组织都在基于自身优势资源不断提高对数据资源的高效利用。在未来，营销数据中台将成为品牌智能传播中不可或缺的因素，贯穿于消费洞察、创意发现与制定以及投放策略等决策全过程。在消费洞察环节生成数据分析结果并建立用户画像；在创意发现与制定环节，辅助营销人员发现核心创意需求，并积累海量创意素材，自动化生成创意内容；在投放策略环节，则帮助进行渠道选择、竞价策略制定与预算分配。营销人员根据数据中台的自动化生成结果理解数据并发现核心洞察，制定核心创意、创意策略以及品牌传播战略与策略的整体规划（如图6所示）。基于营销数据中台的人机协同决策将成为品牌智能传播的必然趋势。

（三）品牌传播内容创意的数智化与程序化

内容创意是品牌传播的核心环节之一。大数据和人工智能技术应用不仅

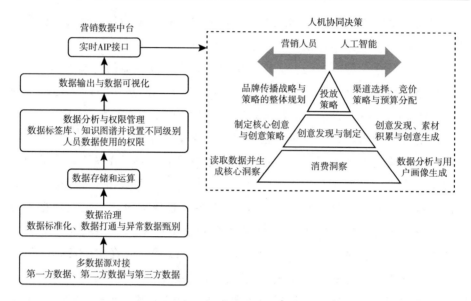

图6 基于营销数据中台的人机协同决策

资料来源：笔者结合秒针营销科学院2019年发布的《营销数据中台白皮书》中"营销中台的系统结构"的相关论述，及自身对典型案例的分析和理解绘制而成。

重塑了传统品牌传播的运作流程，创新了品牌传播模式，也使内容创意成为衡量品牌传播效果和质量的重要指标。面对海量创意组合、多元场景的创意内容匹配以及动态创意实时监测与优化的需求，原始的、主要依靠人力的创意生产和管理流程效率低、成本高。对海量创意内容元素实现数智化与程序化生产和管理正成为品牌智能传播的重要趋势。

从当前品牌传播创意生产的现状来看，品牌传播创意资产的数智化与程序化主要表现为以下几个方面。一是对品牌传播内容创意进行元素级拆分，打造内容创意供给平台。每一场营销战役都可以被拆解成一个方案、一个视频、一组海报等，甚至每一个视频、海报等都可被进一步拆分成文案、图像、视频片段等多种元素组合，集成于内容创意供给平台，根据需求随时取用。以展示广告中最常见的横幅广告为例，其通常可以被拆分为Logo、产品、模特、文案、按钮、背景、点缀物七个内容要素。二是构建内容智能生产平台，实现创意内容生成的自动化。所有被拆分的元素皆可转化为内容数据，并在消费者数据洞察的基础上采用智能技术进行任意组合和再创造。比如，图像生成技术可实现一键抠图，自动生成各类平面广告；智能短视频技术可实现短视频创意画面的智能裁切、拆条、重组与灵活编辑，让视频剪辑更加高效快捷。三是创意内容的智能分发与实时优化。通过将内容创意的每个元素进行编码使其拥有唯一的 ID，创意内容的触发、效果监测、优化、洞察与匹配就可以以标签、数据、算法方式实现元素级别控制。其原理是首先将创意素材以元素 ID 标签的形式进行定义，针对不同场景的多样化创意及其触发规则就可以转化为数据代码；其次，用户场景数据若符合创意触发规则，则在相应广告位上显示相应的品牌信息，实现"人—场景—品牌传播内容"的精准化匹配；最后，这些创意元素被植入监测代码，进入投放环节的创意将不断有数据回流，每一个创意元素的效果都可以数据形式呈现，为创意生产阶段遇到的各种问题提供数据支持。比如在一则原生广告中，可实时监测用户对该原生广告图片、文字和相关按钮等的停留和点击时间，并基于此实现对创意内容的动态优化。

（四）基于区块链技术解决数据安全、数据透明和隐私保护问题

随着数据在品牌传播流程和业务运作中的普及，以及数据流动性的提升，合作治理数据问题已成为诸多企业的共识。广告效果评估的精准度与回收数据的完整度、真实度密切相关，但虚假流量、错误点击、无效浏览、结算延迟等问题的出现使得基于数据的效果评估存在误差，数据使用过程中对用户数据隐私的侵犯也是数据治理面临的一大难题。从以上典型性案例的分析中可以看出，谋求安全、透明、可信的数据共享平台正在成为行业关注的焦点。面对复杂的数据系统和品牌主、品牌服务商、品牌消费者等多方利益的博弈，区块链技术是解决这一问题的重要创新方案。

区块链是分布式数据存储、点对点传输、共识机制、加密算法等计算机技术的新型应用模式，[1] 具有去中心化、不可篡改、全程留痕、可追溯、集体维护、公开透明等特点。基于这些特点，区块链技术可有效解决信息不对称问题，实现多个主体之间的协作信任与一致行动。[2] 对于品牌传播生产与

---

[1] 《区块链技术前沿报告（2020 年）》，中国通信协会，2020 年 12 月 4 日，http：//www. china - cic. cn/detail/22/15/2829/，最后访问日期：2021 年 3 月 17 日。

[2] 《区块链，换道超车的突破口（人民时评）》，百家号环球网，2019 年 11 月 4 日，https：// baijiahao. baidu. com/s? id = 1649224253005593606&wfr = spider&for = pc，最后访问日期：2021 年 3 月 17 日。

服务过程而言，首先，区块链技术有助于解决点击欺诈、流量造假与无效流量投放等问题，助力广告交易结算，营造信任度更高的营销生态系统。区块链技术分布式记录的特点和智能合约机制使产业链中成员作弊成本大大提升，一旦发生欺诈行为，其将被归为不诚信用户，品牌主可将其剔除；基于区块链公开透明的特点，可实现对广告转化率的监测，避免由虚拟点击等造成的经济损失；除了发现和标记有点击差异和"僵尸"渗透的网站外，区块链技术还可以协助跟踪点击次数，这有助于锁定真正点击的受众。其次，区块链网络的每个成员都可以访问和审查链上执行的各种活动的信息。此外，每个分类账都有一个独特的公钥，该公钥被分配给所有参与者，并与链上所有交易链接。因此，数据被篡改或泄露是不可能的。媒体平台和电商交易平台等可将用户数据、支付记录、交易信息等数据存储至区块链而不用担心数据泄露或篡改，从而有效保护消费者隐私，增强数字营销的安全性。

越来越多的品牌方、品牌服务商和媒体平台等业已认识到广告营销数据安全和隐私等问题不应该只依靠一己之力，而应该通过业界共识的方式构建起安全互通共同体，一致澄清广告数据。技术的两面性势必会让数据的红利伴随一定的安全问题，而这种安全问题也可以通过智能技术去发现并尽可能弥补。这种趋势在更加强调安全、隐私、透明、互通的今天得到了业界的广泛认可，正朝向更加理想状态的数据生态管理体系发展。

（五）品牌传播服务的产品化与软件化——营销 SaaS 的迅速发展

随着流量红利的消逝，新技术、新渠道层出不穷，如直播、VR、AR 等新的流量入口让流量阵容急速扩充，入口越来越多元化和碎片化，企业生存在竞争激烈的流量丛林中，亟须进行数字化营销转型。但大部分中小企业数据化水平较低，企业数字转型迫切但能力不足。随着互联网、大数据、云计算的发展，互联网基础设施雄厚，营销 SaaS 应运而生，并将成为品牌传播服务的重要趋势。

所谓营销 SaaS（软件即服务），就是基于互联网和大数据平台，把营销服务环节从消费洞察、营销创意生成到最终投放的服务能力集成到一个系统云平台中，各环节工作能够在平台上自动化完成，直接在平台上为用户提供服务。数据计算以及存储均不需要在本地进行，实现营销自动化、智能化，并且能够在平台上实现数据沉淀。Forrester 曾在《2016 年 Q2 企业营销报告》中总结企业营销云应包括的十大功能：客户资料管理、用户分析、活动与互动管理、在线广告、营销资源管理、内容与资产管理、用户体验能力、测量与优化、用户体验和整合。根据 iiMedia Research（艾媒咨询）数据，2020 年中国 SaaS 行业市场规模将预计达到 253.4 亿元，其中 CRM 市场发展迅速，2019 年规模达到 36.9 亿元。营销 SaaS 作为 CRM 的重要分支，其发展潜力不容小觑。① 这意味着，品牌传播服务不再是由广告公司以团队服务的形式直接提供，而是变成可由品牌主自主选择的技术产品，品牌主对消费洞察、创意制作和广告投放等的需求可通过各类营销技术产品予以实现，比如案例中已有的自动创意内容素材库、智能广告投放系统等。

四　总结与展望

从传统媒体不知道 50% 的广告费在哪里，到大数据和人工智能时代流量数据越来越精准，各品牌在不同战场的流量争夺也异常激烈，从广告到互动，每一天爆炸的信息和刷屏的事件都在消耗着消费者的注意力，流量的红利正在逐步消失，品牌要想在流量海洋中分取一时的注意以及实现流量价值的转化越来越困难。2020 年新冠肺炎疫情袭来，线下渠道受损，消费者行为模式发生了翻天覆地的变化，各品牌在经济下行压力下的广告投放也更加谨慎，再加上长久以来流量造假、注水问题，以及数据隐私和安全问题等，数字营销环境的整体优化迫在眉睫。

在此背景下，品牌传播智能生产和服务的总体趋势表现为：构建高效、开放、透明、安全的数据生态，实现数据的精细化运营和管理。这包括在横向上积极打破数据孤岛，实现对来自不同平台、不同企业以及线上和线下等多源数据的整合、处理和精细化运营，深度挖掘数据价值；在纵向上连通消费者数据、品牌内容数据和品牌传播效果数据，以平台为支撑，以技术为驱动，以产品为前端，构建实时动态优化的营销链条，使品牌的广告投放由从前割裂的品牌和效果投放向品效合一、用户全生命周期价值管理的全链路营

---

① 艾媒咨询：《2020 年中国营销 SaaS 行业发展专题研究报告》，艾媒网，2020 年 10 月 29 日，https：//www.iimedia.cn/c400/75002.html，最后访问日期：2021 年 3 月 17 日。

销转化，实现对现有数据价值的循环利用和充分开发；并以区块链技术为突破口解决数据安全、数据透明和隐私保护问题，以促进数据信任，构建品牌主、品牌服务商、平台商以及消费者之间价值共创和共生的生态体系。

作为一个人机协同系统，在品牌传播智能生产与智能服务的过程中始终贯穿着人的逻辑与机器的逻辑两条主线。合理化技术大规模的复杂运作，需要其影响范围内的所有事物都发生改变，以符合技术整体的特殊要求。① 以大数据、人工智能等为基础的具有高度自主性进化能力的机器体系参与到消费者洞察、广告决策与创意生产之中，解决了长久以来困扰品牌传播实践的信息精准匹配、深度互动和品效合一等部分问题，但其运作的复杂性似乎使人力难以对其进行把控，从而产生了诸多风险，如个人隐私泄露、品牌数据安全威胁等。在未来品牌传播智能生产和服务中，人的介入和人的"超越性"就在于对技术复杂性的理解和时刻反思的基础上，在机器系统的运行中寻求合规律性与合目的性的统一，以最大限度地满足人的需求，实现品牌主、品牌服务商、平台商以及消费者之间的共赢。

---

① 兰登·温纳：《自主性技术》，杨海燕译，北京：北京大学出版社，2014，第 179 页。

《传播创新研究》（2021 年第 1 辑）

第 203～227 页

© SSAP，2021

中国智能传播研究进展的知识图谱研究[*]

——基于 CSSCI 数据库（2016～2020 年）的可视化分析

廖秉宜　李智佳[**]

摘　要： 本文运用文献计量方法，基于 CSSCI 数据库收录的 2016 年至 2020 年共 121 篇智能传播研究相关论文，分别从作者、机构、来源期刊、关键词共现及关键词聚类多个面向进行知识图谱分析。研究发现，在科研合作关系上，核心研究者之间、跨学科研究者之间、研究机构之间需加强合作，学术研究者们同政府机构、社会团体、商业企业之间亟待建立联系；在研究内容上，中国智能传播研究的核心主题与热点前沿主要聚焦于八个方面：新闻传播理论变革、智能传播人才培养、智能时代媒体改革、智能传播中的舆论引导、智能广告、智能传播中的传播主体、智能传播伦理以及疫情下智能传播的新态势。

关键词： 智能传播　知识图谱　可视化分析　CSSCI 数据库

一　引言

无人机采集、机器人写作、算法推荐、AI 主持播报，如果推及二十年

* 本文为教育部人文社会科学重点研究基地重大项目"传媒智能化背景下中国传媒和广告产业竞争力研究"（编号：16JJD860002）、武汉大学人文社会科学青年学者学术发展计划学术团队项目"智能营销传播研究"（编号：413100035）的阶段性成果。

** 廖秉宜，武汉大学媒体发展研究中心研究员，武汉大学新闻与传播学院教授，武汉大学珞珈青年学者；李智佳，武汉大学新闻与传播学院硕士研究生。

前，这一串词语可能让人以为接下来要讲的是一部未来主义小说。然而自 2015 年人工智能技术在中国取得较快发展以来，技术就已经开始用于各行各业，政府工作报告及相关发展规划中频繁提及要加快人工智能技术在各领域的应用。随着人工智能技术在新闻传播中的应用加深，上述词语已成现实，未来智能技术引发的智能传播作为一种新的信息传播方式将得到越来越多的关注。目前有关智能传播的研究自 2016 年开始直线增量，这不仅源于智能技术对传统新闻传播学科的理论体系、人才教育、行业发展的颠覆不断提速，更在于技术正使得"万物皆媒"的"智能 +"社会在方方面面逐渐成为现实，传播学的研究视野不断被拓宽。人类正试图学习智能技术的深层肌理，调控智能技术纳入传播后衍生的种种后果，虽然学术研究的脚步可能赶不上当前技术变革的速度，但正因如此，更有必要对现阶段智能传播领域的研究现状进行系统梳理和全面把握，通过分析现阶段智能传播领域的知识成果，引导并助益未来智能传播研究的深入发展。当前，学界对智能传播的界定尚未达成统一，如张洪忠等指出智能传播是指将具有自我学习能力的人工智能技术（Artificial Intelligence，AI）应用到信息生产与流通中的一种新型传播方式。[①] 本文认为，智能传播是指将智能技术运用于传播中，是在智能技术参与下，人机协同完成的信息数据的采集、生产、传播。智能传播作为一种系统，加速地将人、机、物不断卷入自身，从内部重构整个社会系统。这种重构表现在对专业知识、媒介生态、传播主体、传播伦理、社会权力结构等诸多方面。

二　研究设计

（一）数据收集

本文选取中国知网（CNKI）数据库作为数据检索源，由于智能传播是近几年的新兴研究领域，相较于其他领域而言，国内相关研究还处于初始阶段，总体文献资源有限，但是，中国智能传播的研究并不晚于国外同行，且

[①]　张洪忠、兰朵、武沛颖：《2019 年智能传播的八个研究领域分析》，《全球传媒学刊》2019 年第 1 期，第 37 ~ 52 页。

涉猎范围更广，①本文旨在详尽展现中国学界智能传播研究的知识图谱。在划定时间范围时，笔者首先检索"智能传播"概念及相关研究于 CNKI 上最早出现的年份，发现为 2011 年肖荣春的《物联网：人类迈向智能的传播》。总体上，2016 年为关键拐点，其后智能传播相关文献数量呈爆发式增长态势。当检索条件限定为 CSSCI 核心期刊文献并剔除无关文献时，最早研究仍出现在 2016 年。因此，综合考虑数据量和文献质量后，本文对于"智能传播"的文献分析着重选取 CSSCI 文献。时间范围划定在 2016 年至 2020 年。数据检索时间截至 2020 年 12 月 2 日。检索方式首先采用主题词检索"智能传播"结果，共计 121 篇，剔除无关文献、新闻图片、期刊篇首语后得到 108 篇，又以"智能传播"为关键词进行全文检索，词频设置为 3 次，将本次检索结果（共计 102 篇）中的"智能传播"相关文献补充进"已选文献"中，最终得到 121 篇。

（二）参数设置

本文数据分析基于 CiteSpace 软件 5.7. R2 版本形成，软件中的各项参数设置如下。①时区"Time Slicing"中选取起止年月为 2016 年 1 月至 2020 年 12 月；时间切片"Years Per Slice"设置为 1，即每 1 年为一个时间分区。②节点类型"Node Type"，通过节点类型进行功能选择可实现不同维度的数据可视化分析，由于 CNKI 来源期刊可分析维度有限，因此本文着重选取"作者""机构""关键词""期刊来源"这 4 种维度。③数据抽取标准"Selection Criteria"，在这一部分，CiteSpace 提供了多种数据筛选策略。首推"Top N"选择，即在每个时区中选择前 N 个高频出现的节点。②本文选择"Top N"，并将阈值设置为 20，即每个时间段内出现频率最高的前 20 个节点。④剪枝选择"Pruning"，出于对 Pathfinder 的优势以及本文数据量大小的实际考量，优先设置为"Pathfinder"寻径算法，其作用是能够简化网络并突出其重要的结构特征，优点是具有完备性（唯一解）；③同时，为使

---

① 张洪忠、兰朵、武沛颖：《2019 年智能传播的八个研究领域分析》，《全球传媒学刊》2019 年第 1 期，第 37 ~ 52 页。

② 陈悦、陈超美、刘则渊、胡志刚、王贤文：《CiteSpace 知识图谱的方法论功能》，《科学学研究》2015 年第 2 期，第 242 ~ 253 页。

③ Chaomei Chen and S. Morris，"Visualizing Evolving Networks：Minimum Spanning Trees versus Pathfinder Networks"，IEEE Symposium on Information Visualization 2003（IEEE Cat. No. 03TH8714），2003，pp. 67 – 74，doi：10. 1109/INFVIS. 2003. 1249010.

得图谱结构更加清晰，一并勾选"Pruning sliced networks""Pruning the merged network"（除来源期刊分析仅勾选"Pruning sliced networks"以外，其余分析均依照如上设置），全部设置详见表 1。

表 1　CiteSpace 各项参数设置

参数项	参数设置
时区 Time Slicing	2016 年 1 月至 2020 年 12 月
时间切片 Years Per Slice	1
节点类型 Node Type	Author、Institution、Keyword、Source
数据抽取标准 Selection Criteria	Top N，阈值 20
剪枝选择 Pruning	Pathfinder、Pruning sliced networks、Pruning the merged network

资料来源：笔者自制。

三　中国智能传播研究的知识图谱分析

研究结果将首先依照图谱，分别从作者、机构、来源期刊、关键词共现分析与关键词聚类分析几个维度展开，剖析国内 2016 年至 2020 年智能传播研究现状。

作者分析与机构分析属于科研合作网络分析。合作网络的判定依据为是否同时出现在同一文献内，即将同一文献内同时出现的作者、机构或国家判定为具有合作关系。由此生成的合作图谱可以解析特定研究领域的学者、研究机构间的社会关系。

（一）作者分析

作者分析可以评价作者的学术影响力，进而挖掘值得关注的学者，也能看出某一研究领域较为活跃的研究者，发现潜在的学术共同体。将搜集到的 CNKI"智能传播"相关文献数据导入 CiteSpace 并按照前文所述进行参数设置，选择节点类型"Author"后结果如图 1 显示。

可以看出，国内智能传播领域的研究者颇多，早年学者彼此之间偶有对话式的交流与探讨，[①] 但极少组成长期合作的学术团体，尤其当参数

---

① 吕新雨、赵月枝、吴畅畅、王维佳、洪宇、田雷、胡凌、熊节、余亮：《生存，还是毁灭——"人工智能时代数字化生存与人类传播的未来"圆桌对话》，《新闻记者》2018 年第 6 期，第 28~42 页。

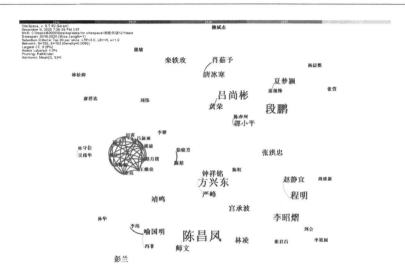

图 1 2016～2020 年智能传播研究领域作者合作关系图谱

"Threshold"设置为 2，即仅显示发文量大于等于 2 篇的作者时，筛选后的结果显示作者之间合作关系相对分散，多进行独立研究，且主要以导师为核心，导师团队内部与学生的合作较为常见。外部核心作者之间的合作较少。

（二）机构分析

机构分析可以清晰地呈现研究相关议题的科研机构和学术团体，以及它们之间的合作关系。将 CiteSpace 节点类型设置为"Institution"，其余设置不变，得到分析结果，如图 2 所示。

表 2 为发文量前二十位的智能传播领域研究机构，将图 2 与表 2 对照可见，目前国内智能传播研究机构以高校为主，包括清华大学新闻与传播学院，武汉大学新闻与传播学院及媒体发展研究中心，中国人民大学新闻学院及其新闻与社会发展研究中心，华东政法大学马克思主义学院、浙江传媒学院互联网与社会研究院，中国传媒大学传播研究院、新闻学院、广告学院，北京师范大学新闻传播学院，等等。总体来看，合作更多见于研究机构内部，早期也有少数高校间合作的情况，但更多止步于思想交流，缺乏长期合作与深入研究。

值得关注的是，我国智能传播行业发展迅速，但鲜有社会机构和企业

图2　2016～2020年智能传播研究领域机构合作关系图谱

长期进行相关科研，学术研究仍旧以高校学院及其研究中心为主，且更多是新闻传播类院校专业在进行，少有像华东政法大学政治学与公共管理学院、华东政法大学马克思主义学院、华东政法大学传播法研究中心这样的跨学科研究，且尽管出现了跨学科研究智能传播的案例，其研究领域仍聚焦于法学与智能传播、政治传播与智能传播，其他交叉领域缺少跨学科合作研究。同时，尽管以上院系隶属于同一高校，但相关研究由各院研究者独立进行，校内院系之间合作较少，也少有如华东政法大学马克思主义学院同上海市第一中级人民法院这种院校与权力机关或政府部门合作研究的案例。中国的许多企业、机构，如阿里巴巴、新华社在智能技术开发及实践应用层面走在前沿，但很少与高校研究机构合作进行智能传播相关的研究。与此同时，智能传播作为传统传播学科在新技术演变下拓展出的新兴研究领域，技术在其中扮演了相较以往更重要的角色，而无论是高校内部还是社会外部，都需要新闻传播学与计算机信息技术等学科跨学科、跨领域的合作，但此类现象较少出现。

我国智能传播在学术研究与社会实践层面存在一定脱节，在跨学科合作研究与学科融合方面还有待进一步加强。相比之下，西方学术界往往会进行更多的高校与社会企业、跨学科、跨领域的合作研究，这是值得我们借鉴和改进的。

表 2　2016～2020 年智能传播研究领域发文量前二十位的研究机构

序号	发文量（篇）	最早发文年份（年）	发文机构
1	11	2017	清华大学新闻与传播学院
2	8	2016	武汉大学新闻与传播学院
3	5	2018	中国人民大学新闻学院
4	5	2019	华东政法大学马克思主义学院
5	4	2017	北京师范大学新闻传播学院
6	4	2018	南京师范大学新闻与传播学院
7	4	2018	华东师范大学传播学院
8	4	2019	中国传媒大学
9	4	2020	浙江传媒学院互联网与社会研究院
10	3	2018	成都理工大学传播科学与艺术学院
11	3	2019	中国传媒大学传播研究院
12	3	2019	华东政法大学传播法研究中心
13	3	2019	华东政法大学政治学与公共管理学院
14	2	2017	中国人民大学新闻与社会发展研究中心
15	2	2018	浙江大学传媒与国际文化学院
16	2	2018	新乡学院新闻传播学院
17	2	2019	华中科技大学新闻与信息传播学院
18	2	2019	中国传媒大学广告学院
19	2	2020	武汉大学媒体发展研究中心
20	2	2020	互联网实验室

（三）来源期刊分析

来源期刊分析一方面可以显示特定研究领域的学术成果经由期刊发表的状况，从而评判该研究领域的发展演进；另一方面可在一定程度上推断该研究领域涉及的知识范畴及其影响力大小。但需注意，当前智能传播相关研究的来源期刊是经过筛选的，数据被限定在 CSSCI 范围之内，因此，本文分析结果中只会显示 CSSCI 期刊。在 CiteSpace 节点类型选"Source"，剪枝项仅勾选"Pruning sliced networks"的情况下，分析结果如图 3 所示。

可以看到，自 2016 年以来刊载智能传播相关学术研究的期刊逐年增多，期刊种类也愈发丰富，主要涉及信息与知识传播、政治与法律、社会科学、艺术、科学等类别。早期刊载智能传播文献的主要是新闻传播类期刊，而后社会科学期刊（省市及院校学报）以及政治法律类期刊不断加入，智能传

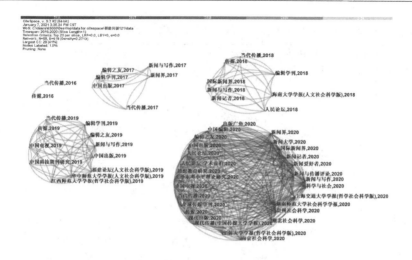

图3　2016～2020 年智能传播研究来源期刊图谱

播相关研究所辐射的范围越来越广，但刊载智能传播文献数量较多的仍是新闻传播类期刊。

（四）关键词共现图谱分析

关键词共现图谱是 CiteSpace 基于共词分析法（Co-word Analysis）生成的，即抽取若干文献中共同出现的词语，统计其出现次数，共现次数越多，表示两个词语在主题内容上关系越紧密，通过分析这种关系进而了解文献集所代表的学科中各主题之间的关系、知识脉络和研究走向。

在"Node Type"节点类型中选取关键词"Keyword"进行分析，在一次分析结果的基础上将"5G/5G 技术""传媒业/传媒行业"等同义词合并，得到最终结果，见图4。

图4 的节点数 N = 351、连线数 Links = 765、密度 Density = 0.0115。其中，十字形节点的大小代表节点对应的关键词析出频次；此外还有较为突出的圆形节点，一般代表该节点的中介中心性（betweenness centrality）较高或突现性（burst）较高；节点间的连线意味着相连关键词共同出现在一篇文章中，连线的粗细代表关键词间联系的强弱。

首先，依据节点大小及表3 中的"频次"可以看出，国内智能传播相关文献研究集中于智能传播（38，0.40）、人工智能（32，0.39）、算法（8，

图4 2016～2020 年智能传播研究关键词共现图谱

0.23）、新闻传播（7，0.22）、媒介融合（6，0.17）、智能技术（5，0.16）
等关键词。

表3 中介中心性超过 0.1 的节点关键词

频次	中介中心性	首次出现年份(年)	关键词
4	0.59	2017	传播模式
4	0.59	2017	智媒时代
38	0.40	2017	智能传播
32	0.39	2017	人工智能
4	0.31	2017	传媒业
8	0.23	2018	算法
7	0.22	2018	新闻传播
6	0.17	2018	媒介融合
5	0.16	2017	智能技术
3	0.12	2019	全媒体
3	0.12	2018	学术期刊
2	0.11	2020	数字社会治理

　　其次，图4中所示中介中心性超过0.1的节点表明该点是连接两个领域
的关键节点，这类节点有传播模式（0.59）、智媒时代（0.59）、智能传播

（0.40）、人工智能（0.39）、传媒业（0.31）等。自 2017 年以来，学者们集中关注智能传播在理论上对传统传播范式的颠覆、在实践中对媒体行业的改变，2018 年以来，学界关注智能传播时代下传统媒体媒介融合、算法、全媒体建设等议题，而在 2020 年新冠肺炎疫情背景下，数字社会治理成为一些学者研究的最新关注点，如健康码的运用不仅在抗疫中发挥了巨大作用，也牵涉多主体、多层面的传播权力博弈。

最后，依据连线可推知，智能传播相关文献早期研究处于起步阶段，研究议题相对分离，各自聚焦于智能技术、传播、传播平台，而后拓展到人工智能、算法、大数据、物联网等智能技术以及技术在传播中的应用。在乐观主义者探索技术运用的过程中，反思的声音也逐渐显现，伦理失范、数据隐私保护，甚至技术发展对人类主体地位构成的挑战日渐得到关注，近年来逐渐形成了个人信息保护、人机传播、智能广告与智能营销传播、社交机器人、数字社会治理等多方面更加专深的话题。

（五）关键词聚类图谱分析

关键词聚类图谱分析是在关键词共现图谱的基础上，通过算法将数据中具有相近性的词语聚集到一起，通过色块区分出不同主题，色块的颜色根据主题中关键词最早出现的年份而定。CiteSpace 提供了聚类视图（Cluster）、时间线视图（Timeline）、时区视图（Time zone）三种可视化方式，本文选择聚类视图，它侧重于体现聚类间的结构特征，突出关键节点及重要连线。[1] 由此可以更清晰地看到特定研究主题下的知识结构集聚以及不同知识领域间的关系、研判交叉方向和研究重点，结合图谱色带分析研究前沿，分析结果如图 5 所示。

CiteSpace 依据网络结构和聚类的清晰度，提供模块值（Q）和平均轮廓值（S）以评判图谱绘制效果。一般而言，Q 在 [0，1) 区间内，Q > 0.3 表明聚类结构显著，S > 0.5 的聚类一般认为是合理的，当 S > 0.7 时，聚类是高效率令人信服的。从图 5 左上角信息可以看到，本次关于"智能传播"期刊文献的聚类结果显示，模块值 Q = 0.883（ > 0.3），平均轮廓值 S =

---

① 陈悦、陈超美、刘则渊、胡志刚、王贤文：《CiteSpace 知识图谱的方法论功能》，《科学学研究》2015 年第 2 期，第 242 ~ 253 页。

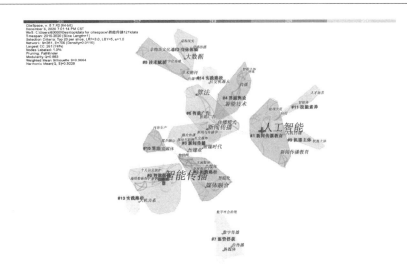

图 5　2016～2020 年智能传播研究关键词聚类图谱

0.9664（＞0.7），聚类结构显著且可信度较高，总体聚类效果较好，详见表 4。

表 4　2016～2020 年智能传播研究关键词聚类结果

聚类块编号	聚类的大小	平均轮廓值（Silhouette）	平均年份（年）	聚类标签词
1	30	1.000	2018	新闻传播教育
2	25	0.869	2018	实践路径
3	25	0.974	2019	新闻传播
4	23	1.000	2018	界面舆论
6	20	0.944	2019	智能广告
7	15	0.994	2020	监管俘获
8	14	0.955	2018	技术赋权
9	13	0.992	2019	机器主体
10	11	1.000	2018	算法
11	10	0.969	2019	技能素养

　　表 4 中聚类的大小显示出聚类的规模及其内部成员数，聚类的平均轮廓值（Silhouette）表示聚类模块的单一性，一般该值越接近 1.000 表示同一聚类块内部成员相似度越高。平均年份指该聚类内部成员来源文献的总体平均年份。可以看出，新闻传播教育（1，30）、实践路径（2，25）、新闻传播

（3，25）为关键词聚类规模较大的类属。监管俘获（2020年）为较新的研究类属。在上述聚类的基础上，进一步整理合并后得出国内2016年至2020年智能传播相关研究关键词分布，见表5。

表5　2016～2020年智能传播研究关键词分布

关键词类属	关键词
新闻传播学	智媒时代、传播机理、范式转变、数字传播、身体媒介、传播流程等
新闻传播教育	人工智能、人机融合、技术伦理、新闻实务、新闻理论、新闻史、重构对策、技能素养、教学实践、智媒体、编辑出版、人才培养等
实践路径	主流媒体、服务拓展、媒体融合、智能化、物联网、区块链、平台型媒体、全媒体、新闻传媒业等
舆论	智能技术、传播节点、舆论主体、网络社群、偏见、意识形态、新闻舆论工作等
智能广告	广告产业、信息伦理、程序化创意、广告伦理等
传播主体	人类主体、机器主体、主体认知、身体、后人类、赛博格、AI生成内容、AI主播等
技术伦理	算法透明度、内容生产、智能推荐、数据神话、算法偏见、深度伪造、人脸识别、伦理原则、伤害最小化等
数字社会治理	健康码、监管俘获、数字传播、数字领导力、技术赋权等

经过上述关键词归纳整理，本文将结合CiteSpace关键词聚类分析结果，对国内2016年至2020年智能传播领域主流研究、新的热点研究进行梳理。在此基础上，参照表6所显示的智能传播研究领域高被引文献，可以更好地了解国内智能传播研究知识生产图景。

表6　2016～2020年智能传播研究领域高被引文献

序号	文献名	作者	期刊	年份（年）	被引量（篇）
1	《智能化：未来传播模式创新的核心逻辑——兼论"人工智能＋媒体"的基本运作范式》	喻国明、兰美娜、李玮	《新闻与写作》	2017	165
2	《交流者的身体：传播与在场——意识主体、身体－主体、智能主体的演变》	孙玮	《国际新闻界》	2018	85

序号	文献名	作者	期刊	年份（年）	被引量（篇）
3	《人工智能技术在新闻传播中伦理失范的思考》	靖鸣、娄翠	《出版广角》	2018	58
4	《传媒智能化与智能传媒》	吕尚彬、刘奕夫	《当代传播》	2016	53
5	《未来传媒：我们的思考与教育的责任》	廖祥忠	《现代传播》	2019	50
6	《媒介融合新业态：智能媒体时代的媒介产业重构》	刘庆振	《编辑之友》	2017	35
7	《生存，还是毁灭——"人工智能时代数字化生存与人类传播的未来"圆桌对话》	吕新雨、赵月枝、吴畅畅、王维佳、洪宇	《新闻记者》	2018	33
8	《人工智能：营销传播"数算力"时代的到来》	刘珊、黄升民	《现代传播》	2019	30
9	《未来的智能传播：从"互联网"到"人联网"》	陈昌凤	《人民论坛·学术前沿》	2017	25
10	《以人为本：人工智能技术在新闻传播领域的应用》	陈昌凤、霍婕	《新闻与写作》	2018	24

四　中国智能传播研究知识生产

（一）新闻传播理论变革

智能技术在改变信息传播机制的同时也必然激发传统学科理论的革新，吕尚彬、刘奕夫较早地注意到传媒的智能化趋势，指出智能传媒是一种人工智能与人类智能协同的在线社会信息传播系统。① 喻国明、兰美娜、李玮指出，智能技术带来了信息采集、新闻编辑制作、新闻认知体验、内容推送四个环节的变化，并深入论述了传感器采集、机器人写作、沉浸式新闻和个性

---

① 吕尚彬、刘奕夫：《传媒智能化与智能传媒》，《当代传播》2016 年第 4 期，第 4～8 页。

化内容推荐的具体运作。① 陈昌凤、霍婕归纳了人工智能技术在新闻采、编、发、评流程中的应用，并指出了与之相伴的"技术性失业"，最后，重点展望了新形态的互动新闻所赋予的想象力。② 可见，智能技术最早在新闻业的应用为智能传播领域的发展开了个"口子"，透过这个缝隙，越来越多的学者尝试建立更系统的理论体系，这一体系不局限于新闻，而是拓展至更大范围的传播域。方兴东、严峰、钟祥铭在系统梳理传播史的基础上，总结对比新、旧媒体的传播模式与传播机制，提出融合大众传播、网络传播、自传播、智能传播四种传播机制的数字传播理论体系。③ 曾静平提出构建适合中国国情的智能传播理论体系，并从智能传播总纲、技术、管理、心理、广告、伦理等多方面进行了理论建构的探索。④ 此外，对于未来的智能传播生态，学界也不乏畅想和学理性反思，陈昌凤通过回溯信息技术与互联网发展史，提出继物联网之后将人的智能与人工智能相连接的"人联网"，从技术路线、产业发展、政策治理三个层面提出互联网所呈现的"软件化、中心化、主权化"特征，智能传播生态下，信息可能面临来自互联网公司和机器自主意识的篡改；社会共识的统一与治理将成为难题；人之为人的价值体现在何方。⑤ 该作者基于价值偏向的三大追问在今天仍是值得思考的。

（二）智能传播人才培养

上文也提到，智能技术的运用不可避免地带来人员结构调整，要适应这种调整需追溯到高校人才教育。人工智能本质上是模仿人的智能，智能技术运用的根本目的也在服务于"人"，以人为本，需从教育这一根基着手，塑造更能适应新时代变化的人才。在坚守人文价值的基础上实现向智能传媒教

---

① 喻国明、兰美娜、李玮：《智能化：未来传播模式创新的核心逻辑——兼论"人工智能＋媒体"的基本运作范式》，《新闻与写作》2017 年第 3 期，第 41～45 页。

② 陈昌凤、霍婕：《以人为本：人工智能技术在新闻传播领域的应用》，《新闻与写作》2018 年第 8 期，第 54～59 页。

③ 方兴东、严峰、钟祥铭：《大众传播的终结与数字传播的崛起——从大教堂到大集市的传播范式转变历程考察》，《现代传播（中国传媒大学学报）》2020 年第 7 期，第 132～146 页。

④ 曾静平：《智能传播的实践发展与理论体系初构》，《人民论坛·学术前沿》2018 年第 24 期，第 67～73 页。

⑤ 陈昌凤：《未来的智能传播：从"互联网"到"人联网"》，《人民论坛·学术前沿》2017 年第 23 期，第 8～14 页。

育范式的转变。① 具体而言，智能技术对新闻传播人才教育的影响体现在两个层面：一是教育内容；二是教学手段。

在教育内容层面，国内学者从人才培养目标、课程内容设置、院校专业设置三个面向进行了探讨。从人才培养目标来看，培养有国际视野和竞争力，能够掌握最新传媒业务特征，了解技术、用户、业态、产品，具有通识能力、专业能力、实践能力和思维能力等综合素养的新闻传播专业人才成为现实需要。② 从课程内容设置看，一方面，智能技术使得新闻传播理论自身需要更迭，师资素养需要跟上；另一方面，学者也提及理论教学与实战层面的严重脱节是教育改革的症结。因此，既要在新闻传播学教育中融入更多技术教学与实践应用，也应注重观念养成，不是为技术而技术，而是把握智能传播新技术运用背后的潜在逻辑。从院校专业设置来看，一方面，当前国内外新闻传播学院校专业设置上都出现了学科融合的趋势，例如，栾轶玫、张晓旭列举了南京大学金陵学院及美国十所新闻传播学院的教育培养设计；③ 刘淇提出跨学科整合培养，打造课程群等。④ 另一方面，"盲目融合"开设专业，在培养目标和教学内容的设置上含糊混乱的问题也需要引起重视。⑤

在教学手段层面，要注重利用智能技术辅助教学，提升教学体验，促进学生对知识的理解，⑥ 实施以人工智能技术为依托的开放式教学模式，强化教学交互性，充分激发学生主体作用。⑦

（三）智能时代媒体改革

智能技术一方面颠覆了传统新闻传播理论范式、教育模式，另一方面也

---

① 廖祥忠：《未来传媒：我们的思考与教育的责任》，《现代传播（中国传媒大学学报）》2019年第3期，第1～7页。

② 杨妮、孙华：《变革与坚守：人工智能时代的新闻传播教育》，《出版广角》2019年第1期，第40～42页。

③ 栾轶玫、张晓旭：《人工智能驱动下的新闻传播教育变革》，《新闻与写作》2018年第5期，第43～49页。

④ 刘淇：《人工智能对新闻传播教育的重构》，《传媒》2020年第15期，第85～87页。

⑤ 李惊雷：《人工智能时代新闻传播教育困境》，《中国出版》2019年第6期，第38～42页。

⑥ 栾轶玫、张晓旭：《人工智能驱动下的新闻传播教育变革》，《新闻与写作》2018年第5期，第43～49页。

⑦ 刘淇：《人工智能对新闻传播教育的重构》，《传媒》2020年第15期，第85～87页。

引发了整个新闻传媒业的反思，刘庆振认为智能带来的泛媒介化趋势造成了人注意力的整体丰裕和相对稀缺，从劳动中解放出来的精力在对各种媒介内容消费的过程中又再一次被分割得细小而零散，借助智能媒体，用户成为产消者，智能传播重新定义着媒介及媒介产业的边界。① 此外，国内学者也在技术契机下提出了进行媒体转型融合的实践路径。

一些学者站在总体视角分析媒体转型进路，如方兴东、钟祥铭从数字社会治理的新角度指出，助力政府机构，以技术为手段，以数据为核心，构建数字时代的社会治理支撑体系，推进社会治理现代化，为传统媒体转型打开全新的发展空间。② 段鹏从宏观、中观、微观三个层面较为全面地搭建了智能全媒体建设的实践路径。③

一些学者则从更具体的细分领域入手。在报刊融合方面，付玉、段艳文从媒体技术、产品形态、产品内容、资源整合等方面分析中国报刊融合新业态，并提出跨产业合作增强品牌影响力、注重和培养交互体验阅读模式等实践路径；④ 在广电媒体融合方面，段鹏从业务与服务两个模块探讨智能传播广电媒体融合创新之路，并指出"智能传播时代，广播电视融合媒体已不再是单一的资讯媒体，而集商业经营、社会服务、政务传播、生活管理等多种功能于一体的智能化媒体集团则成为其发展趋向及未来形态"。⑤ 在出版方面，刘枫分析了在 5G 技术下当前出版业存在的问题及面临的挑战，相较于国际大型出版社，我国出版业缺乏平台意识，缺少与用户的深度关联，在内容上也难以满足智能化、社交化、碎片化的传播需求，进而提出智能传播时代出版行业的革新路径。⑥ 一些学者较为集中地特别关注了学术期刊智能

---

① 刘庆振：《媒介融合新业态：智能媒体时代的媒介产业重构》，《编辑之友》2017 年第 2 期，第 70 ~ 75 页。

② 方兴东、钟祥铭：《中国媒体融合的本质、使命与道路选择——从数字传播理论看中国媒体融合的新思维》，《现代出版》2020 年第 4 期，第 41 ~ 47 页。

③ 段鹏：《试论我国智能全媒体传播体系建设的实践路径：内容、框架与模式》，《现代出版》2020 年第 3 期，第 11 ~ 18 页。

④ 付玉、段艳文：《从"互联网＋"到"智能＋"：中国报刊融合的纵深化态势浅析》，《出版广角》2019 年第 24 期，第 6 ~ 9 页。

⑤ 段鹏：《智能传播环境下广电媒体业务与服务模式创新路径探析》，《中国电视》2019 年第 12 期，第 64 ~ 69 页。

⑥ 刘枫：《5G 出版业的革新路径：从知识传播中介到智能匹配平台》，《编辑之友》2019 年第 7 期，第 28 ~ 33 页。

化传播平台的搭建，并主要从学术资源及用户数据的采集存储分析、知识内容的智能生产、期刊资源的个性化精准推荐、建立深度联结实现用户沉淀，这几个方面进行了探索。①

（四）智能传播中的舆论引导

算法推荐、社交机器人参与等既往的舆论传播形态和传播规律在智能传播中发生了改变，这为舆论引导、主流意识形态统合带来了严峻挑战，但与此同时，学者们也在积极探索利用智能技术分析舆情、引导主流价值的策略。

耿旭、刘华云和林凌分析了智能传播背景下的舆论传播机制、模式特征、传播风险、引导策略以及价值规范。② 具体而言，技术塑造了去中心化的"界面舆论"，传播节点更能够收集信息和建构意见，意见在算法推荐下汇聚成舆论流。信息本身数据化、物化、服务化；传播过程自动化、精准化、共享化；传播权力散点化、非中心化、自组织化。③ 这样的舆论传播呈现多元化与话语极化并存的特点，可能导致诸多层面的问题：在国家和政府层面，官方及主流媒体舆论引导力受到挑战，这不仅表现在国内，师文、陈昌凤通过数据挖掘研究了 Twitter 上社交机器人对于中国议题的舆论操纵行为，指出中国相关标签下的议题有明显被自动化操纵的痕迹，社交机器人倾向于批评中国政体和人权状况，由此形成的意见气候也给我国在国际舆论和对外传播方面带来了新的挑战；④ 在社会层面，大型技术公司则有可能通过数据采集、舆论操纵形成"数据垄断"和新的"政治空间"；在群体层面，既有社群主导网络舆论传播甚至对抗主流媒体舆论引导的问题，也有虚拟情

---

① 李囡：《人工智能时代的学术期刊数字化传播》，《中国科技期刊研究》2019 年第 11 期，第 1183～1190 页；唐冰寒、肖茹予：《智能算法视域下科技期刊平台型传播模式构建》，《编辑学刊》2018 年第 4 期，第 116～120 页；赵庆荣：《学术期刊精准传播平台构建与内容推荐》，《中国出版》2020 年第 5 期，第 23～27 页。

② 耿旭、刘华云：《智能时代下中国主流政治价值观传播：模式、挑战与引领路径》，《贵州社会科学》2020 年第 8 期，第 11～18 页；林凌：《网络界面舆论初探》，《当代传播》2020 年第 3 期，第 102～105 页。

③ 耿旭、刘华云：《智能时代下中国主流政治价值观传播：模式、挑战与引领路径》，《贵州社会科学》2020 年第 8 期，第 11～18 页。

④ 师文、陈昌凤：《分布与互动模式：社交机器人操纵 Twitter 上的中国议题研究》，《国际新闻界》2020 年第 5 期，第 61～80 页。

境下熟人圈作为信源，导致谣言、虚假信息、极化意见扩散的问题；在个体层面，技术对异质性信息的遮蔽可能导致"信息茧房"，在剥夺多样化价值判断的同时还可能由于算法偏见放大社会中既有的偏见、歧视，在认知狭偏中加剧群体极化、圈层固化、舆论极化，最终弱化主流意识形态认知统合，技术内蕴的资本逻辑和工具理性也会遮蔽主流价值导向，影响个体价值信仰。[①]

尽管有如上问题，但学者们也试图发掘智能技术为意识形态引导和舆论传播带来的机遇。例如，利用大数据为舆论社群、网络族群画像，借助智能技术还原事实真相；[②] 尊重互联网主流意识形态传播的基本规律，并将采用最新技术手段和创新主流意识表达相结合。[③] 不少学者提出要将主流意识形态内嵌于算法设计中，主流价值观所引导的不应仅仅是社会主体，在机器越来越具有"拟主体性"的当下，算法等技术更需要在主流价值观指引下运行。正如习近平总书记所言，从全球范围看，媒体智能化进入快速发展阶段。我们要增强紧迫感和使命感……探索将人工智能运用到新闻采集、生产、分发、接收、反馈中，用主流价值导向驾驭"算法"，全面提高舆论引导能力。[④]

（五）智能广告

易龙早在 2008 年就提出智能广告的概念，并在后续论证了其研究价值和学术前景，[⑤] 但受限于当时的技术发展、社会应用以及学科的研究传统和学者的研究取向，智能广告并未引起广泛关注，相关研究也寥寥无几。直到近几年，随着人工智能、物联网、5G 技术、云计算为智能广告提供了更好的数据基础、技术保障和应用环境，智能广告的研究热潮再度兴起。

---

① 王贤卿：《社会主义意识形态面对技术异化挑战——基于智能算法推送的信息传播效应》，《毛泽东邓小平理论研究》2020 年第 6 期，第 24 ~ 108 页。

② 林凌：《智能网络舆论传播机制及引导策略》，《当代传播》2019 年第 6 期，第 39 ~ 42 页。

③ 段鹏：《5G 时代互联网主流意识形态传播经验与内涵重释》，《现代出版》2020 年第 6 期，第 5 ~ 9 页。

④ 习近平：《加快推动媒体融合发展　构建全媒体传播格局》，《前线》2019 年第 4 期，第 4 ~ 7 页。

⑤ 易龙：《智能广告初论》，《新闻界》2008 年第 4 期，第 170 ~ 172 页；易龙：《论智能广告研究的价值及其框架的构建》，《新闻界》2009 年第 5 期，第 151 ~ 152 页。

廖秉宜指出，智能技术对包括广告调查、广告策划、广告创意与表现、广告文案制作、广告媒介投放、广告效果评估等在内的广告运作流程进行优化与重构。[①] 姜智彬、马欣延伸出消费者智能洞察、广告智能创作、广告智能投放、广告智能应对（即效果监测评估与即时优化）。[②] 对此，不同学者从各个环节不同角度进行了相关研究。例如，秦雪冰利用社会网络分析软件 UCINET 和 NETDRAW，以汽车之家"Model3"分论坛为焦点将社会网络分析应用于智能广告中，验证了消费者智能洞察 NKP（Network，Key opinion leader，Portrait）模型。[③] 段淳林、任静针对智能广告的程序化创意环节提出了 RECM（Relation，Environment，Content，Matching）模型，强调了程序化创意的用户相关性、场景匹配、内容适配性和用户协同性。[④]

同时，技术又对中观层面的广告主、广告公司、媒介、消费者产生影响。智能传播时代，广告主、广告公司、媒介三者之间的专业界限在技术的冲击下消弭。对于广告主而言，一方面，智能时代信息传播的"即时性"要求广告主尽可能去中介化来快速响应消费者；另一方面，广告主也可通过自建内容营销团队丰富自身人才构成，并更好地把控广告内容。[⑤] 而拥有丰富流量和数据资源的互联网媒体平台，不仅对传统媒体广告投放造成冲击，其自身也在搭建自有的广告交易平台，通过提供个性化的营销方案、多样化的消费者定向和广告投放策略吸引广告主。对于广告公司来讲，不仅广告运作流程发生了改变，智能广告也要求广告公司内部业务过程的重组，技术部门兴起、技术人员在客户沟通中的前置将成为趋势。[⑥] 传统意义上的"广告主—广告代理公司—媒介—消费者"链条被不断重构。在未来人工智能物联网（AIoT）、5G、云计算的进一步发展下，智能广告的表现形式和媒介载

① 廖秉宜：《优化与重构：中国智能广告产业发展研究》，《当代传播》2017 年第 4 期，第 97 ~ 101、110 页。

② 姜智彬、马欣：《领域、困境与对策：人工智能重构下的广告运作》，《新闻与传播评论》2019 年第 3 期，第 56 ~ 63 页。

③ 秦雪冰：《消费者洞察的 NKP 模型：社会网络分析在智能广告中的应用》，《当代传播》2020 年第 3 期，第 77 ~ 80 页。

④ 段淳林、任静：《智能广告的程序化创意及其 RECM 模式研究》，《新闻大学》2020 年第 2 期，第 17 ~ 31 页。

⑤ 张艳：《智能技术时代的广告内容营销传播》，《中国出版》2017 年第 19 期，第 43 ~ 46 页。

⑥ 秦雪冰、姜智彬：《人工智能驱动下广告公司的业务流程重组》，《当代传播》2019 年第 2 期，第 93 ~ 96 页。

体将会进一步拓展，达到数据的打通以及人、机、物的协同。[①]

最后，智能广告中的负面问题也逐渐显现，王佳炜、陈红（2020）关注到数据隐私和流量造假的问题，李名亮借助 RPT（Resource, Product, Target）较为全面地讨论了智能广告带来的伦理问题。[②] 师文、陈昌凤在算法相关的论文梳理中也提到，智能广告并非中性地提升了广告商与用户匹配的效率，实质上是赋予广告主选择广告受众的权力。[③] 故此，我们在热切地挖掘智能技术赋予广告行业更多潜能的同时，也需时刻不忘批判性的反思，才能更好地将智能广告应用于社会。

（六）智能传播中的传播主体

1. 智能传播中的机器主体

在技术智能化演进的过程中，机器显现的"拟主体性"得到越来越多学者的认同。传统传播学研究主要将人视为传播的主体，但也有如德国学者基特勒（Fredirch Kittler）那般颠覆性地提出"机器主体"的创见。当智能音箱、社交机器人等越来越多地参与到传播过程中，机器作为主体有了更多现实基础和延展可能，这要求传播学科不得不通过机器反思人类自身的主体性。在智能传播中，机器同人类似乎已不仅是"媒介即延伸"的关系，而且成为与人类同构的主体。在此之间机器如何与人类进行互动；机器的传播又如何影响人类对环境、对信息甚至对自身的认知；在生产层面，机器可否与人类成为各司其职又相互协同的生产者；这一系列问题都是当今智能传播视阈下学者们较为关注的。此外，机器作为传播主体的不可控性也常被提及，这背后的忧虑和隐患应是未来研究的重要部分。

例如，谭雪芳以智能音箱为对象，分析了机器如何成为主体介入日常生

---

① 郑新刚：《超越与重塑：智能广告的运作机制及行业影响》，《编辑之友》2019 年第 5 期，第 74～80 页；程明、程阳：《数据全场景和人机物协同：基于 5G 技术的智能广告及其传播形态研究》，《湖南师范大学社会科学学报》2020 年第 4 期，第 114～119 页。

② 李名亮：《智能广告信息伦理风险与核心议题研究》，《新闻与传播评论》2020 年第 1 期，第 76～84 页。

③ 师文、陈昌凤：《驯化、人机传播与算法善用：2019 年智能媒体研究》，《新闻界》2020 年第 1 期，第 19～24、45 页。

活,改变"在家"体验的,并探讨了机器主体与人类主体的区别;① 彭兰在研究内容生产中的人机协同时指出,人需要保持自身在主观观察与描述、观点表达、意义创造、经验与直觉等方面的优势,保持人的内驱性表达动力及共情性交流能力;② 程明、赵静宜在讨论智能传播时代的传播主体时指出,从人类主体到机器主体,未来智能传播社会将是多元主体并存与抗争的全新局面。③

2. 智能传播中的人类身体

与机器相对,人类是传播活动进行所不可或缺的存在,然而主流传播研究却惯常性地以主客二分法抛却对人身体的讨论。但正如孙玮所说,媒介不是撇开了身体、外在于主体的工具,而是与身体互相构成,融为一体。④ 智能技术发展使得对"身体"的讨论也不断回归到传播研究之中,例如,殷乐、高慧敏在探讨智能传播时代的人机关系时,从具身互动理论出发,指出智能传播时代的人机具身互动实则身体、媒介及环境的互动融合……传播主体从观察者转变为参与者或体验者;⑤ 薛翔、杨航研究了主持传播中的"身体"实践,在技术赋权下 AI 合成主播能够突破传统主持传播的身体界限,实现赛博空间中的虚拟在场。⑥

(七)智能传播伦理

智能传播环境下的伦理问题早已引起关注,从 2018 年起学界对智能技术应用于新闻传播领域所引发的伦理问题就有所讨论,伴随着人工智能技术从新闻传播中被逐渐运用到数据采集、参与式生产、定制性分发、自动化核

---

① 谭雪芳:《智能媒介、机器主体与实拟虚境的"在家"——人机传播视域下的智能音箱与日常生活研究》,《南京社会科学》2020 年第 8 期,第 110 ~ 116 页。

② 彭兰:《智媒趋势下内容生产中的人机关系》,《上海交通大学学报》(哲学社会科学版)2020 年第 1 期,第 31 ~ 40 页。

③ 程明、赵静宜:《论智能传播时代的传播主体与主体认知》,《新闻与传播评论》2020 年第 1 期,第 11 ~ 18 页。

④ 孙玮:《交流者的身体:传播与在场——意识主体、身体 - 主体、智能主体的演变》,《国际新闻界》2018 年第 12 期,第 83 ~ 103 页。

⑤ 殷乐、高慧敏:《具身互动:智能传播时代人机关系的一种经验性诠释》,《新闻与写作》2020 年第 11 期,第 28 ~ 36 页。

⑥ 薛翔、杨航:《新技术实践中的"身体":理解主持传播的智能主体》,《新闻爱好者》2020 年第 7 期,第 59 ~ 62 页。

查、可视化呈现多个环节，靖鸣、娄翠较为全面地指出了早期人工智能技术在新闻传播中的伦理失范问题，[①] 李雅林则从媒体、公众、司法、技术角度提出规制策略。[②] 许根宏关注到了更深入的层面，指出伦理规范的基础是明确伦理主体，人工智能传播伦理主体主要由基础设施提供者、信息提供者、信息处理者和系统协调者四个主要 "类主体" 组成。[③]

随着欧盟《通用数据保护条例》（以下简称《条例》）的正式生效，2019年学者们更聚焦于智能传播产业中的数据立法与隐私保护问题。李昭熠不仅分析了《条例》对智能传播产业的积极影响，还指出删除权、可携带权、限制改变数据使用目的以及人工审查可能导致的潜在问题。其中，人工审查可能带有控制者主观偏见，但交由技术决策也并不能排除偏见，因为技术并非中立。[④] 在国外，算法自动化决策可能导致的偏见和歧视早在 2013 年（Bozdag）就已有提及；在国内，郭小平、秦艺轩指出政治内嵌与资本介入、社会结构性偏见的循环、量化计算对有机世界的遮蔽必将导致算法的内生性偏见。[⑤]

到 2020 年，越来越多的学者进一步深入挖掘算法偏见及其治理路径。李昭熠指出基础数据偏见和智能机器所带来的计算偏见，即便使用反向工程也难以彻底解决，最终难免还是回归到结合人工审查的路径上。[⑥] 而陈昌凤、张梦则从算法透明度切入，分析 "透明度" 原则用以规范媒介伦理的可行性，指出算法透明度的实施存在认识和实践上的困难和风险且可能的实施效果有限，进而提出基于 "开放伦理" 的理念及一些可行的措施。[⑦]

总体看来，2018 年以来学界对智能传播所涉及的伦理问题研究，从表

---

① 靖鸣、娄翠：《人工智能技术在新闻传播中伦理失范的思考》，《出版广角》2018 年第 1 期，第 9 ~ 13 页。

② 李雅林：《如何规避人工智能对新闻传播的负效应》，《人民论坛》2018 年第 20 期，第 114 ~ 115 页。

③ 许根宏：《人工智能传播规制基础：伦理依据与伦理主体的确立》，《学术界》2018 年第 12 期，第 93 ~ 103 页。

④ 李昭熠：《基于欧盟〈通用数据保护条例〉的智能传播研究》，《当代传播》2019 年第 1 期，第 85 ~ 88 页。

⑤ 郭小平、秦艺轩：《解构智能传播的数据神话：算法偏见的成因与风险治理路径》，《现代传播（中国传媒大学学报）》2019 年第 9 期，第 19 ~ 24 页。

⑥ 李昭熠：《智能传播数据库偏见成因与规制路径》，《当代传播》2020 年第 1 期，第 93 ~ 97 页。

⑦ 陈昌凤、张梦：《智能时代的媒介伦理：算法透明度的可行性及其路径分析》，《新闻与写作》2020 年第 8 期，第 75 ~ 83 页。

层分析人工智能技术对新闻传播的影响，逐渐深入细化到具体的数据立法隐私保护，最后聚焦算法偏见。此外，2020 年关于智能传播中涉及的伦理议题也更加多样化，除了算法偏见，陈昌凤、徐芳依也关注到算法在智能生产中被用于深度伪造（DeepFake）的问题，[①] 张秀关注到智能人脸识别技术使用对个体权益的威胁，强调以伤害最小化原则保护个人权利。[②] 此前，夏梦颖、秦现锋还关注到了智能传播环境下未成年人隐私保护的问题。[③]

（八）疫情下智能传播的新态势

2020 年新冠肺炎疫情在全球范围内引发的"信疫"（Infodemic）和健康码使用的现象作为数字化抗疫的层面，也得到了一些学者的关注。方兴东、谷潇、徐忠良指出，信疫的根源是随着互联网的发展，形成了大众传播、网络传播、自传播和智能传播等多种传播机制交错叠加的融合传播的复杂格局。[④] 此外，智能传播时代下技术赋权的不仅是作为发声者的每一个个体，而且是背后拥有技术、掌控数据资本的企业。在互联网科技公司将算法用于个性化信息推荐的初始，智能技术对于传统新闻媒体在传播权力上的争夺就已经开始。而健康码的使用赋予互联网科技巨头以更大范围获取数据的特殊权力，由于疫情的紧迫性和政府资源能力上的不足，政府部门陷入"被动式的监管俘获"让渡出部分公权力。方兴东、严峰对全球多国健康码使用模式对比后，指出健康码常态化背后隐藏的商业力量借助公权力突破法律法规限制的风险。[⑤] 可见，未来智能传播的格局下，传统媒体、政府同互联网科技巨头之间存在必然的权力博弈，如何在保证国家平稳运行、国民数据安全、社会稳健发展的前提下平衡各传播主体间的权力地位，需在今后的研究中予以重视。

---

① 陈昌凤、徐芳依：《智能时代的"深度伪造"信息及其治理方式》，《新闻与写作》2020 年第 4 期，第 66～71 页。

② 张秀：《智能传播视阈下伤害最小化伦理原则探讨——以智能人脸识别技术为例》，《当代传播》2020 年第 2 期，第 82～84 页。

③ 夏梦颖、秦现锋：《智能传播环境下未成年人隐私保护的路径》，《编辑学刊》2019 年第 6 期，第 38～42 页。

④ 方兴东、谷潇、徐忠良：《"信疫"（Infodemic）的根源、规律及治理对策——新技术背景下国际信息传播秩序的失控与重建》，《新闻与写作》2020 年第 6 期，第 35～44 页。

⑤ 方兴东、严峰：《"健康码"背后的数字社会治理挑战研究》，《人民论坛·学术前沿》2020 年第 16 期，第 78～91 页。

五 结论与展望

本文利用 CiteSpace 软件对国内 2016~2020 年智能传播领域相关文献进行可视化知识图谱分析，并结合分析结果及文献内容梳理智能传播领域的核心研究主题及研究热点，得出以下结论。

其一，从科研合作关系来看，当前国内智能传播领域核心研究者之间的合作较少，多数是个体团队的单打独斗，而研究机构以新闻传播领域的高校学院及其研究中心为主，少有政府机构、社会企业、商业团体从事相关研究，更为匮乏的是商业企业与学院高校之间的跨界合作。不少学者在探讨新闻传播教育培养变革时频频提及智能传播时代理论研究与社会实践的脱节现象，且智能传播自身作为一个新兴的研究领域已经显现高度的跨学科、跨行业融合趋势，作为研究者更不能故步自封。传播学历来作为"十字路口"的学科，其发展是不断融会各个学科理论精髓的结果，当前，智能传播不仅是新闻传播学与计算机科学的交汇，其逐渐显现的问题也是法律专业关注的焦点。《全国人大常委会 2020 年度立法工作计划》就提出要重视对人工智能等新技术领域相关法律问题的研究，"推动理论研究工作常态化、机制化，发挥科研机构、智库等'外脑'作用，加强与有关方面的交流合作"。因此，未来的学术研究不仅需要现有核心研究者之间的合作，还需要跨学科研究者及科研机构之间的合作，更需要借鉴发达国家产、学、研深度结合的模式，将高校人才优势与理论积淀对接商业公司、科技企业的技术资源与实践环境。

其二，从研究内容来看，国内智能传播知识生产主要围绕新闻传播传统理论变革、智能传播人才培养、智能时代媒体改革、智能传播中的舆论引导、智能广告、智能传播中的传播主体以及智能传播伦理问题。2020 年新冠肺炎疫情的突如其来使得智能传播环境下的数字社会治理成为新的研究热点。

总体看来，在微观层面，智能技术改变了个体接收和传递信息的方式，个体是平台的用户，是传播的节点，是数据的生成源，在智能传播中，人类未来可能只是与机器处于协同甚至近乎平等地位的碳基主体，而机器则有可能超越"人的延伸"成为另类传播主体。在中观层面，传统新闻采、写、编、发的运作流程，在智能技术下演变出大数据自动挖掘，无人机、传感器采集，机器人写作与人机协同编审稿件，定制化精准内容推送，以及借助VR、AR、AI主播实现的虚实结合的表现形式。而以往的广告调查、策划、创意、投放、评估流程，在智能传播中进化为智能消费者洞察、智能广告创作、智能广告投放与智能评估应对。从更高层面上看，包括出版、广电、营销、广告在内的各行各业面临着部门重构和人员重组，尤其在5G、大数据、物联网的赋能下，未来智能广告还将有更大发展空间。在宏观层面，智能传播不仅涉及传统的传媒领域，更涉及商业、政治领域。大型互联网科技公司由于技术上的优势获得了前所未有的数据资源和内容分发权力，由此造成的结果，无论是对政府的监管俘获，还是对主流媒体的话语挑战，在未来都将是解决的重点。政府、媒体、商业公司三者围绕"智能化"的竞逐已经开始，如何保证技术赋权不会使权力倾斜向任意一方？在保证各主体协同发展、互相促进的基础上最大限度地挖掘智能传播时代的可能性将是社会共同的期待。

《传播创新研究》（2021 年第 1 辑）
第 228~235 页
© SSAP，2021

中国传播创新大事记（2020）

赵珞琳[*]

1 月 11 日　红网融媒体指挥中心正式启用

湖南红网新媒体集团融媒体指挥中心（中央厨房）正式投入"湖南省两会"宣传报道，该中心覆盖了"网、报、端、微、视、屏"的媒介资源，整合了县级融媒体云平台、新时代文明实践云、网上群众工作云、红视频平台数据资源四大板块，通过实时结构化的精准数据和专业的大数据分析技术，实现数据应用的可视化、动态化、智能化与定制化。

1 月 20 日　《湖北日报》推出"众志成城　共克疫情"短视频合集

身处武汉的湖北日报传媒集团自 1 月 20 日起推出"众志成城　共克疫情"抖音合集，把短视频和抖音作为重要形态和传播平台，创新报道我国抗击疫情重大战役。截至年底已更新至 1366 集，播放量超过 135 亿，共 31 件作品播放量过亿，218 件作品播放量过千万。

1 月 21 日　丁香医生发布"新冠肺炎全球疫情地图"

丁香医生综合中国国家卫健委、中国疾控中心以及各省市医疗卫生机构的权威发布渠道，通过机器＋人工双重审核，经由专业人员核实、解析、复核，在保证数据准确性基础上制作了疫情实时动态更新页面，通过地图、折线图、表格等可视化图表呈现每日疫情的实时变化，包含全球地图、最新资讯、新冠病毒知识等板块。

1 月 25 日　开源项目"wuhan2020"防疫信息收集平台上线

"Xlab 开放实验室"在 GitHub 上发起开源项目"wuhan2020"新型冠状

---

* 赵珞琳，传播学博士，武汉大学媒体发展研究中心助理研究员，武汉大学新闻与传播学院博士后，研究方向为网络传播、社交媒体。

病毒性肺炎防疫信息收集平台，通过收集经过审核与确认的武汉新型冠状病毒防疫的相关信息，以便各方之间进行信息互通，有效调配社会资源。多达4000余名志愿者参与，其中包括数据、前后端、运维等各类 IT 工程师，产生了较大的社会影响力。

1 月 26 日　美团推出"无接触配送"服务

为了减少上门配送以及取件带来的直接接触，防止疫情扩散，美团外卖在全国范围内推出了"无接触配送"服务。用户下单时，可通过订单备注、电话、App 内即时通信系统等方式，与骑手协商在公司前台、小区物业等指定位置放置商品，再由顾客自取。美团同期发布的《无接触配送服务规范》对术语定义、平台信息服务能力、服务流程、质量控制等方面进行了相应规范。

1 月 27 日　央视频开通火神山、雷神山医院建设现场直播

央视频联合中国联通推出武汉火神山和雷神山医院建设现场直播，每座医院都有近景、全景两个镜头，共 4 个镜头的 24 小时施工现场直播，吸引了千万网友收看关注医院的建设进度，进行"云监工"。慢直播平台为观众搭建了情感交流和互动的意义空间。

1 月 29 日　微博开通"肺炎患者求助超话"

"肺炎患者求助超话"接收武汉地区新冠肺炎患者及家属的求助信息，并经整理核实后反馈给相关政府部门。截至 3 月 14 日，超话停止全天候不间断审核，平台累计收到上万条求助，排重并核实后向政府报送超过 3000余条信息，多位患者发布反馈求助并得到解决。

2 月 11 日　杭州市率先应用"健康码"

浙江省杭州市率先推出健康码模式，实施市民和拟进入杭州人员的"绿码、红码、黄码"三色动态管理，并与钉钉企业复工申请平台打通。大量返岗复工人员在支付宝内申领健康码，上线首日访问量即达到 1000 万。

2 月 13 日　新华报业推出《老外战"疫"记》系列报道

新华报业"交汇点新闻"联合 JiangsuNow 推出《老外战"疫"记》系列报道，展现了来自 26 个国家的在华外籍友人的抗疫故事。

2 月 17 日　各高校"线上"开学

受新冠肺炎疫情影响，网络技术成为教育的最佳助手。国内各大高校 2 月中下旬起陆续"线上"开学，采用了多种线上教育平台，保证教育教学工作有序进行。

2 月 23 日　"战疫" AI 上线

南方杂志社与中移在线公司合作上线智能"战疫" AI，可以使群众一键了解有关疫情防控的各种问题，包括学校开学、口罩购买、企业复工、公共交通等事项。

2 月 26 日　"奇妙漫游云逛展"上线

人民日报客户端联动中国国家博物馆、中国科学技术馆、中国美术馆、敦煌研究院等全国数十家博物馆及数字科技馆，上线"奇妙漫游云逛展"专题，向公众提供安全便捷的线上观展服务，用户足不出户，便可"云参观"全国各大著名博物馆的精品馆藏。

2 月 28 日　*The Lockdown：One Month in Wuhan*（《武汉战疫记》）播出

该片是全国首部全景展现武汉抗疫历程的英文新闻纪录片，由中国国际电视台于 CGTN 英语频道、官网及其各海外社交平台账号同步播出，引起国内外媒体高度关注，相继被美国广播公司（ABC）、英国 Channel 4 电视台等 165 家境外电视频道和新媒体平台采用，在各平台观看量破亿。

3 月 1 日　《网络信息内容生态治理规定》生效

《网络信息内容生态治理规定》作为我国网络生态治理方面的首部综合性专门立法，对网络信息内容生产者、网络信息内容服务平台、网络信息内容服务使用者、网络行业组织等都提出了明确要求。

3 月 11 日　CGTN 推出《全球疫情会诊室》系列节目

中央广播电视总台 CGTN 推出《全球疫情会诊室》系列节目，节目采取视频连线和直播的方式向全球分享抗疫经验，邀请外国医生、学者与中国抗疫一线医护人员共同讨论疫情防控问题，为多国医学专家搭建交流平台，受到了广泛的国际关注。

3 月 16 日　武汉大学开启"云赏樱"

樱花季期间，武汉大学联合新华社、中国移动等单位并连续 12 天、每天 6 小时，向全球媒体免费提供公共直播信号，全方位展示武汉大学樱花美景。参与武汉大学"云赏樱"网络直播的国内外媒体平台总数超 1000 家，相关视频累计播放量达 7.5 亿次。

4 月 2 日　《手机里的武汉新年》发布

清华大学清影工作室与快手联合推出首部手机抗"疫"公益纪录片《手机里的武汉新年》，以 112 条来源于网友的快手短视频为素材剪辑而成，呈现个体视角下的抗疫记忆。

4月5日　故宫博物院带领观众"云游"紫禁城

清明节期间，疫情以来闭馆72天的故宫博物院联合人民日报社、新华社、抖音等媒体和平台，首次开展了"安静的故宫　春日的美好"网络直播，带领观众"云游"紫禁城。3场云看展在全网总浏览量超4.3亿。

4月13日　人民日报新媒体推出"为鄂下单"公益带货直播

为助力湖北复工复产、经济复苏，人民日报新媒体联合主播薇娅推出"为鄂下单"系列公益带货直播。该系列直播充分发挥媒体影响力，打通湖北滞销品销售链路，累计观看人次过亿，累计带货近300万单，单场最高价值近2.3亿元。

4月17日　国务院客户端整合五大防疫服务板块

国务院客户端小程序将"疫情风险等级查询"、"疫情防控行程卡"、"入境/境内同乘接触者查询"、"医用口罩服务专区"和"全国应急保障物流电话查询"等与疫情相关的五大服务板块集于一体，大大方便了公众的查询和使用。

4月23日　快手开展"24小时公益直播接力"活动

世界读书日当天，快手联合中国青少年发展基金会开展"24小时公益直播接力"活动，嘉宾通过直播的方式分享自己和书的故事，活动当天的直播打赏收入全部用于山村儿童图书室的建设。

4月24日　网络恶意营销账号专项整治行动启动

国家网信办组织各地网信部门开展为期两个月的网络恶意营销账号专项整治行动，进一步聚焦突出问题，压实主体责任，加大惩治力度，对问题严重、影响恶劣的网站平台、网络账号及相关责任人依法依规严肃处置，并向社会公众通报处置结果。

5月1日　《广播电视和网络视听统计调查制度》实施

重新修订的《广播电视和网络视听统计调查制度》对广播电视和网络视听统计范围、报表和指标等进行了四方面的调整，并强调各级广播电视部门和单位要坚决贯彻落实中央关于防范和惩治统计造假、弄虚作假重要文件精神，全面提升统计数据质量，坚决杜绝数据作假、信息造假。

5月4日　封面新闻"智媒云3.0"总体架构发布

"智媒云3.0"总体架构由4大矩阵、9个部分、28个关键节点构成。

随着本次发布，封面传媒人工智能与未来媒体实验室、智媒云数据中心、智媒云服务与安全中心、智媒编辑部、智媒演播室等，均在总体架构中逐一亮相。

5 月 5 日　《广播电视行业统计管理规定》施行

《广播电视行业统计管理规定》要求，广播电视行业各单位应建立健全统计工作责任制，并按照"集体领导与个人分工相结合""谁主管、谁负责，谁经办、谁负责"的原则，完善落实防范和惩治统计造假、弄虚作假责任体系。出现统计造假、弄虚作假行为的，所在单位的主要负责人承担第一责任，分管负责人承担主要责任，统计人员承担直接责任。

5 月 20 日　全国首个区块链新闻编辑部成立

该编辑部由湖北广播电视台融媒体新闻中心倡导筹备，湖北广播电视台长江云、北京广播电视台北京时间等 12 个省市的主流新媒体作为首批成员单位联合组建。2020 年全国两会期间，该编辑部利用各家媒体资源优势，运用 5G 传播、AI 人工智能、异地全息投影等新媒体传播技术，开展媒体间云端大型联合报道。

5 月 21 日　两会期间 5G、AI、短视频齐上阵

受疫情影响，2020 年全国两会采访改为在"云端"进行。媒体一方面充分应用 5G、AI、VR/AR 等技术创新，另一方面用通俗易懂的短视频产品阐释两会亮点。例如，《人民日报》以"智能云剪辑师"助力两会报道，"智能云剪辑师"内置人工智能多媒体信息识别能力，可对视频画面进行智能识别、字幕匹配、转换生成等剪辑工作。新华社推出全球首位 3D 版 AI 合成主播，在立体感、灵活度、交互能力和应用空间等方面，较前一代 AI 合成主播（2D 版）均有跃升。中央广播电视总台成功进行了国内首次 5G + 8K 实时传输和快速剪辑集成制作。

5 月 22 日　国家网信办启动 2020"清朗"专项行动

为期 8 个月的专项行动将全面覆盖各类网络传播渠道和平台，集中清理网上各类违法和不良信息。将出重拳、用真招，对有令不行、顶风作案的网站平台依法从严处理，并公开曝光典型案例，有效震慑违法违规行为。

5 月 29 日　上海报业集团、东方网联合重组

此次联合重组将整合上海报业集团和东方网在新媒体内容领域的生产和技术资源，深化探索"内容建设为根本、先进技术为支撑"的媒体融合发展路径。同时，通过将上海市国资委所持东方网 43.63% 的股份无偿划转至上海报业集团，实现上海市主要新媒体资源在同一平台下集聚，将深化上海文化国资改革创新，优化国资布局，实现优势互补，形成战略双赢，更好地服务国家战略在上海的推进落实。

6月1日　《网络安全审查办法》实施

国家互联网信息办公室、国家发展和改革委员会、工业和信息化部等 12 个部门联合制定的《网络安全审查办法》规定，网络安全审查重点评估关键信息基础设施运营者采购网络产品和服务可能带来的国家安全风险，包括产品和服务使用后带来的关键信息基础设施被非法控制、遭受干扰或破坏等，产品和服务供应中断对关键信息基础设施业务连续性的危害，等等。

6月5日　八部门开展网络直播专项整治行动

针对网民反映强烈的网络直播"打赏"严重冲击主流价值观等突出问题，国家网信办、全国"扫黄打非"办会同最高人民法院、工业和信息化部、公安部、文化和旅游部、国家市场监管总局、国家广电总局等部门启动为期半年的网络直播行业专项整治和规范管理行动。

6月7日　国务院新闻办公室发布《抗击新冠肺炎疫情的中国行动》白皮书

《抗击新冠肺炎疫情的中国行动》白皮书对中国的抗疫经验进行总结，详细记录了中国人民的经历，与国际社会分享了中国抗疫的经验做法，阐明了全球抗疫的中国理念和中国主张，实现"全球抗疫"理念的传递。中方举行两次英文新闻发布会，介绍白皮书有关情况并答记者问，体现了中国跨文化传播的新思维，即跨越语言屏障，面向全球用户进行传播。

6月18日　"剑网2020"专项行动启动

本次专项行动于 6 月至 10 月开展，针对网络版权保护面临的新情况、新问题，聚焦视听作品版权、电商平台版权、社交平台版权、在线教育版权和巩固重点领域版权治理成果等五个重点领域。

6月25日　腾讯收购东南亚流媒体 Iflix

通过共享 Iflix 平台的技术、内容等资源，已于同年 2 月 29 日进军东南亚的腾讯视频海外版 WeTV 可以补齐本土内容短板并进一步推动其在东南亚地区的发展。截至 12 月，WeTV 的下载量多日登顶印度尼西亚地区 Google Play 双榜、居 Apple 应用商店所有类别榜第一或前列。

7 月 1 日　《网络直播营销行为规范》实施

中国广告协会发布的国内首份《网络直播营销行为规范》于 7 月 1 日起实施，对直播电商中的各类角色、行为做出了全面定义和规范。

8 月 14 日　数字人民币开展试点

商务部 8 月 14 日发布《商务部关于印发全面深化服务贸易创新发展试点总体方案的通知》。方案提到，在京津冀、长三角、粤港澳大湾区及中西部具备条件的试点地区开展数字人民币试点。责任分工上，由中国人民银行制定政策保障措施；先由深圳、成都、苏州、雄安新区等地及未来冬奥场景相关部门协助推进，后续视情况扩大到其他地区。

8 月 31 日　健康码代码被纳入国家博物馆藏品

8 月 31 日，国家博物馆向阿里巴巴集团颁发"援助抗击新冠肺炎疫情实物捐赠证书"，由阿里云研发的全国健康码引擎的第一行代码获国家博物馆收藏，这是国家博物馆历史上首次收藏代码。首版健康码出现于 2 月初疫情暴发初期，很快从诞生地杭州走向全国。从最初的扫码填报，到支付宝客户端自行申请、自动生成，而后在疫情防控下半场通过对感染风险的识别和区分管理，发挥了关键性支持作用。

9 月 28 日　《原神》开启全球同步公测

上海米哈游开发的开放世界冒险游戏《原神》以多元文化共融为游戏设计理念，并兼顾文化产品的本土性与全球化。《原神》上线后成为现象级游戏，先后获得 2020 年苹果 App Store 和 Google Play "年度最佳游戏"奖项。

10 月 15 日　抗疫专题展览在武汉开展

"人民至上　生命至上——抗击新冠肺炎疫情专题展览"在武汉市"武汉客厅"开展，展览包括序篇、尾厅和六大主题内容展区。展览营造立体展陈空间，综合运用图片、文字、视频、实物等多种表现形式，陈列物包含实景还原的方舱医院，医务工作者的请战书、日记，签满全体队员名字的防护服，援鄂医疗队的队旗，等等。截至年底，已接待访客近 30 万人次。

11 月 13 日　《互联网直播营销信息内容服务管理规定（征求意见稿）》发布

国家互联网信息办公室会同有关部门起草了《互联网直播营销信息内容服务管理规定》，向社会公开征求意见，这是我国第一次对直播服务流量造假、虚假宣传等做出直接规定。

11 月 16 日　首届"上海国际网络文学周"开幕

首届"上海国际网络文学周"揭晓了一系列海外热门作品奖项，并发布《2020 网络文学出海发展白皮书》。据该白皮书统计，2019 年中国网文的海外市场规模达到 4.6 亿元，海外中国网络文学用户数量达到 3193.5 万。

11 月 18 日　藏族少年丁真被聘为四川省甘孜州理塘县旅游宣传大使

来自理塘县的藏族少年丁真通过网络短视频意外走红，收获大量关注和热议，其真实、淳朴的形象引起网友的共鸣，反映了人们对藏地人文的向往。当地国企聘用丁真为四川省甘孜州理塘县的旅游宣传大使，拍摄旅游宣传片《丁真的世界》，为四川甘孜代言。

11 月 23 日　《关于加强网络秀场直播和电商直播管理的通知》发布

国家广播电视总局发布了《关于加强网络秀场直播和电商直播管理的通知》，对秀场直播和电商直播行为进行严格约束管理，明确社会效益优先的方向，切实落实平台的主体责任。

Table of Contents & Abstracts

· **Hot Research** ·

Changes in Chinese Media and Residents' Lifestyles in 2020

Liu Haiyu and Chu Xiaokun / 1

Abstract: This article uses CTR's TGI Target Group Index database as the main data source to sort out the development trend of China's media in 2020, and analyzes and interprets the new trends of various media such as TV, Internet, broadcasting, outdoor, cinema, etc. Meanwhile, comparing data in many dimensions, an in-depth analysis of the changes in the lifestyle of Chinese residents in 2020 is carried out. This article finds that under the influence of the 2020 epidemic, the trend of media development has shown a more diverse and merged situation, and people's lifestyles have also changed accordingly. TV media is rebound, and the process of home screen Internetization is accelerating; the epidemic has brought incremental dividends to the Internet, and the "stay-at-home economy" has risen rapidly; broadcast media has been rising steadily and continued to expand to young people; the digital process of outdoor media continues to develop with technical support; cinema media has fallen sharply under the COVID – 19, but it remains high degree of attention and recognition. The outbreak of the epidemic has brought increasing people return to their families, online activities have experienced explosive growth, the health awareness of all residents has been upgraded, and the need for knowledge is urgent. Leisure time outside of media contact has also spawned more content dividends and promoted the extension of the value of high-quality content.

Keywords: TGI Target Group Index; Digitalization; Stay-at-home Economy; Lifestyle; 5G

Research on the Phenomenon of Government
Officials Live Broadcasting with Goods in 2020

Deng Yuanbing , Liu Yujuan and Zhang Xinhui / 25

Abstract: At the beginning of 2020, Covid – 19 broke out. Chinese officials walked into the live broadcast room of e-commerce to promote goods sales of local agricultural products, providing a new marketing model of "live broadcast + agricultural products + poverty alleviation" for rural revitalization. This paper combs the general situation of government officials' promotion activities through live-streaming in 2020, and analyzes online celebrity of county officials who are active participators of live commerce locally. It is found that emotional symbols in public welfare service, such as assistance of farmers and poverty alleviation, official responsibility and government credibility, promotion ability and all-round media publicity are the main reasons why officials' live commerce has attracted much attention. However, the problems such as insufficient sustainability of officials' live commerce of goods, obvious formalism, media labeling of propaganda officials, lack of standards for live commerce of goods and weakening of farmers' dominant position are in urgent need of coordinated governance from government guidance, platform review, media publicity and public supervision.

Keywords: Live Commerce; Government Credibility; Local Brands

Reports on Data Protection Regulations in 2020

Wang Min and Liu Xin / 41

Abstract: Based on the comprehensive analysis of 80 large-scale data breaches reported in 2020, this report finds that the number and scale of global data breaches in 2020 have increased significantly compared with that in 2019. And the data security situation has become more severe. The main reason is that personal information has been collected on a large scale for global epidemic prevention and control, and the balance between its utilization and protection has been seriously broken. The report analyzes major data breaches at home and abroad, summarizes the innovation progress of the EU, the United States, and China's data protection systems, and critically reflects on the deficiencies and future directions of the data protection systems: (1) construct the supporting systems to meet the data protection needs of different scenarios and promote the implementation of the data protection system; (2) improve the prior legal framework, focus on promoting the legislation in the field of biometrics, and strengthen the governance of mobile Internet applications; (3) the current laws, temporary policies and emergency measures coordinate the implementation of data governance; (4) seek the balance between the use and protection of personal data in public health emergencies; (5) the exit mechanism of the collection policy of personal data in public health emergencies and the post-event personal data disposal plan need to be improved.

Keywords: Data Breaches; Data Protection; Institutional Innovation; Institutional Reflection; Biometric Identification

Chinese Intercultural Communication Innovation Practice Study in 2020

Xiao Jun and Zhang Fan / 65

Abstract: From the perspective of Intercultural Communication Practice, epidemic and non-epidemic in 2020 have always been the common development and interwoven issues in global communication. Following four analysis dimensions, as China in the world, what innovations have been presented in our intercultural communication practices? How to understand the significance of these innovations? Based on deep analysis of 14 typical cases, according to the classification of concept innovation, content innovation and platform innovation, the research has some findings. Concept innovation is reflected in the innovative practice and expression of the concept of Community of Human Destiny. Content innovation creates a common meaning space in diversification and differentiation. Platform innovation presents the strategic development and challenge of global circulation. Chinese intercultural communication innovation practice shows some valuable new explorations. Through concept innovation, Chinese intercultural communication practice shows certain ability of agenda setting and communication, focusing on the construction of Community of Human Destiny through connection, sharing and reconciliation. The practice of content innovation highlights the value and possibility of Chinese culture as a bridge for multicultural exchange. Platform innovation practice expands global circulation channels by cooperating with world-class new media platforms, building self built integrated going abroad ecology, etc., and is also experiencing a pressure period.

Keywords: Chinese Intercultural Communication; Concept Innovation; Platform Innovation; Content Innovation

· Monographic Study ·

Short Videos as a Platform for Health Communication: Exploratory Analysis Based on Kuaishou Autism Content

Zhang Mojia and Huang Yueqin / 89

Abstract: Taking autism as the specific communication topic, this paper conducts user analysis and theme framework analysis on the content about autism in the Kuaishou short video App, and explores the potential innovation of short video media in health communication. The research found that the autism topics on Kuaishou short videos have the following characteristics: the theme is presented in life, which makes up for the defect of mass media in the reproduction mechanism of patients; production, the diversity of narrative subjects and the autonomous use of short video media by autistic patients have broken through the institutional convention of "media proximity" for a long time, and have the effect of participatory empowerment; the content has strong emotional color and strong emotion, but the rational framework is insufficient. This paper also found that users of short video showed a low degree of concern and response to popular science information of autism disease, and the development of knowledge and emotion dimension of health communication issues was unbalanced. In this regard, this paper advocates the short video platform to adhere to the implementation of "equal rights algorithm", and to establish a "emotion + knowledge" short video community, so as to promote the short video platform to better play the potential of health communication.

Keywords: Autism; Health Communication; Kuaishou Short Video; Media Access; Participatory Empowerment

Innovative Exploration of Satellite News
—Analysis Based on the Satellite News of Xinhua News Agency

Li Mengting / 110

Abstract: With the rise of data news, the application of satellite technology in news reports has become more and more diverse. Based on combing the relevant research and existing theories of domestic and foreign satellite news applications, combining with the satellite technology application case of Xinhua News Agency and specific reports, the article analyzes the innovative and integrated application of satellite technology in different news genres, such as theme news, breaking news, investigative news, and interactive news products. In addition, this article analyzes the changes and challenges of satellite news in the practice of integrated news reporting, and finally proposes that satellite news has shifted from the "start-up" stage to the "experience can be copied" stage, and the depth of satellite news integration should be further deepened in terms of professionalism, talents, and industry. We should continue to expand the reporting space, innovate satellite news application scenarios, and explore more forms of integrated media reporting.

Keywords: Xinhua News Agency; Satellite News; Convergent Reporting; Innovative Application

· **Research on Rural Communication** ·

Research on Willingness to Improve Digital Literacy and Influencing Factors of the Elderly

—Take Antu County, Jilin Province as an Example

Wang Runyu and Zhang Fan / 125

Abstract: The outbreak of Covid-19 in 2020 has accelerated the digitalization process of Chinese society and also compressed the transition period of the elderly to adapt to digital survival model. Therefore, the improvement of the digital literacy which is the core element to solve the digital survival dilemma faced by the elderly should be worthy of our attention. This research focuses on Antu County, Jilin Province, China, and tries to find a practical path to stimulate the willingness of the elderly to improve their digital literacy by the analysis of influencing factors. Based on the differential patterns theory, circle factors which are divided by the degree of relationship closeness will be incorporated into the analytical framework of the study. The study finds that although for most elderly people, education and economic level are the dominant factors that affect their digital literacy level and willingness to improve, special circumstances such as public health security incidents are also important influencing factors, which will significantly increase the willingness of the elderly to improve their digital literacy in the short term, but the sustainability of such impacts is weak. On the whole, lifestyle, residence and social circle are the more direct, important and long-term influence factors. In conclusion, in order to help the elderly to adapt to the digital survival model and further cultivate or improve their digital literacy, we can use the traditional media to discover and resolve the issues that elderly are concerned about, such as digital security and ease of operation.

Keywords: The Elderly; Digital Literacy; Relationship Circle; Antu County

Digitized Convergence：The Evolution of the Relationship between Rural Communication and Governance from the Perspective of Participatory Communication

—*A Study on the System of "Rural News Officer" in Qingyuan City*

Gong Piyu / 149

Abstract：Tiktok，Kuaishou and other short video media provide rural residents with media access in China. It quickly transfers the media technology capacity to commercial capacity with the capital logic，which will have a profound impact on the traditional rural governance structure. As a theoretical paradigm，participatory communication advocates activating public subjectivity through media empowerment，guiding the public to participate in the decision-making process，and ultimately achieving equality，balance and sustainability of development through information interaction and interest negotiation among related subjects. The practice of Qingyuan's "rural news officer" system shows that China's rural areas have gradually formed a multi-level and multi-dimensional Internet participation landscape with the continuous involvement of digital technology. The relationship between rural communication and governance presents a digital integration trend characterized by information driven，empowering promotion and interaction between politics and economy.

Keywords：Digitspheres；Participatory Communication；Rural Governance；Qingyuan City

Research on Media Use and Multi-ethnic Rural Life

—*Take the Village of Harimodun for Example*

Ren Hongtao and Ren Yaxian / 162

Abstract：In the new era of "rural revitalization"，how to ensure the relatively backward multi-ethnic areas to build a well-off society in an all-round way as scheduled has become the top priority in ethnic work，and the multi-ethnic rural areas are also called the top priority in this work. As far as Xinjiang is concerned, with the development of society, mass communication has become an important link to promote rural development in Xinjiang. Meanwhile, it also puts forward new requirements and challenges to the function of rural mass communication in the multi-ethnic context of Xinjiang and its role in rural revitalization in Xinjiang. This paper takes Harimodun in Xinjiang for example, using ethnographic research methods to investigate the realistic landscape of media use in daily life of multi-ethnic residents in the village. Study found, multi-ethnic country is becoming more and more manifests the superiority and characteristics of media convergence, all the villager's media use behavior embodies the social and economic function of mass communication, media and embedded in a widespread influence and changing the way people of all nationalities have the original cultural life, villagers range of receiving information and political participation of all nationalities horizon had huge development.

Keywords: Media Using; Multi-ethnic; Rural Life; Media Convergence

· Research on Intelligent Communication ·

2020: New Trends of Brand Communication's Intelligent Manufacturing and Service

Yao Xi etc. / 179

Abstract: Brand communication's intelligent manufacturing and service can be regarded as a complicated human-machine collaborative system, formed in a certain environment and organization. It consists of five subsystems: Intelligent equipment and intelligent technology innovation and development system; Intelligent decision-making system; Intelligent manufacturing execution system; Intelligent services and products. Based on the analysis of three typical cases— Tencent Advertising, Blue Cursors and Shenyan Intelligence, it is found that the new trends of brand communication's Intelligent manufacturing and service in 2020 are as follows: firstly, AI is fully applied to all links of brand communication, thus forming a full link marketing closed loop; secondly, intelligent manufacturing and service of brand communication are guided by human-machine collaborative decision-making based on marketing data; thirdly, brand communication content creativity is digitized, intelligentized and programmed; fourthly, Blockchain technology guarantees data security, transparency and privacy; finally, brand communication service is intelligentized by software and provided as certain technology products.

Keywords: Brand Communication; Intelligent Manufacturing; Intelligent Services

Research on Knowledge Graph of China's Intelligent Communication Research Progress

—*Visual Analysis Based on CSSCI Database* (*2016 – 2020*)

Liao Bingyi and Li Zhijia / 203

Abstract: This paper uses Citation Space (CiteSpace) scientific literature visualization analysis software, and focuses on a total of 121 intelligent communication-related literature from 2016 to 2020 in China. By analyzing the knowledge graph through multiple aspects including Author, Institution, Source, Keywords co-occurrence and Keywords clustering, and considering the social situation in the past year, this article sorts out the research progress in the field of intelligent communication in China. The paper found that in terms of scientific research cooperation, cooperation between core researchers, interdisciplinary researchers, and research institutions need to be strengthened, and academic researchers and government agencies, social organizations, and commercial enterprises urgently need to establish relationships; In terms of research content, the core themes and hot frontiers of current research on intelligent communication in China focus on eight aspects: traditional theoretical changes, talent training, media reform, public opinion guidance, intelligent advertising, communication subjects, communication ethics, and the new trend of intelligent communication under the epidemic.

Keywords: Intelligent Communication; Knowledge Graph; Visual Analysis;

CSSCI Database

· Appendix ·

Chronicle of China's Communication Innovation (2020)

Zhao Luolin / 228

《传播创新研究》稿约

1. 《传播创新研究》是由武汉大学媒体发展研究中心（教育部人文社会科学重点研究基地）主办的学术集刊，致力于创建多元对话的中国传播创新研究学术空间，每年出版 2 期。《传播创新研究》秉持学术宗旨，采用专家匿名审稿制度，评审标准仅以学术价值为依据，鼓励创新。

2. 《传播创新研究》设"热点研究""专题研究""乡村传播研究""智能传播研究""书评"等栏目，刊登多种体裁的学术作品。

3. 根据国内外权威学术刊物的惯例，《传播创新研究》要求来稿必须符合学术规范，在理论上有所创新，或在资料的收集和分析上有所贡献；书评以评论为主，其中所涉及的著作内容简介不超过全文篇幅的四分之一，所选著作以近年出版的本领域重要著作为佳。

4. 来稿切勿一稿数投。因经费和人力有限，恕不退稿，投稿一个月内作者会收到评审意见。

5. 来稿须为作者本人的研究成果。作者应保证对其作品具有著作权并不侵犯其他个人或组织的著作权。译作者应保证译本未侵犯原作者或出版者的任何可能的权利，并在可能的损害产生时自行承担损害赔偿责任。

6. 《传播创新研究》热忱欢迎国内外学者将已经出版的论著赠予本刊编辑部，备"书评"栏目之用，营造健康、前沿的学术研讨氛围。

7. 作者投稿时，电子稿件请发至：csmdreport@ 163. com。

8. 《传播创新研究》鼓励学术创新、探讨和争鸣，所刊文章不代表本刊编辑部立场，未经授权，不得转载、翻译。

9. 本刊已被中国期刊网、中文科技期刊网、万方数据库、龙源期刊网等收录，为适应我国信息化建设的需要，实现刊物编辑和出版工作的网络化，扩大本刊与作者知识信息交流渠道，在本刊公开发表的作品，视同为作者同意通过本刊将其作品上传至上述网站。作者如不同意作品被收录，请在来稿时向本刊声明。本声明最终解释权归《传播创新研究》编辑部所有。

《传播创新研究》来稿体例

1. 各稿件类型内容和字数要求。

"学术论文"类稿件应是原创性学术研究，字数以 8000～20000 字为宜；

"案例报告"类稿件应是描述与分析性案例报告，字数以 8000～15000 字为宜；

"研究参考"类稿件包括对传播创新相关主题的研究现状和前沿介绍、文献综述、学术信息等，字数以 5000～15000 字为宜；

"书评"类稿件评介重要的传播创新研究的相关著作，以 5000～10000 字为宜。

2. 稿件第一页应提供以下信息：（1）文章中、英文标题；（2）作者姓名、单位、通信地址、邮编、电话与电子邮箱、研究领域；（3）不超过 350 字的中文摘要及英文摘要；（4）3～5 个关键词。

3. 稿件正文内各级标题按"一""（一）""1.""（1）"的层次设置，其中"1."以下（不包括"1."）层次标题不单占行，与正文连排。

4. 各类表、图等，均分别用阿拉伯数字连续编号，后加空格并注明图、表名称；图编号及名称置于图下端，表编号及名称置于表上端。如图表是引用，请注明引用来源，格式同第 5 条。

5. 本刊刊用的文稿，采用"脚注 – 编码制"方式，文后不再列出参考文献。

基本要求：文献引用和说明性注释均采用当页脚注形式。脚注序号用①，②，③……标识，每页单独排序。

中文文献引用格式

专著

作者：《书名》，出版地：出版社，出版年，页码。

侯欣一：《从司法为民到人民司法》，北京：中国政法大学出版社，2007，第 19 页。

析出文献

作者：《文章名》，编者或作者，《书名》，出版地：出版社，出版年，页码。

冯晓、朱彦元：《德国经济与公共财政状况述评》，载郑春荣主编《德国发展报告（2017）》，北京：社会科学文献出版社，2017，第84页。

期刊

作者：《文章名》，《期刊名》××年第×期，页码。

林建成：《试论陕甘宁边区的历史地位及其作用》，《民国档案》2007年第3期，第15页。

报纸

作者：《文章名》，《报纸名》出版日期，第×版。

《"特金会"成果引各方不同解读》，《参考消息》2018年6月14日，第1版。

网络资料

作者：《文章名》，网站名，文章发布日期，网址，最后访问日期：某年某月某日。

《端午节起中国公民出入境通关排队不超过30分钟》，新华网，2018年6月14日，http：//www. xinhuanet. com/legal/2018 – 06/14/c_ 1122986388. htm，最后访问日期：2018年6月14日。

外文文献引用格式

专著

作者，书名，出版地：出版社，出版年，页码。注意：书名要斜体。

Stewart Banner, *How the Indians Lost Their Land：Law and Power on the Frontier*, Cambridge：Harvard University Press, 2005, p. 205.

期刊或报纸

期刊：作者，"文章名"，期刊名，期数，年份，页码。

报纸：作者，"文章名"，报纸名，日期，版数。注意：文章名为正体，期刊或报纸名要斜体。

Douglas D. Hackathon, "Collective Sanctions and Compliance Norms：A Formal Theory of Group Mediate Social Control", *American Sociological Review*, Vol. 55, 1990, p. 370.

析出文献章、节或文集中的文章

作者，"文章名或章、节名"，编者或作者，书名，出版地：出版者，出版年，页码。注意：文章名或章、节名为正体，书名要斜体。

John D. Kelly, "Seeing Red：Mao Fetishism, Pax Americana, and the

Moral Economy of War", in John D. Kelly etc. , ed. , *Anthropology and Global Counterinsurgency*, Chicago: University of Chicago Press, 2010, pp. 67 – 83.

外文网络材料

文章作者名（如果是采访或新闻稿，不需要记者名），"文章名"，网站名，发布日期，网址，最后访问日期：某年某月某日。注意：文章名与网站名均为正体；日期，可遵照习惯统一用英式或美式。

Euan McKirdy, "North Korean Media Praises Trump in 'Meeting of the Century'", CNN, June 13, 2018, https://edition.cnn.com/2018/06/13/asia/north – korea – state – media – summit – reporting – intl/index.html, accessed June 13, 2018.

另外，外文各条文献的文章和书名（或期刊名）首字母大小写要统一，以专著为例，可采用 *How the Indians Lost Their Land: Law and Power on the Frontier* 或 *How the indians lost their land: Law and power on the frontier* 其一。

图书在版编目（CIP）数据

传播创新研究. 2021 年. 第 1 辑 / 单波主编. – – 北
京：社会科学文献出版社，2021.7
ISBN 978 – 7 – 5201 – 8709 – 1

Ⅰ.①传…　Ⅱ.①单…　Ⅲ.①传播学 – 研究 – 中国
Ⅳ.①G219.2

中国版本图书馆 CIP 数据核字（2021）第 144837 号

传播创新研究（2021 年第 1 辑）

主　　编 / 单　波
执行主编 / 肖　珺　吴世文

出 版 人 / 王利民
责任编辑 / 张　萍

出　　　版 / 社会科学文献出版社·当代世界出版分社（010）59367004
　　　　　　地址：北京市北三环中路甲 29 号院华龙大厦　邮编：100029
　　　　　　网址：www. ssap. com. cn
发　　　行 / 市场营销中心（010）59367081　59367083
印　　　装 / 三河市龙林印务有限公司

规　　　格 / 开　本：787mm×1092mm　1/16
　　　　　　印　张：16.25　字　数：273 千字
版　　　次 / 2021 年 7 月第 1 版　2021 年 7 月第 1 次印刷
书　　　号 / ISBN 978 – 7 – 5201 – 8709 – 1
定　　　价 / 88.00 元